你快樂嗎？
大學生的心理衛生

黃政昌◎主編

黃政昌、陳玉芳、古芸妮、賴佑華、許慧珊
景瓊茹、陳詩潔、羅子琦、張瑋琪 合著

心理出版社

作者簡介

作者	章節	學經歷
黃政昌 （主編）	序 第 1 章 第 17 章 附錄	國立臺灣師範大學諮商心理學博士 中華民國諮商心理師高考合格 中國文化大學學生諮商中心主任 中國文化大學心理輔導學系副教授（現職） 臺北市諮商心理師公會理事長（現職） 董氏基金會心理健康促進諮詢委員（現職） 國家通訊委員會（NCC）「廣播電視節目廣告諮詢會議」諮詢委員（現職） 中華民國諮商心理師公會全國聯合會公共政策暨法務委員會委員（現職）
陳玉芳	第 2 章 第 8 章 第 22 章	國立臺灣師範大學教育心理與輔導研究所（諮商心理學組）碩士 中華民國諮商心理師高考合格 國立臺灣師範大學學生輔導中心實習諮商心理師 國立中和高中輔導主任（現職）
古芸妮	第 3 章 第 7 章 第 18 章 第 26 章	中國文化大學心理輔導研究所碩士 中華民國諮商心理師高考合格 戒菸專線服務中心兼任諮商員 淡江大學兼任實習諮商心理師 國立陽明大學心理諮商中心全職實習諮商心理師 臺北醫學大學學生輔導中心專任諮商心理師（現職） 臺北醫學大學講師（現職）

作者簡介

作者	章節	學經歷
賴佑華	第 4 章 第 20 章 第 23 章	美國約翰霍普金斯（Johns Hopkins）大學諮商與人類服務研究所碩士 中華民國諮商心理師高考合格 世新大學學生輔導中心專任輔導教師、教育學程中心兼任講師 國立臺灣大學學生輔導中心專任諮商心理師 臺北市立建國高級中學、永春高級中學代理專任輔導教師（現職） 諮商心理師全國聯合會理事、臺北市諮商心理師公會理事（現職）
許慧珊	第 5 章 第 11 章	中國文化大學心理輔導研究所碩士 臺北市立松山高級工農職業學校學生輔導中心兼任實習諮商心理師 康寧醫護暨管理專科學校學生輔導中心全職實習諮商心理師 中國文化大學學生諮商中心兼任諮商員 中國文化大學學生諮商中心約聘心理師 國立臺灣科技大學諮商輔導組專任心理師（現職）
景瓊茹	第 6 章 第 9 章 第 10 章	中國文化大學心理輔導研究所碩士 中華民國諮商心理師高考合格 國立臺北大學學生諮商中心輔導教師 財團法人張老師基金會之義務輔導員暨督導 國立臺灣師範大學學生輔導中心專任心理師（現職）

作者簡介

作者	章節	學經歷
陳詩潔	第 12 章	中國文化大學心理輔導研究所碩士
	第 14 章	中華民國諮商心理師高考合格
	第 15 章	中華民國護理師考試及格
		中國文化大學學生諮商中心輔導教師
		長庚技術學院學生諮商中心專任諮商心理師
		東吳大學心理諮商中心專任諮商心理師
		淡江大學諮商輔導組兼任諮商心理師（現職）
		東吳大學心理諮商中心兼任諮商心理師（現職）
		佛光大學心理輔導組兼任諮商心理師（現職）
		長庚技術學院學生諮商中心兼任諮商心理師（現職）
		現代婦女基金會桃園站合作諮商心理師（現職）
		犯罪被害人保護協會士林分會合作諮商心理師（現職）
		100～101 內政部役政署替代役役男諮商服務專案心理師（現職）
羅子琦	第 13 章	中國文化大學心理輔導研究所碩士
	第 16 章	中華民國諮商心理師高考合格
	第 19 章	東南技術學院兼任實習諮商心理師
		長庚技術學院全職實習諮商心理師
		戒菸專線服務中心兼任諮商員
		長庚技術學院兼任諮商員
		淡江大學學務處諮商輔導組專任輔導員
		國立臺北教育大學心理輔導組諮商心理師（現職）
		懷仁全人發展中心特約諮商心理師（現職）
		頭陀心理諮商所特約諮商心理師（現職）
		犯罪被害人保護協會士林分會合作諮商心理師（現職）

作者簡介

作者	章節	學經歷
張瑋琪	第 21 章	中國文化大學心理輔導研究所碩士
	第 24 章	中華民國諮商心理師高考合格
	第 25 章	中華人民共和國二級諮詢師
		新竹縣生命線志工兼志工訓練講師
		新竹縣政府社會處家暴、性侵個案之諮商心理師
		苗栗竹南及新竹家扶中心特聘諮商心理師
		新竹縣全人教育發展協會諮商心理師
		新竹縣公益慈善會諮商心理師
		新竹縣竹東國中、仁愛國中、員東國中、北埔國中兼任諮商心理師
		新竹縣善牧基金會外聘諮商心理師
		南亞技術學院諮商輔導組兼任諮商心理師
		新竹縣家庭教育中心顧問兼外聘督導
		空中大學新竹分校面授教師（現職）
		玄奘大學心理諮商中心兼任諮商心理師（現職）
		印度合一大學合一課程訓練師（現職）

目　錄

主 編 序

本書緣起

「大學生，你快樂嗎？」根據董氏基金會 2005、2006、2007 年所進行的全國大學生憂鬱相關調查研究發現：「大學生憂鬱程度有逐年升高的趨勢，平均每四人就有一人嚴重憂鬱，且症狀到了必須尋求專業協助的地步；而每週上網總時數愈多的大學生愈有憂鬱傾向，憂鬱情緒嚴重者每次上網持續時間較長，曉課的比率也較高。此外，每週上網 29 小時，或每天上網 5 小時以上的大學生，憂鬱情緒最為嚴重。」而衛生署 2008 年統計也指出，自殺死亡已經連續九年進入台灣地區十大死因的排行榜，而且自殺死亡高居青年（15～24 歲）死亡原因的第二名。

由上述資料可知，大學生的情緒壓力與心理健康程度愈來愈受到威脅，深深影響大學生的人格發展與學習適應。其實在求學過程中，大學是屬於一個身心發展與學習環境充滿變化的階段，以往的求學過程中只是以家庭為中心，來到大學之後，需要漸漸遠離家裡的保護，從一個未成熟的個體漸漸發展為成熟的個體。在這個變化的過程中，如果個體因為本身的潛在心理困擾特質較高，當處於大學環境相當的壓力下，如人際困境、感情問題、課業學習、生涯選擇、家庭問題、經濟壓力等，就很容易會衍生出情緒或行為困擾。

基於這些理由，編者心想，如果能夠提供一本類似「大學生心理衛生手冊」，讓大學生可以在上課時討論或自由閱覽，透過大學生常見壓力議題的呈現與討論，教導大學生如何透過覺察自己的情緒、參與心理衛生活動，學習壓力調適方法等策略，協助大學生有效面對各種心理壓力與生活學習問題，進而增進心理適應能力，達成大學生身心健康、安心學習的目標。因此，編者開始邀請過去或現在曾在大學校院學生輔導中心擔任輔導教師的心理師們，包括陳玉芳、古芸妮、賴佑華、許慧珊、景瓊茹、陳詩潔、羅子琦、張瑋琪及本人等九位作者，透過作者群在大學輔導工作的專業諮商經歷，以及和大學生豐富的

互動經驗，針對《你快樂嗎？大學生的心理衛生》一書的內容架構進行規劃討論，經過二個月的資料蒐集與意見交換，終於確定出共五大篇二十六章的內容是對目前大學生心理衛生最實用有幫助的；再經過整整一年的密集寫作與不斷修改，終於完成本書。

特色與內容

由於這是一本專為「大學生的心理衛生」所撰寫的一本書。因此，每一篇第一章是該領域簡單的理論內涵介紹，第二章以後則呈現該領域常見的心理衛生議題。本書大量使用「網路文章、統計數據、調查報告、心理測驗、檢核表、作業單、案例說明、具體步驟」等方式進行撰寫，因此，概念深入淺出、方法簡單實用，讓大學生在閱讀這些心理衛生議題與壓力調適方法時，不但心有戚戚焉，且更容易落實於日常生活之中。

本書內容包括五篇二十六章，依序是：第一篇「基本概念篇」，包括：心理衛生的意義與內涵、大學生身心發展特徵、大學生的性別差異、大學生的壓力、大學生的自我肯定、環境系統對大學生的影響等，幫助大學生瞭解心理衛生的意義與內涵；第二篇「人際關係篇」，包括：人際關係的意義與內涵、人際溝通的技巧、大學生的寂寞與孤獨、大學生的網路交友、人際衝突與困境等，增進大學生各種人際互動的能力；第三篇「親密關係篇」，包括：親密關係的意義與內涵、瞭解同性戀者、如何面對性關係、走出愛情的困境、分手的調適歷程等，陪伴大學生面對各種親密關係的常見議題；第四篇「心理疾病篇」，包括：大學生常見心理疾病的認識、焦慮疾患的認識與治療、憂鬱疾患的認識與治療、自傷與自殺的認識與處遇、校內外心理衛生資源的整合運用等，幫助大學生正確瞭解各種常見的心理疾病；第五篇「生涯成長篇」，包括：生涯規劃的意義與內涵、大學生活的價值與真諦、大學生的身心健康與自我成長、時間管理與學習效率、大學生的生涯發展與選擇等，催化大學生積極規劃人生、

不斷自我成長；最後，附錄部分，則列出大學生進行諮詢轉介時，可參考運用的心理輔導資源與機構。

使用對象

　　本書可以做為大學校院通識教育中心「心理衛生」一科的上課用書，也是心理、輔導、教育、特殊教育、社會工作、教育學程等相關科系「心理衛生」、「心理衛生與適應」、「健康心理學」、「變態心理學」、「社區心理衛生」等課程的上課用書；其次，由於這是一本深入淺出、資料豐富、簡單實用的心理健康手冊，更適合一般大學生自行購買閱讀，透過閱讀而達到自我諮商與成長的效果；最後，這樣一本專為大學生常見心理衛生議題所撰寫的實務書籍，對於從事大學學生輔導工作的導師、教師、助教、教官、輔導教師等人員，也非常適合參考使用。

感謝的人

　　本書的完成，首先感謝心理出版社林敬堯總編輯，對於出版本書的全力支持與出版過程中的各項協助，讓作者群可以忠於輔導專業與寫作風格，謝謝您；其次，要感謝本人以外其他八位作者的齊心協力，一起貢獻自己的研究專長與實務經驗，尤其是在大學校院學生輔導中心任職的您們，諮商輔導工作永遠是那麼繁忙，又要另外騰出時間進行寫作，真是與時間賽跑，相當辛苦！謝謝您們答應撰稿與全力配合寫作進度。最後感謝我的父母、岳父、岳母、太太許慧如小姐，以及心肝寶貝黃薇小朋友，謝謝您們在寫作過程中的包容支持與生活照顧，讓我的撰寫之路沒有後顧之憂。本書雖然力求完善，難免仍有疏漏之處，還請讀者與教育先進們不吝指正。

主編　黃政昌

2008 年 8 月於中國文化大學心理輔導學系

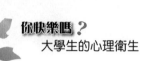

你快樂嗎？
大學生的心理衛生

第一篇

基本概念篇

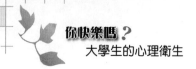

CHAPTER 1

大學生，你快樂嗎？──

心理衛生的意義與內涵

黃政昌

請勾選以下十個題目，看看您大致符合的項目有幾項？

☐ 1.有充分的安全感。

☐ 2.充分瞭解自己，並能對自己的能力做適當的估計。

☐ 3.生活目標、理想切合實際。

☐ 4.與現實環境保持接觸。

☐ 5.能保持個性的完整和諧。

☐ 6.具有從經驗中學習的能力。

☐ 7.能保持良好的人際關係。

☐ 8.適度的情緒發洩與控制。

☐ 9.在不違背集體意志的前提下，有限度地發揮個性。

☐ 10.在不違背社會道德規範的情況下，能適當滿足個人的基本需要。

　　這是美國人本心理學家 Maslow 和 Mittelman 所提出的「心理健康十項標準」。您符合的項目愈多，代表您愈接近心理健康的狀態；反之，符合的項目愈少，則代表您的心理健康狀態是偏低的。

 壹、心理衛生與心理健康

、心理衛生的意涵

心理衛生（mental health）是美國等先進國家最早提出的概念，且早已落實在各種心理衛生制度，並積極從事相關研究；然而在中文裡，我們卻經常聽到「心理衛生」與「心理健康」二個名詞，由於英文都譯自 mental health，但是二者究竟有何異同之處？二者強調的重點有何不同呢？

首先，吳澄波（2006）對心理衛生的定義是：「保持和促進心理健康、維持正常狀態、防止心理失常和疾病，以保護個體生命，期能良好適應環境，保持合理生活的措施和各種活動的總和。因此心理衛生的內容，包括：研究心理特徵，預防精神病、精神官能症、各種心身疾病和病態人格，普及心理科學知識等。」王以仁、林淑玲、駱芳美（2006）則認為：「以心理疾病之預防和心理健康的保持與增進為目的，所發展出來的一科學問，即是心理衛生。」吳武典和洪有義（1987）則認為：「心理衛生是研究心理健康的一門學問，也可說是增進心理健康的一種服務。」

綜合上述心理衛生與心理健康關係的定義，可知：「心理衛生是研究如何增進心理健康的一門科學。」亦即，心理衛生強調的是手段、方法，而心理健康則是欲達成的目標與境界。再次對照本章一開始那十項心理健康的標準，我們很難找到一個心理完全健康的人，我們只能說，注重心理衛生的人就接近上述標準，不注重心理衛生的人就遠離上述標準；而遠離上述標準，則比較容易出現心理適應不良，進而可能演變成各種心理疾病。所以，為了自己的心理健康，大學生應當注意自己的心理衛生。

二、心理健康的定義與特徵

既然心理衛生工作的目的，在幫助個體達到心理健康的目標，那心理健康的定義或標準究竟為何呢？以下列出國內外學者與衛生單位的一些看法：

1. 張春興（1995）：「心理健康是指一種生活適應良好的狀態。」

2. 精神醫學者 Menninger：「心理健康是指人們對於環境及相互間具有最高效率及快樂的適應狀況。」（黃堅厚，1999）

3. 柯永河（1985）：「良好習慣多，不良習慣少的心態謂之健康；反之，不良習慣多，良好習慣少的心態謂之不健康。」

4. 劉焜輝（1976）：「心理健康是指一種持續的心理狀況，在那種心理狀況下能做良好的適應，具有生命的活力，並能充分發展其身心潛能，此能更積極、更充實的情況，不僅是免於心理疾病而已。」

5. 世界衛生組織（WHO, 1946）：「健康是種生理的、心理的，及社會幸福的完全狀態，而不僅只是沒有生病。」

6. 行政院衛生署（1979）：「健康不僅指沒有疾病或不正常的存在，進而指每個人在生物層面、心理層面及社會層面上都能保持其最高、最佳的情況。」

7. 賴保禎（1999）：「消極方面沒有心理疾病，在積極方面為身體上、心理上及社會上保持最佳情況與最高效能。」

8. 柯永河（1993）：「消極的心理健康觀點，認為沒有心理疾病就是心理健康。沒有心理疾病指的是，沒有強烈的不安，因為強烈不安的經驗是心理疾病的最基本致命因素。而積極的心理健康觀點，不僅沒有消極的心理症狀，還要更進一步呈現積極面的正向情緒經驗，並擁有積極心理經驗或特質。」

綜合上述心理健康的定義，筆者整理發現有二種主要特徵，說明如下。

（一）心理健康強調多元向度的連續方向，而非僅是單一向度的理想狀態

傳統消極的心理健康都是單一向度的定義，通常僅是「生物」層面考慮（心跳、血壓、呼吸），以是否有罹患疾病來判定健康。因此，心理健康變成一種理想狀態，任何疾病與傷害都偏離健康的狀態，而理想的狀態可藉由移除疾病或傷殘，而重新復原。然而據此模式，一位有成就、有生產力且對社會有貢獻的眼盲小提琴家，仍舊被視為是不健康的。

然而，目前的心理健康都是強調多元向度取向，包括「生物的—心理的—社會的」層面皆要考慮（心理的：主觀上的幸福感受；社會的：高社會生產力、健康照顧系統的低需求）。因此眼盲小提琴家，雖然在生物面有殘缺，但是心理面、社會面仍舊是健康的。因此健康是一種連續向度上的方向，朝向健康或正向的方向移動，因此透過規律生活、休閒旅遊、自我成長、親密關係、人際互動、工作成就、社會參與等方式，都能邁向心理健康的過程，而非僅是沒有生病而已。

（二）強調積極面的增進心理健康，而非僅是消極面的減少心理疾病

狹義的心理健康觀點多從疾病觀點來說明，主張沒有症狀，就是健康；沒有心理疾病，就是心理健康。但是從世界衛生組織（WHO）的定義發現有二個特徵：第一個部分定義（「幸福狀態」）表示，健康是從積極角度被看待，存在著正面的特性；第二個部分定義（「沒有生病」），是傳統消極角度的界定，強調不存在症狀或疾病。

因此心理健康，不在僅是「心理疾病」（例如：思考異常、情感疾患、行為偏差等）的減除或預防，更應積極的提昇或追求心理健康的程度（例如：正

向特質、幸福感、樂觀等），幫助個人對於自己有良好的自我價值感，更與他人及環境之間可以獲得和諧的互動關係。

三、心理健康者的特徵

既然心理健康不只是沒有心理疾病或症狀而已，更是強調個人情感、認知、行為表現等各方面，都應維持在一個正常且平衡的狀態，使得個人對於自己、他人以及對環境的調適能夠達到最高的效能，進而獲得快樂、滿足與適應社會的需要。因此，一位心理健康者會顯示出哪些特徵呢？以下列出幾位學者們的看法：

1. 吳武典和洪有義（1987）：(1)能瞭解並接受自己；(2)能有朋友並好好交往；(3)能有工作並勤於工作；(4)能面對現實做有效的因應。

2. 張春興（1995）：(1)情緒較穩定，無長期焦慮，少心理衝突；(2)樂於工作，能在工作中表現出自己的能力；(3)能與他人建立和諧的關係，而且樂於和他人交往；(4)對於自己有適當的瞭解，並且有自我悅納的態度；(5)對於生活的環境有適切的認識，能確實有效的面對問題，解決問題，而不逃避。

3. 王以仁等人（2006）：(1)積極的自我概念——能瞭解並自我接納；(2)對現實有正確的知覺能力——能面對現實，並可有效的適應；(3)從事有意義的工作——有工作、勤於工作且熱愛工作；(4)有良好的人際關係——能有朋友，且有親密的朋友；(5)平衡過去、現在和未來的比重——活在現實生活中，擷取過去之經驗，並策劃未來；(6)能自我控制感受與情緒——真實且實際地感受情緒，並恰如其分的控制。

4. 吳澄波（2006）：(1)能接納自己，自我悅納；(2)能與人相處，有朋友；(3)行為有彈性；(4)心情經常開朗；(5)注意力不全集中在自己身上；(6)在依賴

與獨立間平衡；(7)在攻擊與順從間平衡；(8)在施與受間平衡；(9)有效的工作；(10)生活於現實中。

由以上學者的論點顯示，心理健康的人在情緒上是比較穩定，而對於自我及周遭環境大多採取正向與自我接納的觀點，與環境維持良好的接觸，具有良好和諧的人際關係，並且能適當面對生活問題而不逃避。因此，筆者進一步根據自己在大學心理衛生工作的經驗，提出大學生心理健康的十大特徵，供讀者自我檢核與參考。

大學生心理健康的十大特徵

- [ ] 1. 能瞭解與接納自己的各項人格特質。
- [ ] 2. 能控制自己的想法、情緒與行為。
- [ ] 3. 能主動建立人際關係，並保持良好的互動。
- [ ] 4. 能與人建立親密關係，並使彼此獲得滿足感。
- [ ] 5. 對課業學習與學生角色，能主動積極參與。
- [ ] 6. 面對問題，能主動解決而不消極逃避。
- [ ] 7. 對生活經驗開放，願意不斷嘗試與學習。
- [ ] 8. 生活目標與時間規劃，符合現實狀況需要。
- [ ] 9. 對未來具有期待和規劃，能引領自己不斷規劃與前進。
- [ ] 10. 能在遵守社會規範與尊重他人下，滿足自己的需求。

貳、大學生的心理健康情形

一、目前大學生的心理健康狀態

　　憂鬱症、愛滋病、癌症，被世界衛生組織（WHO）列為二十一世紀的三大疾病。根據國際自殺防治協會 2006 年世界自殺防治日的資料顯示，心理疾病患者自殺的風險是一般人的十倍；在大多數西方國家，自殺身亡者中高達 90%的人患有諸如憂鬱症、酒精或物質濫用及精神分裂等心理疾病，其中尤以憂鬱症占最大多數，自殺身亡者中三分之二的人患有憂鬱症。亦即，憂鬱症的其中一項可能的悲劇結果是「自殺」，大約 15～20%的憂鬱症患者會以自殺來結束生命。這些數據報告令人非常感到憂心與沉重，因此進一步探討國內大學生的心理健康狀態為何？特別是憂鬱與自殺的相關調查結果，資料整理如下：

1. 教育部委託台大流行病學研究所進行「校園憂鬱傾向學生推估及預防策略之調查（2003.12～2004.11）」發現：台灣青少年重鬱症盛行率是 8.66%，若達到二項以上的功能減損則有 5.62%，而女生則是男生的 2.5 倍；其次，台灣青少年「自殺意念」的盛行率是 14.41%，「自殺行為」的盛行率是 3%（陳為堅，2004）。

2. 根據董氏基金會 2007 年 5 月至 6 月所進行「大學生憂鬱情緒與求助行為之相關性調查」發現：情緒狀態穩定占 36.6%、到臨界點者占 13.8%、情緒起伏不定者占 24.2%、需尋求專業協助者占 25.7%。憂鬱嚴重需尋求專業協助（25.7%）與 2005（24.1%）、2006 年（24.3%）的結果相比，大學生憂鬱程度有逐年升高的趨勢。簡言之，平均每四人就有一人嚴重憂鬱，且症狀到了必須尋求專業協助的地步（董氏基金會，2007）。

3. 根據董氏基金會 2006 年 4 月至 5 月所進行「大學生日常生活、網路使用行為與憂鬱傾向之相關性調查」發現：每週上網總時數愈多的大學生愈有憂

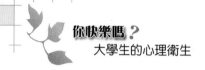

鬱傾向，尤其發現花愈多時間在網路非溝通功能的大學生愈憂鬱。憂鬱情緒嚴重者每次上網持續時間較長，蹺課的比率也較高。此外，每週上網 29 小時，或每天上網 5 小時以上的大學生，憂鬱情緒最為嚴重（董氏基金會，2006）。

4. 根據文化大學《文化一周》在 2004 年 11 月，進行北區 9 所大學校院學生自傷行為之調查發現：17.3%大學生曾有自傷經驗，「壓力很大」的理由占 49.3%，位居第一。其中，台灣師範大學學生高達 24.8%有過自傷行為，其次為東吳大學 12.9%、文化大學 12.4%，以及世新大學 10.4%。數據也顯示台灣師範大學有自傷行為的學生中，40%的原因是因為失戀太痛苦，其中30%自傷者會以火、香菸燒傷自己或以刀割傷自己；東吳大學則有 38.5%自傷者會以暴飲暴食，或不吃不喝進行自傷行為（林子璇，2004）。

5. 根據衛生署 2008 年統計，自殺死亡已經連續 9 年進入台灣地區十大死因的排行榜。2007 年度，自殺死亡是青年（15～24 歲）死亡原因的第二名。青年自殺人數為 238 人（男 147 人，女 91 人），每 10 萬人的死亡率 7.1（男 8.5，女 5.7）。

　　由此可知，大學生的憂鬱情形相當嚴重，加上憂鬱和自殺之間有非常密切的關連。因此如何增進大學生的自我接納與心理適應能力，是大學心理衛生工作中非常重要的一環。

二、大學生的求助方式

　　目前國內大學生遇到心理困擾或不適應時，是如何尋求協助的呢？目前最大規模、最具代表性的研究，就是董氏基金會 2007 年 5 月至 6 月所進行的「大學生憂鬱情緒與求助行為之相關性調查」，這項調查分別以北、中、南、東及桃竹苗地區大學及獨立學院在學學生為對象，抽取 58 所學校進行施測，有效問

卷為 6,198 份（男、女生各半），以下為求助方式的重要調查結果（董氏基金會，2007）。

1. 大學生覺得心情不好、壓力很大、很悶時，經常或總是尋求的求助方式依序為：最多為「自己紓解或處理」（61.5%），其次為「找同學、朋友」（54.9%），再者為「找男（女）朋友」（31.4），第四「不管他」（23.6%）。當出現上述狀況時，求助對象的排名順序為：第一為「找同學、朋友」，其次為「找男（女）朋友」，再者為「自己紓解或處理」。而當問找誰談會對自己最有幫助時，第一為「找同學、朋友」，其次為「找父母」，再者為「找男（女）朋友」。

2. 有 65.2%的大學生曾有過情緒持續性的低落（二個禮拜以上），對任何事都提不起勁、失眠或嗜睡、胸悶、酸痛無力，老是想到不好的事情的經驗。當出現此種情形時，總是或經常採取的做法為：最多為「睡一覺就好」（58.4%），其次為「向同學、朋友求助」（42.2%），第三為「去運動」（33.1%），第四為「找男（女）朋友」（30.1%）。認為採取哪種做法對自己最為有效時，以「向同學、朋友求助」最有幫助，其次為「睡一覺就好」，第三為「去運動」。

3. 在出現嚴重憂鬱情緒時，僅有不到一成（2.3%）的大學生會向學生輔導中心求助。進一步細問，憂鬱程度嚴重需尋求專業協助者，在出現嚴重憂鬱情緒時，會選擇向學生輔導中心求助的亦僅有 8.2%。影響大學生不前往學生輔導中心尋求協助的理由，依序為：「除非情緒困擾很嚴重且一直持續，否則不會向輔導人員求助」最多，其次為「雖然是輔導專業人員，但還是不習慣跟陌生人聊自己內心的事」，第三為「除非親友無法提供協助，否則不會去找專業輔導人員」。

4. 超過九成大學生每次上網超過 2 小時，更有接近五分之一的大學生，每次上網超過 5 小時。在曾經利用網路（包含相關網站及各式協助方式）尋求

協助的大學生中，有超過七成的是憂鬱情緒較低者；憂鬱情緒較嚴重者，尋求網路相關服務協助者的比例反而不超過三成。

由此可知，不論憂鬱程度高低，同學、朋友都是大學生求助的第一對象，也認為是對自己最有幫助的對象。而多數學生將學生輔導中心定位於有嚴重情緒困擾才需求助。因此，學生輔導單位應該將傾聽與陪伴的相關技巧提供給大學生知道，強化同儕之間傾聽、陪伴的能力，使得大學生在第一時間就能提供有憂鬱傾向的大學生最即時的協助與諮詢。其次，該如何強化學生輔導中心功能的多元性、主動性與親近性，讓一般困擾的學生願意主動來求助，設法破除「學生輔導中心只有嚴重困擾者才需要」的迷思。

參、影響大學生心理健康的因素

一、大學生常見的壓力或困擾來源

在求學過程中，大學是屬於一個身心發展與學習環境充滿變化的階段，以往的求學過程中只是以家庭為中心，來到大學之後，需要漸漸遠離家裏的保護，從一個未成熟的個體漸漸發展為成熟的個體，在這變化的過程中，如果個體因為本身的潛在心理困擾特質較高，當處於大學環境中相當的壓力下，就很容易會衍生出情緒或行為困擾。大學生常見的心理困擾來源，主要表現在下列幾方面。

（一）人際關係困擾

被他人接納與肯定是人際關係中非常重要的基本需求。然而，部分大學生由於個人人格特質敏感、害羞、退縮等問題，經常處於自我中心與適應他人的矛盾之中，一方面希望得到友誼，顯示自己的重要性；可是另一方面又自我封

閉、不願敞開心扉，或是缺乏自信心、人際溝通技巧，而導致人際關係孤單、疏離，甚至緊張衝突的關係。這些常見的人際困擾來源，包括：和社團幹部與成員的相處、和班上同學的學習互動、和室友的生活相處，以及和課堂老師互動等。

（二）感情問題困擾

大學校園總是流傳著大學生必修課業、愛情、社團、打工等四大學分，其中愛情的學分是每個大學生都想必修，卻不是每個人都能選修得到或修得過。因為在和異性或伴侶相處的過程中，必須在保有個人自我與尊重對方之間取得和諧平衡，才能進一步享受感情關係中的甜蜜與歸屬。大學生追求感情的過程中常見的問題困擾包括：不知如何追求異性或另一半、個性不合、經常爭吵或衝突、對方劈腿或有第三者介入、失戀痛苦、分手暴力、同性戀壓力等。

（三）課業學習困擾

高中的課程是非常明確與結構化的，反觀大學的學習目標，是要學生學習獨立思考的精神，因此課程是較沒有結構或不明確的，主要在鼓勵學生積極參與與不斷探索。因此許多大學生（特別是新生）無法適應學習環境上的改變，而導致許多課業學習上的困擾，進而影響心理上的適應。這些問題包括：對科系的未來生涯路徑不清楚、不知如何規劃與選修課程、不正確的修課態度、讀書方法或學習策略不佳等。

（四）生涯選擇困擾

經濟不景氣、大學生畢業等於失業、大學生素質不佳等話語，經常充斥在大眾媒體之中，這些報導都會讓學生非常焦慮與擔心，例如：擔心自己將來無法順利就業？自己未來到底要往哪裡走？應該用何種態度來提昇就業競爭力？

這些生涯問題都困擾著大學生。甚至，有些人雙主修、修輔系把自己忙到不可開交，卻也過得不是非常開心；也有學生以打工為主、修課為輔，提前為畢業做準備，結果缺課過多荒廢學業，反而被當或退學；也有學生在家人的鼓勵之下，一窩風的補習考研究所、考托福，希望提昇自己的學歷，但是沒找到自己的興趣與學習動力，於是愈補愈痛苦。這些都是目前大學生常見的生涯困擾情形。

（五）心理疾病困擾

大學生屬於青年期，也是許多心理疾病的好發期，如憂鬱症、恐慌症、精神分裂症、躁鬱症等；而且有些大學生個人生物體質較具有潛藏的心理疾病傾向，加上人格特質較為負向悲觀與完美控制、承擔許多家庭與自我的期待壓力、缺乏人際資源或支持系統、無法有效的調適自己的壓力與情緒狀態等因素的推波助瀾之下，很容易引發各種心理疾病，例如：失眠症、恐懼症、恐慌症、憂鬱症、焦慮症、身體症、厭食症、暴食症等。罹患心理疾病將對這些學生的個人自尊、學習能力與人際社交等方面造成非常大的負面衝擊。

（六）家庭問題困擾

雖然大學生已經人格獨立、行為自主，但是家庭仍是大學生在外求學或面對學習壓力下，最重要的心理支持與經濟來源。在大學生涯裡，難免在課業學習、人際互動、感情生活、打工兼差、師生互動等過程中，出現一些困擾與擔心，我們總希望聽聽家人的意見，或是得到家人的支持與鼓勵。然而，有些家庭因為父母不斷爭吵衝突、家庭成員有身心狀況、家人失業或經濟不佳、父母的過度疏離或管控等問題，不但無法獲得家人的支持與幫助，甚至造成學生心理狀況明顯受到影響，如：無法安心於課業學習、必須分擔家庭經濟、協助照顧有狀況的家人、掙扎於不平衡的父母關係中等，導致個人生活與學習適應不

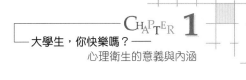

良，間接衍生各種情緒或行為問題。

（七）其他生活適應困擾

其他一些生活上的特殊事件或偶發因素，也會帶給大學生生活上的挫折與困擾，例如：打工時與雇主的糾紛、與租屋房東的合約糾紛、與人發生車禍的理賠與訴訟、朋友同學的金錢借貸糾紛、被詐騙集團誘騙等。有些大學生擔心家人煩惱憂慮，於是自行處理或與同學一起處理，但是畢竟一般大學生在這些事件上的社會經驗有限，經常處理不當或把事情弄得更複雜，嚴重的影響自己的心情與作息，進而影響學校的課業學習表現。

二、影響大學生心理健康的因素

根據「素質—壓力模式」（diathesis-stress model），個體若有傾向得某種心理疾病的素質，則特別容易受壓力的情境影響，而產生相對應的偏差行為（Kring, Davison, Neale, & Johnson, 2006）。其中「壓力」是指大學生在學習階段的過程中，所可能面臨的各種壓力或問題，而「素質」則是指大學生潛在的心理困擾特質。當大學生的潛在心理困擾特質偏高，加上面臨外在壓力時，在缺乏有效的心理資源面對挑戰時，個體就可能出現適應不良的情形，而衍生出各種情緒障礙或偏差行為，甚至導致嚴重心理疾病的發生。筆者從個人、家庭、學校，以及社會等四個方面，簡單說明影響心理健康的可能因素。

（一）個人因素

首先，在身體與生理方面。生理殘障，如先天或後天的視覺、聽覺、語言、肢體動作等機能的缺陷，限制了學習範圍與學習潛力的發揮；健康不良，如嚴重的異位性皮膚炎、心臟病、氣喘、過敏、內分泌失調、新陳代謝異常等，皆

會導致身體不適、作息異常、經常請假，影響學習效果與自我價值感。其次，在心理特質方面，較固著、不彈性的人格特質也會影響大學生的心理適應能力，包括二種常見類別：一類是自我概念消極、學習動機薄弱、容易將失敗過度歸因於外在因素、自我控制能力低（如容易沉迷於電視、網路、電動遊戲與漫畫）等；另外一類則是個性完美控制、容易焦慮憂鬱、過度在乎成績與別人看法、不允許自己沒有達到預期目標、容易將失敗過度歸因於內在因素等。

（二）家庭因素

青少年的人格基礎形成於家庭，因此，一個來自於父母管教態度一致、家庭氣氛和諧的大學生，通常想法比較成熟穩重，情緒也比較正向樂觀，行為也較能自我控制；反之，一個來自於父母管教態度不一致、家庭氣氛衝突的大學生，想法可能比較混亂激動，情緒也比較負向悲觀，行為也較難自我控制。因此，父母的管教態度、家庭氣氛、手足關係等家庭成長經驗，深深影響個體日後的人格獨立與心理健康。例如：父母對子女管教嚴格，強迫、命令、批評、指責多，子女性格上雖表現出誠實、禮貌、細心、負責，但往往缺乏適應社會生活的能力，人際社交方面往往表現出自卑、敏感、羞怯與唯唯諾諾的現象；如果父母過度滿足、過分保護，唯恐孩子受到挫折，往往這種學生依賴性強，遇事退縮，自制能力和自信心差；再者，如果父母對其行為放任，很少約束，這種學生很容易以自我為中心，不懂得尊重他人，唯我獨尊，很難適應團體生活。

（三）學校因素

學校因素包括學校的物質環境與心理環境：物質環境，如學校的建築設備、交通位置、校園環境安全、校園氣氛與安靜程度等；心理環境，如學校文化、上課氣氛、同儕關係、師生關係等。一個良好的大學環境，才能讓學生在耳濡

目染與身教言教下安心的學習。特別是大學生在培養人際社交能力的過程中，同儕友伴扮演著重要的角色，經由與同儕的互動過程中，大學生發展個人興趣，學習如何與人相處，建立合適的自我概念，對其社交能力、社會適應、人格形成與認知能力有非常大的幫助。人際社交關係良好者，各方面會得到較多的機會與支持，且具有積極的人格特質，通常為人所歡迎，也有較佳的學業能力與學習成就；反之，人際關係遭受排斥、拒絕或冷漠的對待時，不但學習表現較為消極、學習困難、學習成就低劣，且日後較有情緒困擾、心理疾病及中輟離校的情形。

（四）社會因素

人是生活在社會文化脈絡中，因此社會環境的狀態、價值觀與制度也隨時牽動著大學生的心理健康程度。例如：經濟不景氣，薪資不變、物價高漲，嚴重通貨膨脹，導致人心惶惶、憂慮擔心，於是學生拚命打工、無法安心於學習；社會價值觀偏差，傳統的文憑主義、明星學校、升學主義窄化人生，不利於個人多元價值觀的建立；政治不安定，政黨與政客惡鬥、相互攻擊，凡事利之所趨，不但社會氣氛衝突緊張，更是讓學生的價值觀沒有依循方向。其次，由於報章雜誌、廣播電視、網際網路等資訊傳播管道的發達與普遍，每個人幾乎每天都大量接受這些資訊，但內容充滿商業物質取向、女性物化、拜金主義、新鮮刺激、享樂主義等表面膚淺的議題，不但學生容易受到迷惑而分心於課業，有時也會導致學生嚴重的價值觀偏差。

肆、大學生心理衛生工作的模式

大學生心理衛生工作的模式，就是如何增進大學生心理健康的方法。首先必須認識簡單易懂且最具有效果的二種模式，即「壓力調適公式」與「三級預

防模式」。

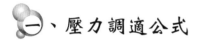

一、壓力調適公式

大學生在學習的過程中，一定會遇到各式各樣的壓力與困擾，包括學業壓力、人際壓力、感情壓力、生涯壓力、家庭壓力等。此時個人的自我強度及社會資源若不能發揮一定的功能，長久下來伴隨壓力而來的負向情緒，將衝擊心理的健康程度，此即為「壓力調適公式」的精神，公式如下所示：

$$\frac{壓力}{自我強度＋社會資源}＝心理不健康指數$$

從壓力調適公式可知，如果壓力（分子）小於自我強度與社會資源（分母）的情形（心理不健康指數遠低於1），表示個體所承受的壓力，尚在自我功能與社會支持所能負載的範圍之內，此時個體通常是身心適應狀態是良好的，處於一個接近心理健康的狀態。其次，若是壓力等於自我強度與社會資源的情形（心理不健康指數接近於1），表示個體在面對壓力下，自我功能與社會支持處於剛好平衡的邊緣，這是提醒個體注意心理健康狀態的一種警訊。最後，若是壓力大於自我強度與社會資源的情形（心理不健康指數遠超過1），表示個體的壓力超載，自我功能與社會支持已經難以負荷，若不及早減低壓力或是增進自我強度與社會資源，則個體身心狀態會嚴重失衡，甚至導致心理疾病的發生。

二、三級預防模式

（一）初級預防

初級預防（primary prevention）是預防問題發生，增進學生生活適應的能

力，以防患問題發生於未然。雖然大部分的學生適應良好，目前沒有發現任何心理問題或偏差行為，但此結果並不保證學生永遠能適應良好。因此，初級預防強調全面性、環境性的持續性預防工作，因此大學生應該隨時覺察自己的情緒狀態、參與各種心理衛生活動，不斷學習各種壓力調適方法，隨時增進自己的心理健康。而大專校院學生輔導中心也可以積極推動各項心理健康講座、心理衛生影片欣賞、班級心理衛生座談，以及印發各種心理衛生摺頁與宣傳品，增進學生的心理適應能力。

（二）次級預防

次級預防（secondary prevention）是早期發現、早期處理，以防止問題惡化，落實預防勝於治療之觀點。如果大學生發現自己開始出現一些適應困難的徵兆，如情緒低落容易哭泣、不想上課經常缺課、容易生氣與人爭執等情形時，應該主動向同學、朋友、父母家人求助，甚至直接尋求學生輔導中心的心理諮詢與協助，把握問題處理的關鍵期，更能收到事半功倍的效果。而大專校院學生輔導中心也應該主動將有問題徵兆，如輕度行為偏差或心理困擾的學生加以篩選，實施相關輔導措施，如轉復學生輔導計畫、高關懷學生輔導計畫、學業預警學生輔導計畫等，針對這些學生予以特別關照或進行追蹤輔導。

（三）三級預防

三級預防（tertiary prevention）是針對危機事件或嚴重的學生狀況，由校園相關輔導、行政人員共同組成處理團隊，共同進行相關的輔導處遇，包括：危機介入、醫療處遇、心理治療、返校復學等，以期降低負面影響，化危機為轉機。例如：針對自殺未遂的學生進行三級預防，目的是整合學校、同學、家庭、醫療、社區等相關資源，共同協助學生，以防止學生再度自殺或恢復情緒穩定；其次，針對校園急性精神病發作的同學，則需召開個案研討會議，以協助學生

適當就醫治療，並針對學生的課業成績與生活問題，提供相關協助，防止個案再度發病或情緒不穩。所以三級預防，就是在預防危機事件發生或減低危機事件的傷害程度。

伍、如何增進大學生的心理健康

筆者綜合「壓力調適公式」與「三級預防模式」的概念，分別從「學生個人」與「學校環境」等二個層面，提出具體增進大學生心理健康的方法與策略。

一、從「學生個人」增進心理衛生的策略

（一）減低壓力

1. **不要什麼都要**：有些學生打工、戀愛、社團、雙主修、課外活動樣樣來，缺乏適當的安排，忘了自己每天只有 24 小時，因此經常把自己弄得精疲力盡，隨時處於心力耗竭的邊緣。

2. **將事情排列優先順序**：事情多，總會覺得煩心，若又不順利，則容易感到煩躁有壓力。因此將事情排列重要順序，再優先處理重要事情，則能間接減低時間壓力所帶來的焦慮。

3. **保持健康的生活型態**：包括均衡飲食、規律作息、固定運動習慣、親密的人際活動、穩定休閒娛樂，都可以降低壓力對心理健康所帶來的負向衝擊。

4. **學習各種放鬆的方法**：學習一些有助於身心放鬆的方法技巧，如深呼吸、瑜珈、靜坐、冥想、自省、肌肉鬆弛、聽音樂、接觸大自然等，幫助身心充分的休息與放鬆。

（二）提昇自我強度

1. **有心事就找人說出來**：如果我們能夠把心理的煩悶、孤單、喘不過氣，適時找人分享或寫下來，通常會有宣洩與釋懷的效果。

2. **接納自己的限制**：每個人都是這世界上獨一無二的個體，因為沒有第二個人和我們一模一樣，因此每個人都值得尊重且都有其存在的價值，千萬不要總是拿自己的限制去和別人的長處比較，這樣當然會落得愈來愈討厭自己的境地。

3. **不斷的學習新事物**：不斷的自我開放經驗，不斷的學習新事物，幫助個體從大視框來看待各種壓力事件，進而提昇自信心與彈性思考的能力。

4. **從正向、積極的角度來看待壓力**：壓力是主觀的，也是個體成長必備的動力。因此學習如何從正面的角度看待問題背後的意義，進一步從問題中得到新的學習與成長，這些都是轉化壓力昇華成為成長動力的好方法。

（三）增加社會資源

1. **積極參與各項團體活動**：參與的團體活動愈多，認識的朋友與得到的資源也就愈多，而且可以增加人際互動的經驗和人際相處的技巧，提昇自己的人際能力和信心。

2. **與朋友保持密切聯繫**：在我們困頓、低潮時，朋友的支持、陪伴與傾聽是非常重要的，也是我們復甦與茁壯的力量來源。因此別忘了隨時與那些好朋友保持密切聯繫。

3. **有問題多多請益師長**：老師是我們在專業道路上的前輩，我們遇到的瓶頸，他們也可能都遇到過，因此請益師長，吸取他們的經驗與智慧，將會幫助我們在學習成長的路上走得更順暢。

4. **熟悉專業心理資源的網絡**：瞭解校內、校外各種心理衛生機構與資源，必

要時可以進行心理諮詢或求助，以增加自己面對各種心理困境的能力，避免問題惡化，而威脅到自己的心理健康。

綜合「壓力調適公式」的概念，以下介紹一些 DIY 的小方法，協助您有效面對壓力，保持心理健康。

心理健康 DIY

☐ 1. 放鬆自己：每天留一點時間給自己，並做一些有助於放鬆身心的事情。例如：閱讀、聽音樂、禱告、冥想，或其他任何能幫助你鬆弛的活動。

☐ 2. 從事運動保持活力：定期運動可以增加你的能量，也確實能夠幫助你渡過憂鬱和焦慮的難關。因此，去尋找適合自己的運動，不論是打球、游泳、散步、跳舞，或騎腳踏車都可以。

☐ 3. 有心事就找人說出來：我們偶爾會因為問題煩心而感覺孤獨和透不過氣來，這時候與人分享你的感覺是有幫助的。若你身邊沒有人可以談心事，你可以打電話求助心理健康諮詢專線。

☐ 4. 參與團體活動：多走出去認識新朋友，並將自己投入團體活動中。參與團體活動不僅可以幫助自己，更可以幫助他人。

☐ 5. 與朋友保持聯繫：其實你不需要故作堅強而獨自掙扎，朋友很重要，特別是在遭逢生活低潮時，與他們聯絡吧！

☐ 6. 尋求協助：我們經常會面臨需要別人幫助的時候，求助於別人雖然有時難以啟齒，但請求協助確實是明智而有益的決定。你可以從家人、朋友、醫師、護士、社團、宗教團體，或諮詢專線等處，得到你所需要的協助。

☐ 7. 學習新技巧：不論是為了娛樂、交友或增進工作機會，學習新技
巧將有助於提升你的自信。

☐ 8. 從事創意活動：當你處於焦慮或低潮時，做一些需要創意的活
動，例如：繪畫、寫作、拉坯、烹飪、園藝、音樂或做實驗等，
將有助於改善自己的情緒，並增進自信心。

☐ 9. 接受你自己：因為不同的信念、背景、文化、宗教、性別與生活
經驗，而使每個人形成獨特的自己。因此，包括你自己在內的每
個人，都是值得令人尊重的。

☐ 10. 為自己保留彈性空間：生活不容易，人生不如意十常八九。遇到
困難時，不要逼迫自己，你可以放慢腳步，一次只做一件事。甚
至有時你可以允許自己休息一下，什麼事都不做。

☐ 11. 喝酒要適量：藉酒澆愁以逃避問題，只會使問題更加惡化。飲酒
適量即可，需注意不可過量。若你擔心喝酒會影響健康，請向醫
師諮詢。

資料來源：董氏基金會心理衛生組提供，林家興、李曉燕譯（無日期）

🔹 二、從「學校環境」增進心理衛生的策略

（一）重視校園文化建設、創造良好的心理社會環境

校園文化應該是充滿溫馨關懷、充滿活力與希望的地方，提供每位學生在
此學習與成長。因此，包括：校園是安全的或經常發生治安問題？校內是性別
平等的友善校園或是充滿歧視的環境？學校是否重視學生的各種能力發展，或
是只在乎學生的學業成就？校方是否非常關心學生的各項意見表達，或是經常
置之不理？這些層面的考量，都代表著學校是否能成為學生快樂學習、自我成

長的健康環境，或是變成引發學生適應不良或心理疾病的不良環境。

（二）重視學生的生涯學習進路，確認自己的生涯目標

很多學生就讀大學科系後，逐漸發現這些課程自己並沒有興趣。然而，有些同學並沒有積極的向任課教師或班級導師諮詢求助，於是開始缺課、曠課或是拚命打工，發展副業，結果不是學無專長，就是二一被退。其實，學生對就讀科系的未來發展大多是非常模糊困惑的，因此學校應該積極的進行生涯規劃與選課輔導，特別是大一新生的導師可以利用新生座談、班會時間、導師時間、系學會活動、系上學術演講等機會，由系上師長、研究生、校友分享自己的學習發展過程，提供學生生涯楷模的學習對象。當學生的生涯學習目標明確清楚，學生也才能安心於學習，相對的，心理健康程度也會比較高。

（三）積極宣導校內心理衛生工作，增進學生心理適應能力

學生輔導中心提供個別諮商、團體諮商、心理測驗、成長團體、工作坊、心理諮詢、演講、影片賞析、班級座談、書籍借閱，以及心理衛生教育推廣活動等服務，透過心理衛生三級預防的模式來幫助學生增進心理適應能力，或是及早解決心理困擾或壓力！因此，學生輔導中心並非只為問題學生或是危機事件學生服務，當學生在心中有困惑、生活感到不適應、希望自我探索、使生活更充實快樂，以及幫助自己不斷邁向自我實現等情形時，都可以主動到學生輔導中心尋求各項免費的專業協助。

（四）積極落實大學導師輔導制度，提供學生各項諮詢與關懷

依據《教師法》的規定，我國大學校院必須實施導師制度，而且大學教師也必須肩負擔任導師的義務，共同來推動學生輔導工作，以幫助學生順利完成大學學業。雖然大學導師教學與研究壓力繁重，但是學校還是應該積極推動與

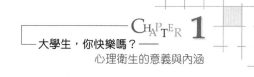

落實導師輔導制度的精神。具體的執行策略包括：提供導生可以聯絡或找得到老師的具體方式與時間；固定的召開班會時間或導師時間，進行班級輔導與級務管理；主動不具形式的關心與瞭解學生的生活、學習與人際狀況；協助班上推動各項班級活動，以增進班級學生的情感交流；積極協助學生進行選課輔導與生涯規劃，以利學生安心學習等。

（五）強化校內外心理衛生資源的合作

學校是以教育為主的小型社會，其心理衛生資源有限。因此，遇到特殊心理問題或自殺危機等個案時，必須整合校內資源，甚至轉介到校外資源單位共同來協助處理。例如：遇到精神疾患的同學，須將學生轉介到精神醫療院所，以整合醫院的臨床診斷與藥物治療；當遇到學生自殺危機強烈時，為確保其人身安全，與家長聯繫和採取強制住院則是必要的合作模式。所以，校內心理衛生單位應該和校外心理衛生單位積極保持聯繫，隨時進行特殊個案的轉介與共同輔導。

陸、結語

總之，心理衛生的目的在於增進個體的心理健康，而心理健康是一種生理的、心理的及社會的幸福狀態，而非僅是沒有生病而已。既然講究生理衛生，才能獲得身體健康，同理，也要講究心理衛生，才能擁有心理健康。反之，不講究心理衛生的人自然就遠離心理健康的狀態，容易出現心理適應不良，進而可能演變成各種心理疾病。所以，為了自己的心理健康，大學生應當隨時檢視自己的心理衛生情形，學校也應當積極推動各項心理衛生活動，幫助大學生達成身心健康、快樂學習的目標。

中文部分

王以仁、林淑玲、駱芳美（2006）。**心理衛生與適應**（第二版）。台北市：心理。

行政院衛生署（1979）。**心理衛生保健**。台北市：作者。

吳武典、洪有義（1987）。**心理衛生**。台北縣：國立空中大學。

吳澄波（2006）。**心理衛生**。取自 http://www.sinica.edu.tw/ro/course/950927.doc

林子璇（2004）。北區九所大學校院自傷殘行為調查。**文化一周，1032**。台北市：私立中國文化大學新聞系。

林家興、李曉燕（譯）（無日期）。Health Education Authory（1999）著。**心理健康 DIY**。載於董氏基金會網站（http://www.jtf.org.tw/psyche/knowledge/diy.asp）

柯永河（1985）。**心理衛生學**。台北市：大洋。

柯永河（1993）。**心理治療與衛生——我在晤談椅上四十年**。台北市：張老師文化。

張春興（1995）。**張氏心理學辭典**。台北市：東華。

陳為堅（2004）。**學校憂鬱傾向學生推估及預防策略**（教育部專案研究）。台北市：教育部。

黃堅厚（1999）。**人格心理學**。台北市：心理。

董氏基金會（2006）。大學生日常生活、網路使用行為與憂鬱傾向之相關性調查。台北市：作者。

董氏基金會（2007）。大學生憂鬱情緒與求助行為之相關性調查。台北市：作者。

劉焜輝（1976）。**現代人的心理健康**。台北市：天馬。

賴保禎（1999）。**健康心理學**。台北縣：國立空中大學。

英文部分

Kring, A. M., Davison, G. C., Neale, J. M., & Johnson, S. L. (2006). *Abnormal psychology* (10th ed.). New York: John Wiley & Sons.

World Health Organization (WHO) (1946). *Constitution*. New York: The Author.

CHAPTER 2

大學生的內在世界——

談身心發展特徵

陳玉芳

你能回想起青少年期的某個時段裡，常常因為不知道自己是誰、應該是什麼樣子，以及應該採用什麼樣的價值觀等問題而覺得困惑嗎？有沒有可能你到現在都還沒有解決，而仍在尋求答案呢？事實上，這些問題對每一個大學生而言，都不見得容易回答，但是它們卻是十分重要的。

從發展心理學來看，大學生正處於青少年與成人初期的過渡階段，而一個青少年成為成人的界限到底在哪裡？恐怕沒有適合所有人的唯一標準。在某些國度裡，才十幾歲的青少年就接受成年禮，負起成人的責任，也享有成人的基本權利；而在我們的社會中，滿十八歲的人開始要承擔更多的法律責任，且大多數自高中職畢業，進入大學接受進一步的深造，因此從青少年後期跨入成人初期的分水嶺，多在大學階段渡過。那麼在這成熟的過程中，大學生的身體、心理、思考等各面向，將面臨什麼樣的變化與挑戰呢？讓我們展開人生發展的基本藍圖，對大學生的身心發展一探究竟吧！

 # 壹、人生發展的基本藍圖

提到人生發展的階段，莫不以美國心理學家 E. H. Erikson（1902-1994）的「心理社會發展論」為圭臬。他根據自己的人生經驗及多年從事研究觀察所見，提出一套解釋人生發展的理論，認為人是不斷成長與改變的，一生中會歷經八個階段，在每個階段都會有不同的發展任務；它在社會適應上可以是危機，也可以是自我再成長的轉機，端看你如何去超越它。

 ## 一、基本的信任 vs. 不信任（大約出生至 12～18 個月）

Erikson 提出的第一個危機為基本的信任或不信任，意思是說嬰兒在不同的照顧品質下，逐漸感受到外在世界是否可靠、安全。一個人的成長，從嬰兒時期就必須在信任以產生親密關係，以及不信任以保護自己，兩者之間發展出一個適當的平衡點。如果信任占了優勢，孩子將能比較無焦慮地接受母親不在的時刻；如果不信任占了上風，孩子將容易認為外界是不友善的，無法安然處理母親不在身邊的時刻，難以發展出親密、信任的人際關係。

二、自主 vs. 羞愧懷疑（大約 12～18 個月至 3 歲）

隨著肌肉的逐漸發展，幼兒開始學習自主，能自己走路、吃飯、穿衣、上廁所等，而面對無法獨自完成的事，可能會懷疑自己的能力並感到羞愧。然而研究也發現，幼兒需要某種程度的自我懷疑以認清自己的能力界限，適度的羞愧感也有助於他們學習在合理的規範下生活（黃慧真譯，1995），因此這階段的幼兒需要成年人適度給與設限，過與不及都不好。

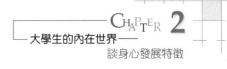

三、主動 vs. 罪惡感（大約 3~6 歲）

Erikson 提出的第三個危機為主動或罪惡感，意思是說兒童開始嘗試超過自己能力所及的事情，當他們所採取的行動與父母或家人的期待衝突時（例如：打破花瓶），這些衝突可能會使他們產生罪惡感。因此兒童須在此階段保持主動的精神，同時學習壓制自己的衝動，才能得到平衡，順利渡過發展危機。

四、勤勞 vs. 自卑（大約 6~12 歲）

Erikson 提出的第四個危機為勤勞或自卑，意思是說在這階段的兒童常會拿自己和同儕做比較，只要勤奮進取一點，兒童就能學到社會及學業技巧，變得較有自信；但若不能獲得這些重要的特質，則容易造成自貶自卑的心理，使生活中較缺乏基本能力，失敗感也比較多。

五、自我統合 vs. 角色混淆（大約 12~20 歲）

根據 Erikson 的看法，青少年主要的發展危機是建立統合（identity）。此階段的青少年正處在兒童期與成熟期的交叉點，常與「我是誰？」的疑問搏鬥，究竟我是怎麼樣的一個男人或女人？我的期待是什麼？我想要從事什麼生涯？……等，太多問題等著青少年去思考與釐清，因此在這時期必須建立起基本的自我、社會及職業認同，否則在長大成人後，會不知道該扮演何種角色。

六、親密 vs. 孤立（大約 20~40 歲）

據 Erikson 所言，親密或孤立的發展所代表的是邁向成人期的轉變。為了獲得親密感，個體必須與另一個人建立親近的、愛的、相互滿意的關係，這是人

生全程發展中很重要的能力，它使兩個人結合在一起，但仍允許彼此擁有各自的獨立性。而如果無法和他人形成友誼或親密關係，便會產生孤立感。

七、生產 vs. 頹廢遲滯（大約40～65歲）

在這個階段，個體是夾在中間的一代，既是父母、又是孩子，致力於工作，肩負起撫養年輕人或照顧家人的責任，可說是必須具有生產力、得精力充沛的時期。雖說不同文化的期許或標準有差異，但沒有能力或不願意負起這個責任的人，將會變得頹廢遲滯。

八、自我統整 vs. 失望厭惡（大約65歲以上）

對於老年期，Erikson 認為處在其中的人，必須在努力尋找完整自我與絕望感的侵襲之間保持平衡。老年人對自己過去的生活常有諸多回顧、感觸與評價，那可能是有意義的、豐富的或許多快樂的經驗；但也可能充滿了未完成的承諾，或不切實際的目標，因而感到失望。在這個階段出現的消極情感，Erikson 稱之為「最後的生活危機」；一個人的生活經驗，將會影響這最後一個生活危機的結果。

Erikson 晚年另提出人生發展的第九階段：極老期（完整智慧 vs. 絕望厭惡）：隨著生命的體悟和經驗的增長，個人將能夠有智慧的運用感官能力去體察環境，達隨心所欲不逾矩的境界，否則會產生絕望厭惡之感。

貳、跨入成人初期門檻的大學生

從 Erikson 的觀點來看，大學階段正處在橫跨「自我統合 vs. 角色混淆」與「親密 vs. 孤立」兩個時期的分水嶺上。尤其是大多數的大學低年級學生較易呈

現自我統合不確定的狀態,同時又對親密關係有著憧憬與嚮往,這當中的衝突會明顯的呈現在生活適應的各個層面。以下就大學生的自我統合與親密感的需求加以說明。

一、大學生的自我統合

Erikson 認為,一個人如果無法達到一種穩固的統合狀態,將比較容易從教育、職業或婚姻中退縮;而反映在大學生的表現上,則會出現焦慮不安、興趣模糊、目標不定、學生角色投注不足、缺乏求學動機等,導致大學生在生活、學習、情緒以及人際適應方面產生重重困擾,既而陷於是否重考、轉系、選修輔系或休學等進退失據的徬徨中(陳清平,2004)。這種狀況會引起生活或學習上的適應不良,同時對個人未來的人生發展也具有關鍵性的影響。「自我統合」如此重要,我們有必要認識它,並瞭解大學生常見的自我統合狀態。

(一)自我統合的涵義

一個「自我統合」的人,對自己的性格、能力、興趣、價值觀、信念、需求,乃至於生涯目標等面向有清晰、穩定的瞭解,並且能將多個層面的瞭解統合起來,形成一個自己覺得協調一致的整體。相反的,一個人如果無法清晰、穩定的瞭解自己,對於「自己會(或應該)成為什麼樣的人?」感到混亂,甚至是有焦慮的感覺時,則容易陷於「統合危機」(identity crisis)之中,也就是「角色混淆」,呈現出不清楚自己是個怎麼樣的人、不知道自己為什麼而活,並且缺乏目標的狀態。

對大學生的自我成長來說,自我統合形成的歷程是一項艱鉅的挑戰,必須清楚的瞭解自己,然後以此自我統合所構築的自我概念去探索未來的世界,思考「我該何去何從?」「以後能做些什麼?」「將成為怎麼樣的一個人?」同

時將這些思考回應到現實生活中，為許多關乎未來發展的大小決定做出適當的選擇，例如：人生價值、主修科系、實習訓練、職業、婚姻等不確定的課題。

（二）自我統合的狀態

心理學家 Marcia（1980）依據青年人是否有探索各種可能性，並選定自己的職業、宗教理念、性傾向及政治理念等，將他們歸入四種統合狀態，分別是定向型、早閉型、未定型、迷失型。這些狀態說明如下：

1. **定向型（identity achievement）**：定向型的人主動探索問題，且已化解統合危機，擁有明確的目標、清楚的方向。例如：認為自己選對了科系，也確定了未來的出路。

2. **早閉型（identity foreclosure）**：早閉型的人對於未來常是聽從長輩的決定，缺乏自我導向，不用經歷什麼最適合他的決定，就已對未來有所承諾了。例如：我未來就是要繼承家族的企業。

3. **未定型（identity moratorium）**：未定型的人正面臨 Erikson 所說的統合危機，會主動詢問相關的問題並尋找答案，可說是不滿現狀，但卻有心改變。例如：對現在的校系不滿意，正計劃轉系或重考。

4. **迷失型（identity diffusion）**：迷失型的人對於未來的一切尚未認真思考、探索過，不清楚自己的方向何在。例如：證照考試失敗，對未來不知道如何打算。

		探索程度	
		多	少
定向	強	定向型	早閉型
程度	弱	未定型	迷失型

根據國內學者的研究發現，大學生中定向型的人大約占四分之一，最多的是約占半數的未定型，其餘的則為早閉型和迷失型（金樹人、林清山、田秀蘭，1989），這顯示目前大多數的大學生仍處在自我統合不確定的狀態。曾有大學生反映：「對於眼前困惑，我有時覺得好像找到了方向，但過一段時間，心中卻又湧起不確定的感覺，然後只好繼續尋找答案。」的確，這種「迷失－未定－定向－再迷失－再未定－再定向」的情形，正是許多大學生在探索自我、尋求定位的過程中常有的自然現象，只要有心改變，不讓自己停滯於迷失的狀態，那麼對不確定的感覺將會多一份相信與沉著，朝自我統合邁進。

二、尋求親密感的大學生

一位 20 歲的大二學生如此說：「當我完成社團晚會的主持工作時，我期待有人可以一起慶祝；當我感到困擾時，我需要關切我的人所提出的建議。」他反映的正是許多大學生渴望的親密關係。那麼在大學生的身心發展中，親密關係的尋求如何影響其各方面的適應呢？讓我們一起來瞭解。

（一）親密關係的涵義

Erikson所謂的親密（intimacy）是指：「形成具體的友好關係，並且發展道德的力量去遵循彼此義務的能力。」在他看來，親密關係的形成不需要身體或性方面的接觸，它是一種心靈的靠近，是彼此深入瞭解對方，彼此關懷、給與承諾，互相打開內心世界；也就是說當其中一人問對方：「你正在想什麼？」另一人願意就自己當下所知道的一切，坦率地加以回答，同意主動向對方分享自己的感覺和想法。因此，它有可能存在於家庭成員、朋友或者情侶的關係中，然而也有不少人在人際互動的過程裡，感受不到那份渴望已久的親密感。

（二）與自我統合環環相扣的親密關係

親密關係的發展與個人的自我統合狀態是環環相扣的。試想剛從家庭依賴走向獨立的大學生，正努力的理解該如何呈現獨一無二的自我時，又同時蓄勢待發的想要將個人的世界與另一個人的世界加以融合，其間將有許多的冒險、衝突與妥協。

而親密關係的形成也是以自我統合為基礎的。因為一個角色混淆、不清楚、不瞭解自己的人，或者這個人防衛心理太重時，都會較難與他人建立親密關係，因此常有被動、退縮而感到被孤立的感覺，或者可能因濫情而產生不當的關係，抑或僅止於膚淺、短暫的人際經驗，以致於心理上呈現疏離的狀態（陳清平，2004）。所以對任何一個大學生而言，增進自我瞭解，並且學習如何瞭解他人，皆是十分重要的。

參、大學生的身心發展特徵

大學生在生理和智力上已達相當程度的發展，但在情緒、社會生活上則未達發展成熟的程度（金樹人，1990；潘正德，1996），因此在大學生活中屢屢產生不同程度的適應問題。究竟其在身體或心理上的發展，有哪些特徵呢？分述如下。

一、大學生的身體發展

（一）生理的成熟與變化

人一生中有二個生理快速成長的時期，一個是嬰兒剛出生的最初二年，另一個是進入青春期的二到三年。而大學階段的身體發展已越過青春期，擁有成

熟的生殖能力，外表看來已是十足的「男人」或「女人」，同時也將注意到自己不同於以往，認知到自己已經脫離兒童或青少年的模樣，變成「大人」了（黃惠惠，1998）。此外，由於擺脫中學時期服裝儀容的限制，在這個階段將更注重自己的穿著、打扮，建立獨特的審美觀，並成為自我觀感的一部分。

（二）心理與生理成熟的差距

雖然大學生在生理的發展上已經相當於成人，但是心理上的發展往往不如生理上那麼快速，尤其社會愈進步、愈複雜，心理成熟的現象會有延後的情形，導致身心發展出現差距，心理成熟趕不上生理成熟，這種不一致的現象造成大學生對自我的矛盾認知，有時發現自己已經是大人了，但有時又覺得自己能力不夠、經驗不足，根本還沒長大。在這種情況下，大學生需要家庭及師長的瞭解、接納與協助，才能從這衝突的感覺中得到學習，獲得成長。

二、大學生的心理矛盾

大學生的心理在發展過程中，也會產生一些矛盾和衝突。常見的心理矛盾有以下三種。

（一）理想與現實的距離

幾乎所有的高中生都會懷抱著美好的憧憬，期待考取一所理想的大學，例如：知名的學府、熱門的校系、一流的師資、開闊的校園、多彩多姿的休閒生活等。然而，僅有少數的大學生能夠實現夢想，多數人仍得面對期待的落空，也許是就讀的校系稱不上滿意、授課的教師算不上一流，或者宿舍環境也差強人意等，面對這理想與現實的差距，大學生須在心理上加以調適，否則將對接下來大學的生活適應帶來極大的挑戰。

（二）封閉與開放的拿捏

　　「立美（化名）從小鮮少出遠門，平時生活起居皆由家人照料。她從南部考上北部的大學，開學一個多月以來，夜裡睡不好，總是想起家人。看到其他同學在假日相約逛街，本來就沒有多少朋友的立美愈發感到孤獨……」這種心理封閉的狀態，正是有些高中生初上大學，處於「切斷臍帶做大人」，面臨心理斷奶時期常有的現象。加上大學是個著重開放、多元的學習環境，期待大學生要掌握更多的知識，瞭解社會的脈動，發揮內在潛能，這一切皆需要其主動與他人溝通、交流和聯絡情感才能實現。因此大學生需要在封閉與開放的衝突中，學習如何拿捏分寸，以渡過適應的關鍵期。

（三）從依賴邁向獨立的矛盾

　　進入處處要求獨立自主的大學校園後，對自我負責與思想獨立是重要的學習課題。大學生在進入大學之後，感覺到自己已經逐漸脫離家庭的束縛，擺脫父母的過度干預，同時也不再受高中職嚴格校規的規範了，心中會期待在時間或空間上可以擁有更多的自由，從中確認能力，拓展經驗，然而有時這是家庭所不允許的。例如：能否租賃在外的爭執、晚歸的權利，抑或經濟上對家庭的依賴……等。此外，在學業上仍舊得接受老師的指導，在常規上依然得符合學校的制度。所以有些大學生會感到自己未能「真正的獨立」，在這獨立與依賴的關係中時常產生矛盾與衝突。

　　上述種種心理矛盾，影響了大學生的身心健康，若未能獲得良好的適應，將不利於大學生活的全面發展。因而大學生須主動尋求協助的力量，包含：周遭的人際、學校相關單位（如學生輔導中心）、家庭、師長以及其它社會資源等，以幫助自己面對眼前的困擾與衝突，化解發展過程中的危機，朝嶄新、統整的自我邁進。

肆、大學生的認知發展

　　隨著身心的發展，一個人的認知思考也會跟著改變、成熟。可以確定的是，成人的思維通常是不同於兒童或青少年的，那麼正結束青少年尾聲、跨入成人初期的大學生呢？他們會如何來理解複雜的人、事、物？如何解決各種層面的問題呢？接下來我們將認識人生全程的認知發展，進一步理解大學生在認知上的改變。

一、人生全程的認知發展

　　一個邁入老年的長者回顧一生，他發現：「我這輩子在各個階段的想法、關心的事物都不太一樣，但是到了這把歲數，好像一切又回到原點了。」這實在是個有趣的現象，不過卻也貼切的道出人一生中認知思考上的特性。

　　心理學家 K. W. Schaie 曾以七個階段來勾繪人生全程在認知思考上的轉換。從兒童與青春期時著重技能和各種訊息的學習，以準備參與社會開始（學得階段），銜接到 30 歲前期，年輕人的認知思考不再滿足於獲得知識本身，而是想利用個人的能力來追求目標，建立思考的獨立性（成就階段）；緊接著 30 歲後期到 60 歲前期的人關心自己所承擔的責任，例如：生涯目標或生活上待解決的實際問題（責任階段）；同時其所關注的責任不僅止於家庭，還包含了整個社會體系（執行階段）。結束中年期之後，一個人的生涯大致進入退休狀態，開始會用有意義的事物來取代有酬勞的工作，藉此重整個人的認知思維（重整階段）。再過幾年逐漸察覺到認知功能受到生理限制，可能變得記不牢、忘得快，因此會選擇較少參與社會或承擔責任，而以自己想做或願意做的事情為主（再整合階段）。最後，生命步入尾聲之前，年邁的長者會關注遺產的授予、身後事的安排、口述或撰寫生命故事等（授予遺產階段），這些都與個人的認知能

力運作有關（Schaie & Willis, 2000）。

　　而大學生的認知發展正處在「成就階段」，逐漸脫離「我需要知道些什麼」，進入「我如何運用我所知道」的狀態，強調知識的實用性，且能夠處理兒童、青少年時所無法解決的問題，理解內容更為深奧的文章；此外，大學生通常不滿足於只學習本科系的知識，樂於接受其他領域的知識或觀點，不過對於新近的理論或國外的著作，往往尚難做出全面、恰當的評價，甚至會有良莠不分的情形，因為高層次的認知思考能力仍在逐漸培養、提昇中。

二、大學生的認知成長

　　「大學那四年，我改變很多，覺得自己好像逐漸蛻變成為一個大人」、「如果沒有那四年，也許我會覺得自己仍是個長不大、莽撞的青少年吧！」許多人回顧大學生活，常深感那是改變自我極為關鍵的黃金四年，這是因為大學階段是個人成長和知識探索的重要時期。對於自青少年過渡到成人初期的學生來說，大學提供了成長的契機，例如：更專精的課程、不同於以往的授課方式帶來嶄新的洞見與思維；來自四面八方、不同背景的同儕對個人長久以來所抱持的習慣、想法等帶來挑戰；多元的社團活動、研習課程等讓大學生嘗試更多角色的學習……，凡此種種皆使一個人有機會檢視自己童年以來一直抱持的假設，重整個人的觀點與價值觀，進而在大學中發生改變，形成一種新的成年認定。

　　這關鍵性的改變可從 W. Perry（1970）的研究中發現。他曾訪談 67 名哈佛大學與雷克理夫學院（Radcliffe College）大一到大四的學生，結果發現他們的思考在這四年中，從僵化進展到開放、有彈性，而後能夠自由選擇承諾（引自張慧芝譯，2002）：

剛進大學，對於問題試圖尋找「正確」的答案，難以想像還有其它選擇。	→	陸續接觸多元的理念與觀點，開始對不確定感到困擾，但仍期待得到「一個最終正確的答案」。	→

看到知識和價值觀的相對性，體認到不同的社會、文化之下，每個人有各自的價值體系，且明白自己對許多事情的看法和其他人一樣有價值，即使對方是專家。 → 最後，儘管心中仍有不確定感，但仍可做出自己的判斷，並選擇自己的價值觀。

綜上所述，大學四年確實是認知成熟的重要階段，此期間所面臨的衝擊，可能帶來不確定感、危機感，然而這是個蛻變、轉變的過程，也是個磨練能力、質疑長久所抱持的思維，以及嘗試以新的方式觀看世界的機會，值得好好去經驗它！

伍、結語

如果有機會深入觀照人生，我們將會領悟到每個生命階段都有其關鍵性的人生課題，而告別青少年跨入成人初期的大學生，站在這轉變的分水嶺上，亦面臨著許多嶄新的挑戰。在這開放、多元的知識殿堂裡，大學的教育能夠重新點燃對知識的好奇心、改變思維的模式，也培養未來就業的專業知能。然而大學同時也是個高度重視自我管理的學習環境，大學生需要學習獨立自主的安排生活、照顧自己、管理時間、支配金錢、安排休閒娛樂、建立人際關係、解決各種問題，以及調適來自感情與學業等各方面的壓力。這當中伴隨著動盪、矛盾、不確定感，同時卻也蘊藏著豐富的學習機會，是危機還是轉機，端看自己能否秉持主動、積極的態度來面對，為自己尋找更清楚的人生定位。

中文部分

金樹人（1990）。**師大新生生活適應之研究**。台北市：國立台灣師範大學學生
　　輔導中心。

金樹人、林清山、田秀蘭（1989）。我國大專學生生涯發展定向之研究。**教育
　　心理學報**，**22**，167-190。

張慧芝（譯）（2002）。D. E. Papalia, S. W. Olds & R. D. Feldman 著。**人類發展
　　——成人心理學**（Human development, 8e）。台北市：麥格羅希爾。

陳清平（2004）。**致遠管理學院學生身心適應之調查研究**。台南縣：私立致遠
　　管理學院。

黃惠惠（1998）。**邁向成熟——青年的自我成長與生涯規劃**。台北市：張老師
　　文化。

黃慧真（譯）（1995）。S. W. Olds & D. E. Papalia 著。**發展心理學——人類發
　　展**（Human development, 5e）。台北市：桂冠。

潘正德（1996）。大一新生人格特質、生活適應與學業成績的關係暨相關因素
　　之研究。**中原學報**，**24**（2），35-51。

英文部分

Marcia, J. E. (1980). Identity in adolescence. In J. Adelson (Ed.), *Handbook of adolescent psychology*. New York: John Wiley & Sons.

Schaie, K. W., & Willis, S. L. (2000). A stage theory model of adult cognitive development revisited. In B. Rubinstein, M. Moss & M. Kleban (Eds.), *The many dimensions of aging: Essays in honor of M. Powell Lawton* (pp. 175-193). New York: Springer.

CHAPTER 3

男男女女大不同——

大學生的性別差異

古芸妮

> 從前有一天，火星人遇見了金星人，於是他們相愛了。開始，他們接受並尊重對方的不同，因而關係融洽，生活幸福。後來，他們來到了地球上。一天早晨醒來，他們都得了健忘症，忘了他們本是來自不同的星球。於是，他們開始了相互之間的衝突……
>
> 引自《男人來自火星，女人來自金星》（蔡佩宜譯，1998）

「男人來自火星，女人來自金星」（Men are from Mars, Women are from Venus）一思潮出現之後，引發兩性論壇諸多討論，火星、金星離我們甚遠，誰都難以瞭解那是怎麼樣的地方。也有「男人像水牛，女人像蝴蝶」一說，說明男人比較以事業工作目標為取向，有如水牛辛勤於工作；女人就有如蝴蝶，圍繞著花朵採花蜜，比較注重於外表的裝扮修飾，生活重心比較偏重於丈夫、兒女和家庭甚於其他方面。關於思考、處理及人、事、物方面的應對，男人一般多以頭腦（理性）為出發點，女人則多傾向以心（感性）為出發點。

另一個有趣的比喻——「男人像美國方格餅，女人像意大利麵」（Men are like waffles, Women are like spaghetti），比喻男人像美國方格餅，因為一片餅上是由許多小方格組成的，而男人的世界像一個個方格組成；典型的男人不但喜歡如電腦、電視、汽車、床、球場等等方形的東西，生活也是由一個個方格組

合而成，而且每次只能專注在其中一個方格中，例如：當男人投入在工作方格中時，他只能工作，當他看電視時，只能看電視，所以男人一工作或看起電視來，往往像著了迷，對身邊其他人、事、物一概「視而不見，聽而不聞」。女人像意大利麵，意大利麵是由許多麵條與醬料交纏而成的，對女人而言，任何事都會「牽一髮而動全身」，女人考慮事情較注重關連，典型的女人擅長一心多用，例如：她可以一面做飯、一面打電話、一面還督促孩子做功課。顯然，男女差異是存在的；因此，本章從各種面向來探討男女的差異，幫助天下男女互為諒解，進而在差異中追求和諧的幸福。

壹、性別差異的意義與內涵

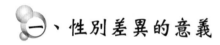 一、性別差異的意義

性別差異可分為**生理性別差異**（sexual difference）和**社會性別差異**（gender difference）兩個方面，前者指的是男女之間生理特徵的差異，是一種生理事實，區分人類這種動物的雄性與雌性；後者指的是男女之間社會建構的差異，區分男性與女性的角色，或是男人與女人的人格特質。

生理性別差異是生理上的差異，也是一種讓身體上的差異產生意義的知識體系，對身體形成種種管理的機制。

社會性別差異是經由「社會化」學習得來的，如家庭、學校、同儕團體、大眾媒體等，控制著成長中的孩子，透過大量的小規模互動，把社會「常模」（norms）或是對於男女行為的期望，分別灌輸給男孩和女孩。

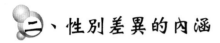

二、性別差異的內涵

人出生的時候並不會分辨自己的性別，一直要到 17、18 個月大，才會知道自己是男是女。而性別上的差異也是從文化、教養上的不同所累積形成的。在文化上，認為男女差異根深蒂固的觀念，主要是受到傳統的強化作用，傳統信念認為性別永遠不會改變：像是亞當挖土，夏娃織布、男人必須工作，女人必須流淚、男兒有淚不輕彈等說法。在教養上，從小女性收到的禮物是洋娃娃，玩辦家家酒、穿粉紅色洋裝等，被教導扮護士、扮母親等小型角色扮演遊戲。這些玩具、遊戲將女孩子培養成照顧者的角色，讓她們長大後好好擔當太太、護士、母親等角色；男性在成長過程中，被要求要不斷挑戰自己、衝破重重難關，最後完成任務，成為保護家人，甚至國家民族的英雄。因此可知，文化、教養對男女性別的分化及角色漸漸形塑而成。

貳、男女在一般心理特質上的差異

一般心理特質包含了能力、語文、行為、休閒、運動等。男女應該以「知所長，避其短」的原則，尊重彼此的差異，接納彼此的需求，各發揮其所長，耕耘兩人的關係，才能達到兩性和諧的目的，而男女差異的確存在，但這些差異的意義究竟為何？又有哪些迷思呢？以下整理說明之。

一、男女心理特質、行為之差異

男女在心理特質和行為方面，易受性別刻板印象、性別角色因素影響而產生差異，親密關係也是經由彼此能相知而相許，想要擁有幸福的關係，需更加瞭解彼此的需求，筆者根據相關文獻，將兩性心理特質及行為上的差異整理如表 3-1：

表 3-1　兩性心理特質及行為上的差異

	女性	男性
心理特質	感性，情感導向，注重主觀感受，情感需求多於理性分析	理性，目標導向，容易抽離情感
	傾向需要親密的感覺	傾向需要權力
	陰柔	陽剛
	依賴	獨立
	需要被聆聽，需要情感支持	喜愛被崇拜，英雄主義
行為	喜愛靜態活動	喜愛動態活動
	著重協商，避免傷害對方，保持和好關係	較具攻擊性、競爭性
	被保護的需要	較強保護他人的慾望
	關係取向，注重直覺、感受及人際關係的表達與考慮	問題解決導向，重視成就
	善於用言語表達想法及感受	較不習慣表達思想及感情
	語言能力較佳，語言表達較具流暢性、理解力、創造性	數理邏輯推理能力、空間感、方向感較佳
	愛乾淨整潔	較不著重環境整潔
	較愛美、注重外表、打扮	較不重視打扮

二、性別差異之迷思

　　其實很多性別差異的觀念都是「迷思」，並不是真正的有差別，例如：

1. **女性較男性社會化？**依研究顯示，兩性同樣對社會刺激有興趣，同樣對社會性增強有興趣，同樣對經由社會模仿模式的學習純熟。

2. **女生語文能力發展得比男生還早？**我們在小孩子的時候，就可以看得出來，大概女生都比較早講話，女生語文能力都比較好。但是這種差異也不是很大，因為一旦男生開始講話的時候，很快就可以追上了。

3. **男性較女性擅長分析？**研究發現，兩性在分析性的認知類型和邏輯推理測

驗上，並無差異。

4. **男生的空間能力比女生來的好？**這也不是天生的，這和孩子的玩具有相當大的關係，研究發現女孩子跟男孩子的玩具有相當大的不同。到了青春期，男生數理能力好像也比女生好，但進一步探究男生數理能力比較好的部分都是與空間有關的。

5. **男生比較具有攻擊性？**大部分研究都認為男生比較具有攻擊性，有 60% 的研究發現，攻擊性上有差異的，大部分都是用紙筆測驗，而紙筆測驗在作答時，也容易受到社會價值的影響。

男女差異迷思在社會價值中普遍存在著，如何破除迷思，增進人與人之間的和諧與融洽，錯誤的迷思亟待澄清，除了自我瞭解外，真誠的接納他人，才是邁向幸福關係的重要關鍵。

參、男女在「性別角色」上的差異

性別角色其實就是性別所反映出來的性別期待，也就是指社會、文化根據性別，為各階段男女訂出一套相關標準與期望。從小嬰兒的養育態度即可見端倪，我們會形容男生常用的詞是「健壯的小男孩」、「壯丁」；女生常被形容的是「乖巧」、「貼心」、「溫柔」，研究發現爸爸媽媽抱小孩的方式不一樣，尤其是爸爸，爸爸抱女嬰會比較輕柔，猶恐捏碎了她，男嬰就容易出現隨便抱一抱的傾向；由此可知，從養育上即有性別上差異，而使得大部分的男女自然而然認為，自己就應該要扮演符合自己性別的角色。其實，男女天生都同時具有男生和女生兩種特質，只因為，社會對其角色期待而造成了女生具有女性化特質，男生具有男性化特質。而依據 1985 年針對台灣二百多位男女大學生調查結果顯示，台灣地區大學生認為適合男性和女性的性格特質，分類如表 3-2：

表 3-2　大學生認為的男性化和女性化特質

男性化特質	女性化特質
粗獷的、剛強的、個人主義的、偏激的、靠自己的、隨便的、冒險的、冒失的、獨立的、武斷的、浮躁的、有主見的、深沉的、自誇的、競爭的、膽大的、好鬥的、豪放的、穩健的、自立更生的、善謀的、有雄心的、幹練的、頑固的、嚴肅的、主動的、領袖的、粗魯的、有領導才能的、好支配的。	溫柔的、整潔的、敏感的、順從的、純潔的、心細的、伶俐的、動人的、富同情心的、保守的、膽小的、討人喜歡的、文靜的、親切的、愛美的、慈善的、甜蜜的、溫柔的、被動的、端莊的、文雅的、依賴的、純情的、輕聲細語的、拘謹的、天真的、矜持的、愛小孩的、害羞的、善感的。

資料來源：李美枝（1994）

　　傳統的性別角色，男性具備的是工具性特質：目標導向的、有邏輯的、富攻擊性的；女性具備的是情緒性特質：溫柔的、富同情心的、會照顧人的。也因為人格的差異，男人被認為較適合做居要職的工作（醫生、律師、工程師）；女人則較適合做協助者、追隨者（太太、保姆、教師、護士）。

　　傳統性別角色認為：(1)一個人只能具有工具性特質，不能也不該二者兼具；(2)男性優勢（masculine superiority），男性的工具特質較女性的情感特質更為重要。因此，在這種社會下，男人壓抑了情緒特質，女人壓抑了工作特質。現代的性別角色觀念也有改變，其重要特徵為：(1)強調平等的角色（egalitarian roles）；(2)強調兩性化、剛柔並濟的人格（androgynous roles）（引自 Strong & DeVault, 1992）。

　　Heilbrun（1982）認為，兩性是同時具備了男女兩性的特質，男人和女人的工作特質及情緒特質都不應該被壓抑。Bem（1974）是最早提出「兩性化」（androgynous）概念的人。Bem 用它來指兼具有男性化和女性化特質的人。他認為，人類天生具備男、女兩種特質，因此應依情境，有彈性地表現工作及情緒特質。兩性化人格強調：(1)彈性（flexibility）與整合性（integration）；(2)剛柔並濟，該表現男性特質的時候即表現之，該表現女性特質時則不避諱。

有許多的研究證據，顯示具有兩性化性格的人，心理較健康，對壓力有較大的承受力（Mayer & Salovey, 1997）；比較有能力形成及維持親密關係，在婚姻中有較大的滿足，而且較易感覺到別人對他們的關心與愛意（Ganong & Coleman, 1987）。對兩性化概念研究最重要的意義，是讓人們發現「男性優勢」只是一種迷思，兩性化的人在很多情況下是適應的最好的。Bem（1981）認為兩性化的人的高適應性，是因為他們沒有性別基模（gender schema），因此可以從

我思故我在（兩性態度）

測試一下你對兩性抱持著什麼態度呢？請以四點量表指出你對每一敘述的贊同程度。
0：表示非常贊同　　1：表示贊同　　2：表示不贊同　　3：表示非常不贊同

☐ 1.女人比男人少說髒話或詛咒。
☐ 2.女人外出工作，所以男人應該分擔作家事，如洗衣、煮飯、洗碗等。＊
☐ 3.女人應該與男人一樣有求婚的自由。＊
☐ 4.女人應只關心如何成為一個好妻子或好母親，關於權力應少關心。
☐ 5.女人應與男人一起分擔約會費用。＊
☐ 6.女人不應出入男人的場所。
☐ 7.女人應該像男人一樣承擔工作職務上應負的責任。＊
☐ 8.家中的男孩應該比女孩獲得更多鼓勵，讓他去念大學。＊
☐ 9.女人開飛機，男人織毛線，都是荒誕可笑的事。＊
☐ 10.父親比母親擁有更大的權威來教養小孩。
☐ 11.社區的領導地位應該由男人來掌控。
☐ 12.在工作的升遷或僱用時，應優先考慮男性人選。
☐ 13.在不同行業中，女人應該獲得平等的機會。＊

計分方式：標有（＊）者做反向計分，亦即 0 是 3 分，1 是 2 分，2 是 1 分，3 是 0 分，總分是 0～39 分，分數愈高表示愈偏好兩性角色的平等。

資料來源：林彥妤、郭利百加譯（1991）

我思故我在（性別特質）

以下是一些描述個人特質的形容詞，請用它來描述你自己。請用五點量表表示每一個形容詞描述你的符合度，請將適切的數字填入每一個形容詞前的空格內。

1：表示非常不符合　　2：表示不符合　　3：表示尚可　　4：表示符合
5：表示非常符合

- [ ] 1.親切的
- [ ] 2.愉快的
- [ ] 3.孩子氣的
- [ ] 4.仁慈的
- [ ] 5.有領導力的 *
- [ ] 6.擅長分析的 *
- [ ] 7.侵略性的 *
- [ ] 8.有野心的 *
- [ ] 9.果斷的 *
- [ ] 10.說話會留情

- [ ] 11.擅長運動 *
- [ ] 12.喜安慰別人
- [ ] 13.競爭的 *
- [ ] 14.喜歡被稱讚
- [ ] 15.堅持信念 *
- [ ] 16.純情的
- [ ] 17.控制慾強 *
- [ ] 18.溝通的
- [ ] 19.有力量的 *
- [ ] 20.喜歡小孩

- [ ] 21.獨立 *
- [ ] 22.忠誠
- [ ] 23.個人主義 *
- [ ] 24.體貼別人
- [ ] 25.領袖作風 *
- [ ] 26.害羞
- [ ] 27.很快決定 *
- [ ] 28.溫柔的
- [ ] 29.富同情心的
- [ ] 30.靠自己 *

- [ ] 31.博愛的 *
- [ ] 32.柔順的
- [ ] 33.諒解別人
- [ ] 34.個性強 *
- [ ] 35.熱誠
- [ ] 36.有立場 *
- [ ] 37.服從
- [ ] 38.冒險 *
- [ ] 39.依賴
- [ ] 40.追求成就 *

計分方式：請將空格內的數字分別相加計算男、女性化特質總分。形容詞後有（＊）者，視為「男性化形容詞」，全加起來，即可得男性化特質總分，總分100分。形容詞後沒有加標記的是為「女性化形容詞」，全加起來，即可得女性化特質總分，總分是100，分數愈高愈代表傾向該特質。

資料來源：劉慧俐（1998）

性別限制中解放出來，發揮個人最大的潛力。此種論點顯示，去除了性別刻板印象的束縛，每個人都可以不再畫地自限，而能有最大的自由來表現。

　　總之，性別角色差異是存在的，但不要因為差異而做為自我設限的理由。居里夫人對女性朋友說過一句話：「我們要出人頭地非常困難，我們一定要有毅力，要有自信，要很努力去達到我們想要的。」隨著教育普及，女性所具有的能力、條件並不比男性遜色，我們應該善加利用各自長處，各盡所能，創造雙贏的兩性關係。

肆、男女在「愛情需求」上的差異

在愛情世界裡沒有絕對的對與錯,也沒有一定的標準答案,唯有「愛」的力量才能把兩個不同世界的男女吸引在一起,兩個人要「執子之手,與子偕老」,對於男女的心理需求更不可不知,筆者針對愛情中男女需求分析如表3-3。

表 3-3　兩性的愛情需求

男性的愛情需求	女性的愛情需求
1. 男性需要性的滿足:有固定的性伴侶。	1. 女性需要(喜歡)溫柔體貼和被呵護。
2. 男性需要康樂的玩伴:有人作伴同遊。	2. 女性需要談心溝通:有人明白、聆聽瞭解、感受。
3. 男性需要以妻為榮:能出得廳堂,也入得廚房。	3. 女性需要委託終身:一生一世相信委身的對象。
4. 男性需要家庭管理:無後顧之憂。	4. 女性需要經濟安全:不用擔心生活問題。
5. 男性需要傾聽讚美:妻子對他有無限的傾慕和讚美。	5. 女性需要家庭投入:期望丈夫會全心投入家庭和關心孩子。

我思故我在（性別刻板）

檢測在男女關係上您的觀念、想法如何？在以下題項中對於你所同意者請在題號後打✓，答案結果無是非對錯，依你實際情形作答即可。

- ☐ 1. 我覺得男女朋友交往時，男生身高應該比女生高。
- ☐ 2. 男女生交往時，男生學歷要比女生好，這樣才有安全感。
- ☐ 3. 當提到「護士」工作，我會聯想到女生；「醫師」工作，我會聯想到男生。
- ☐ 4. 男人應該要賺錢養家。
- ☐ 5. 聽到「周董事長」，我會覺得這個董事長是男生。
- ☐ 6. 男生擔任家庭煮夫，去市場買菜、做飯、接小孩上下學，就是沒有成就。
- ☐ 7. 男生女生兩個人對彼此有好感，應該由男生先展開追求行動。
- ☐ 8. 男生女生兩人約會，應該由男生付錢。
- ☐ 9. 我覺得男生一定要負責保護女生。
- ☐ 10. 我覺得男生在大家面前哭是很丟臉的一件事。
- ☐ 11. 在事業上有表現傑出的女性，維持婚姻幸福是比較難的。

計分方式：請您數數你打✓的數量，而打✓較多代表較具有性別刻板印象。

資料來源：筆者自行編擬設計

伍、男女在「情緒表達」上的差異

　　不論從心理層面或生理層面來看男女生的情緒表達方式，都有些差異存在著，從心理上知道，女生大都較具情感，男生較問題解決導向；而在生理上男女的差異，則與情緒中心（杏仁核）的發育過程有關。情緒成熟是指情緒表達不以不成熟、衝動的言語、行為去處理事情；情緒能力高的人，在面對情緒狀況時，有信心與能力達到符合自己與社會價值規範，尤其大學生正值青春期，

是處於情緒容易衝動的階段；因此，學習如何管理自己的情緒，更是一門重要的學問。

人類因為有感性與理性，讓世界變得更精彩，感性的驅使，造就了大文豪莎士比亞筆下唯美浪漫愛情故事的人物——羅密歐與茱麗葉，也造就了徐志摩動人的再別康橋愛情寫照；理性的發揮，促使法律、憲政在有邏輯、條理的步驟下邁向民主，把人類推向民主的高峰。因此，在理性與感性因子的交織下，情緒表現更顯複雜，兩性也因生理差異、心理特質、認知思維的不同，而使得男女在表達情緒時有所差異。表 3-4 將男女差異做分析比較，幫助彼此釐清兩性的不同。

表 3-4　兩性的情緒表達差異

男女差異	男性	女性
生理差異 疑問：女孩子比較敏感、男孩子比較沒感覺？ 解答：男女處理情緒的方式不同。	男性腦 男性青春期時，與情緒相關的腦部活動仍停留在杏仁核區域。情緒中心（杏仁核）與語言中心（皮質）沒有連接太緊密，所以男性比較無法表達感覺。	女性腦 女性青春期時，負面情緒的地方會有一大部分由杏仁核向外延伸到整個大腦皮質，所以 17 歲的女孩子可以清楚的解釋為什麼感到難過。
心理差異	男性是成就慾望的導向，所以一般男性臉部表情不多，較不會將情緒直接表達出來。	通常會將自己想要的東西說出來，但說的又不是很直接，而且女性談話的速度通常比男性快。

資料來源：整理自洪蘭譯（2006）

瞭解男女差異之後，當你下次想要抱怨你男／女朋友不懂你的心時，提醒一下自己，並非他不愛你，而是男、女間存在著微妙的不同使然；男生下次要大嘆「女人心，海底針」時，也應多點體貼，彼此接納、尊重，才能攜手共創幸福未來。

我思故我在（情緒表達）

檢視一下看看你平常是如何面對自己的情緒呢？

1. 男／女朋友莫名其妙罵你「白痴、笨蛋、沒水準」的時候，你會是什麼樣反應？
    A. 當然是毫不猶豫罵回去：你才是瘋子！
    B. 讓你試試我拳頭的威力，幫你上煙燻妝！
    C. 他（她）是神經病！趕快走。
    D. 覺得自己很委曲，遇到這樣的人，我真的很倒楣。
    E. 你是在對我不滿嗎？謝謝你告訴我。

2. 男／女朋友把你心愛的東西弄壞了，你會做什麼樣的反應？
    A. 喂！你是白痴啊！你怎麼可以這樣子！
    B. 哼！你弄壞我的東西，我也要把你喜歡的東西弄丟，讓你體驗一下我的感受！
    C. 算我倒楣！
    D. 我真可憐，為什麼發生在我身上？
    E. 這是奶奶送我滿十八歲的生日禮物，我很難過。或許你不是故意的，現在你打算怎麼辦？

情緒大解析

第一題

選 A：你會直接把憤怒說出來，可是說完以後，事情真的解決了嗎？你就真的再也不生氣了嗎？你會變得比較開心嗎？

選 B：你是拳頭一族，處理情緒常常是用拳頭解決問題，久而久之大家就會對你敬而遠之，因為暴力終究是不被喜歡的，而只是為了宣洩自己的情緒而已，最後卻讓自己變得很孤單，這更是得不償失。

選 C：逃離是你面對問題的態度，那是駝鳥心態的躲避而沒辦法解決問題，那不但無法讓別人知道你面對事情的底線和立場，而且還會使得相同的模式不斷重覆上演，所以「面對」、「處理」才是治本之道。

選 D：你常常一個人獨自哭泣、自責，讓自己生活黯淡，也把自己搞得很悲慘，何苦呢？

選 E：恭喜你！你是擅長處理情緒的EQ高手喔！你能堅定自己的立場，清楚表達自己的想法，並且以溫柔而堅定的態度說出來，最不容易的是，你勇於面對問題，並且去解決問題，值得為你喝采！

第二題

選 A：你會直接把怒氣說出來，罵完不但沒有解決事情，卻傷了兩個人的感情。

選 B：冤冤相報何時了？爽了一時，卻傷了關係，對方也可能因此離開你，真是賠了夫人又折兵。

選 C：無奈的負向心情，傷了自己。

選 D：委曲、不平的情緒，讓自己痛苦，卻也解決不了事情。

選 E：恭喜你！你真是太棒了！你很清楚自己的想法，並且會以適當的語氣說出來，更棒的是，你不但解決自己的問題，也能找到好過的解決之道。

資料來源：筆者自行編擬設計

54

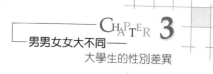

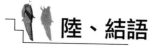 # 陸、結語

有句西班牙諺語說：「一座山不見得需要另一座山，但一個人一定需要另一個人。」兩性共存是必然的事實，兩性最大的差異：女性傾向專注於周圍的人、事、物，男性則傾向於以自我為中心；女性經常是為別人而付出的，代表女性很注重人際關係，很注重人與人相處的氣氛與藝術，但在男性則較缺乏。所以，女性需要的是與人互動的親密感，男性需要的是個人的空間感，這也是為什麼女性常會問男生說：「你愛我嗎？你有沒有想念我？」如果聽不到自己想聽到的答案，就會覺得對方不愛自己了，對方變心了，也常因此造成兩人感情的風暴，這時的女生已經氣憤跳腳了，在另一端的男生或許還在丈二金剛摸不著頭緒，納悶著到底發生了什麼事？女生也喜歡男生送些小禮物，表達愛意與心意；而男人則是需要空間，需要喘口氣；女生一直盯住男生、常常電話連環call，女性會覺得這些是關心、是親密、是愛的表現，但男性卻會覺得是被束縛、被困住了。這就是男女大不同之處，若不瞭解兩性間的差異，因誤解而讓甜蜜的感情夭折了，更是得不償失。所以，基本上，男人需要空間感，女人需要親密感，如果女性能給男性多一些自由空間，不要讓他覺得太拘束；而男性能給女性一些安全感，不要讓她覺得被疏離。如此一來，男女雙方才能真正享受甜蜜的愛情。

中文部分

李美枝（1994）。性別角色與兩性差異。載於丁興祥、李美枝、陳皎眉（合著），社會心理學（頁 275）。台北縣：國立空中大學。

林彥妤、郭利百加（譯）（1991）。V. J. Derlega & L. H. Janda 著。心理衛生——現代生活的心理適應（Personal adjustment: The psychology of everyday life）。台北市：桂冠。

洪蘭（譯）（2006）。L. Sax 著。養男育女調不同（Why gender matters）。台北市：遠流。

劉慧俐（1998）。健康交往與兩性平等。載於高中職兩性平等教育教材。台北市：教育部。

蔡佩宜（譯）（1998）。J. Gray 著。男人來自火星，女人來自金星（Men are from Mars, Women are from Venus）。台北市：太雅。

英文部分

Bem, S. L. (1974). The measurement of psychological androgyny. *Journal of Consulting and Clinical Psychology, 42*, 155-162.

Bem, S. L. (1981). Gender schema theory: A cognitive account of sex typing source. *Psychological Review, 88*, 354.

Ganong, L., & Coleman, M. (1987). Effects of parental remarriage on children. In K. Pasley & M. Hinger (Eds.), *Remarriage and step parenting: Current research and theory* (pp. 94-140). New York: The Guilford Press.

Mayer, J. D., & Salovey, P. (1997). What is emotional intelligence? In P. Salovey & D.

Sluyter (Eds.), *Emotional development and emotional intelligence: Implications for educators* (pp. 3-31). New York: Basic Books.

Strong, B., & DeVault, C. (1992). *Essentials of the marriage and family experience.* Belmont, CA: Wadsworth.

CHAPTER 4

誰說由我快樂玩四年——

大學生·有壓力

賴佑華

　　記得辛苦準備學測、指考時，總是聽說考上了就解脫了，上大學就再也沒有考試壓力，能夠好好享受青春、做自己想做的事；所以從前煩悶的時候，可以簡單的對自己說：「都是升學讓我們壓力大，只要不用考試就好了，不用學著調適壓力啦！」現在的你，已經進入大學一段時間了，再也沒有升學考試了，生活是否真的無「憂」無「慮」了呢？

　　其實我們每天都會面臨生活中的壓力，除了課業、人際、經濟壓力以外，甚至是天氣壞、太陽大都可能構成壓力，讓人不想出門、感覺低潮；更重要的是，中學時代的專屬升學壓力雖然解除了，卻多了大學生的壓力。不同階段會有不同的煩惱，大學與中小學發展的階段性任務不同，所以壓力來源也很不一樣。

　　本章希望藉由實例、理論，結合大學生輔導工作經驗，分享大學生壓力來源、瞭解壓力症狀，討論如何減少壓力源，介紹壓力及危機因應策略。大部分的時候我們無法完全消除壓力源，本章希望能協助同學們避免以不健康的方式面對壓力，找到適合自己的紓壓方法，採用讓自己更有能量的抗壓策略，與壓力和平共處。

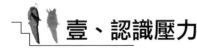

壹、認識壓力

一、新鮮人小凱的壓力

　　小凱（化名）今年大一，他這學期共有 24 學分的課程，與許多的新鮮人差不多，每天大概有 8 小時在上課或小組討論、寫作業；參加一個平均每天付出 1～2 個小時的社團；利用空堂、午餐、晚餐或宵夜約 3～5 個小時與朋友相處；回家與家人相處或在宿舍休息大概 3～4 小時以後，還剩下約 6～8 個小時的睡眠時間。

　　小凱很喜歡現在的社團，在社團的付出逐漸被重視，漸漸被賦與職務或責任；可是快到期中考、期末考時，愈來愈覺得報告寫不完、讀書效率不夠好；與朋友們相處的時間少了以後，感覺有些疏離；最近也會突然覺得自己已經 19 歲了，未來愈來愈近，卻沒什麼想法。不管是因為趕作業、辦活動、夜遊或是上網，每天睡覺的時間愈來愈晚，愈來愈容易覺得疲倦。

　　期末考前兩個星期，小凱突然覺得頭很痛似乎要生病了，勉強處理完社團的事務後，在晚上小組討論作業時與同學起了爭執，情緒險些失控，回家以後因為心情煩悶，又與家人起了衝突，小凱的心情簡直跌到谷底，覺得念大學怎麼壓力也這麼大……

　　小凱的父母覺得他時間管理有問題，參加活動太多、書念太少，才會有時間不夠用的壓力；朋友覺得他太有責任感，對自己要求太高，才有事情做不完、做不好的壓力；小凱的社團學長覺得他缺乏運動、睡眠不足，才會有頭痛生病的壓力；學姐覺得小凱是沒辦法與心儀的女生談戀愛，才會感情壓力很大、情緒不穩定；也有同學說是因為小凱最近常說搞不清楚自己要做什麼，才有對未

來恐懼的壓力；小凱自己則覺得應該期中考考完就好了，都是因為期中考壓力很大造成的。

你覺得小凱面對的壓力是什麼呢？這些對小凱壓力的描述和說法正確嗎？那麼，你的大學生活又有什麼壓力呢？

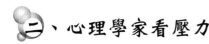二、心理學家看壓力

壓力其實很抽象，是一種過程，簡單的定義是：不管是真實的或想像的，只要我們在生理或心理上，遭遇令人感到困擾的刺激，覺得不愉快（例如太冷、太熱），或是受威脅、需要改變（例如尚未適應新環境）時，在這些刺激結束之前，主觀的認知評估可能會覺得自己無法應付（並非真正的應付能力不足），身體或心靈都會感受到壓迫，這就是壓力。

生活發生改變時，不論是有利的、壞的，只要需要重新適應，就會帶來壓力。對於壓力的適應反應有三個階段：**警覺階段**（發現壓力）後，進入**抗拒階段**，產生生理、心理反應，並且採取行動；長期受到壓力後，進入**衰竭階段**，此時可能因為受壓太久而產生疾病症狀。

當我們警覺到改變與新刺激帶來的壓力或危機時，第一個反應是會準備應付，或是逃避壓力。這時因為能量用在適應壓力上，所以個體的抵抗力會降低，面對重大壓力或危機時特別明顯，可能會出現各種身心症狀，例如呼吸急促、頭痛、胃痛、失眠等等，假如抵抗力降的太低，就有可能在生理、情緒上造成個體的退縮、崩潰、失去功能。

如果能夠渡過第一階段，個體可能會開始實際行動、嘗試適應改變，不斷調整自己、適應環境時，能量和抵抗力會比平時還要高，用以面對改變或刺激。此時因為壓力在我們能夠承受、適應的範圍以內，我們的表現，會因為壓力與刺激提昇了我們的成就動機、期望水準，反而表現的比較好（如圖4-1）；但是

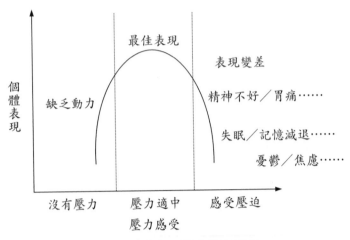

> 圖 4-1　壓力感受與個體表現的關係

當個體自己主觀評估無法適應刺激，或是已經長期面對壓力，主觀認知評估的覺得自己能量已耗盡時，個體的表現水準反而會因為壓力過大而降低。

三、壓力是真實或想像來的？

　　換言之，當我們主觀評估身心靈受到壓迫時，不論這個是真實的，或是因為不當評估想像而來的，都是壓力。那麼壓力感的大小，與壓力來源、刺激的類型較沒有直接關係，而與個體面對壓力時的**認知評估**有關。認知評估的意思是：當面對刺激或改變時，我們會主動評估這個改變或刺激；評估它是否會影響我們的安適；評估當我們嘗試適應這個改變或刺激時，需要多少資源；評估自己是否有足夠應付的能力。如果認知評估認為刺激或改變對個體沒有影響，或幾乎不需要適應，就不會有壓力感；而當評估的結果顯示適應所需求的能量，大於我們所擁有的資源或個體的能力，壓迫感就會出現，而會產生壓力。換句話說，**當面對刺激時，認知評估主觀認為自己能應用的資源，或自己的能力愈少，個體感受到的壓力就愈大**。

大部分的時候，認知評估的結果可以是合理的，依據真實情況合理的評估目前的狀況。我們會同時評估這個刺激或改變對我們的意義，例如初級評估改變是否正向有益、無關緊要，或是可能會耗費心神、感到壓迫；也會進一步的次級評估自己和這個刺激的關係，例如自己能力是否足夠、是否有相關資源、是否會失去控制等等。如果我們的認知評估歷程忽略了具體事實，或受到自己非理性信念影響，產生扭曲現實或不合邏輯的內在對話，錯估了刺激的意義或與我們的關係，就容易因為想像的威脅感而產生過於沉重的壓力（如圖 4-2）。

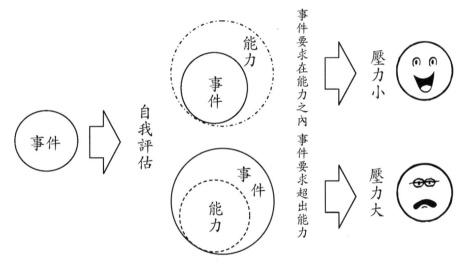

➤ 圖 4-2　自我評估與壓力的關係

四、長期壓力的影響

在現實生活中，我們與環境的互動結果，會很自然的回饋到我們的認知系統。知覺到正在面對壓力後，個體會在各方面對刺激產生反應，例如：心理上可能會採取自我激勵的策略，或啟動防衛機制保護自己；生理上可能腎上腺素會增加、體力會增加、耐力也可能增加；行為上可能會開始努力學習、改變原

來的模式，或是積極消除壓力源。

　　做出這些反應的同時，認知評估會持續不停的進行，繼續評估自己的資源、能量和面對的刺激所造成的威脅。如果主觀評估發現威脅感逐漸降低，有能力面對改變，或者能夠維持現況繼續適應，壓力感就會減少；而當認知評估發現自己的反應能力，無法因應刺激和改變的要求時，壓力感就會持續增加。

　　從圖4-1的倒 U 型曲線，可以發現當壓力愈大，表現水準就愈低、無法達到要求，也就是說認知評估的結果會更糟。惡性循環的結果，一般而言，我們期待個體的表現會隨著時間增加而進步，但是如果個體長期處於壓力大於能力，資源、能量不足的挫折狀態，持續無法紓解眼前的壓力，就反而會逐漸導致個體崩解（如圖4-3）。

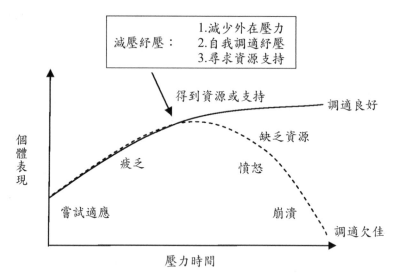

➤ 圖 4-3　壓力承受時間與個體表現的關係

64

貳、壓力與大學生

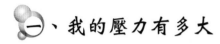**一、我的壓力有多大**

　　董氏基金會 2005 年所做的「大學生主觀生活壓力與憂鬱傾向之相關性調查」，結果顯示我國大學生幾乎每四人就有一人憂鬱情緒嚴重，需專業協助，其比率達 24.1%。……（引自葉雅馨，2005）

　　身為大學生的你，壓力到底有多大呢？下頁的檢核表可以讓各位參考，瞭解自己的壓力感到底有多大，選項前的數字就是該題得分。

二、大學生的壓力源

　　「大學三學分」，常有人說是課業、社團和愛情，聽起來真是青春洋溢，一般人很難想像竟然有四分之一的同學，壓力及憂鬱症狀嚴重到必須尋求專業協助，甚至覺得是因為「光世代」的大學生特別不耐壓。到底無憂無慮的大學生，要面對哪些事情呢？

（一）學業壓力

　　雖然聯考已經結束了，大學也少有老師會緊迫釘人強迫學習，不過其實只要有任務、有既定的**進度要求**，有對自己表現的期待就可能產生壓力。從學習內容來看，高等教育重視抽象思考能力，上課方式、學習進度、課外要求以及評量方式比起中等教育都更有**挑戰性**，可能因為必須與同學討論、共同作業而感到困難，也可能因為課間公開回答問題時表現不佳而感到挫折。到了高年級，**專業科目**增加，學習內涵更加深，加以可能必須準備證照、研究所、留學考試，學業的壓力就更為明顯。

壓力檢核表

最近一個月以來，我感到……

1. 對於生活裡的事情感到失去控制？
   (0)沒有或幾乎不　(1)有時　(2)時常　(3)總是
2. 感到自己能力不足或事情過於困難，無法克服？
   (0)沒有或幾乎不　(1)有時　(2)時常　(3)總是
3. 較難感到快樂或被取悅，容易受刺激，感到憤怒或受傷？
   (0)沒有或幾乎不　(1)有時　(2)時常　(3)總是
4. 飲食或睡眠受到影響，例如無法入睡、易醒、沒有食欲、不餓也吃等等？
   (0)沒有或幾乎不　(1)有時　(2)時常　(3)總是
5. 健康比起以前令我擔心，例如容易覺得累、感到頭痛、腰酸背痛或腸胃不適？
   (0)沒有或幾乎不　(1)有時　(2)時常　(3)總是
6. 對於擔憂的事情無法忘記，或挫折感出現在我腦海揮之不去？
   (0)沒有或幾乎不　(1)有時　(2)時常　(3)總是
7. 比起以前更容易想抽菸、喝酒精飲料、咬指甲、洗手臉或走來走去？
   (0)沒有或幾乎不　(1)有時　(2)時常　(3)總是
8. 專心變得困難，較難集中精神和注意力，也很難做決定？
   (0)沒有或幾乎不　(1)有時　(2)時常　(3)總是
9. 眼睛睜開不想起床，或是不能很愉快的起床？
   (0)沒有或幾乎不　(1)有時　(2)時常　(3)總是

計分方式：

1. 分數少於 5 分的，表示目前的情緒處於穩定狀態，壓力在能夠調適的範圍內。
2. 得到 6～10 分的，已經感受到壓力的影響，請繼續閱讀本章，探索你的壓力源，以及尋找你的紓壓方式。
3. 得分 11～18 分，表示你的壓力已經開始發酵，請積極協助自己，多應用我們將提到的概念及技巧，也尋求他人的協助。
4. 得分 19 分以上，請注意！你的壓力似乎已經讓你喘不過氣了！請主動向親友師長尋求協助，或至學輔中心諮詢，缺乏資源的時候就會喘不過氣喔！

資料來源：筆者自行編擬設計

　　學習環境從習慣被動接受學習安排，改變成必須主動學習、自行安排學習進度及時間，整理觀察自己的學分及課程選擇，都需要許多能量來學習和改變學習策略，才能適應，這很可能產生壓力。如果對該科系興趣缺缺，**成就動機**低落，或對學校、學系或老師認同度低，無心向學，更有可能造成被二一的壓力。

（二）生活壓力

　　大學生**在校園的生活型態感受**不如預期，最常見的例如：離鄉背井、生活習慣與室友有衝突，或是學校環境、行政效率、班上氣氛不如預期、參加社團活動結果不如理想、通勤時間問題等等，都會造成長期壓力。也有多達三分之一的同學可能面臨**經濟壓力**，必須打工支付學費、生活費等，這些都是過去不曾面對的壓力，而且通常是長期的或是很難消除的壓力源。青少年生理上還在持續發展，也可能因為作息改變或活動增加需要體力，男女都可能開始因為**身體健康**而感到壓力，女性更容易因為對自己**身材外貌**的期待而感受到壓力。

（三）家庭關係

　　青少年與家庭的關係持續改變，與家人的互動不如預期，溝通遇到障礙，或是在校園的生活方式與預期的不同，壓力其實會很大。長輩或重要他人對於大學生課業、交友的期待、作息的要求，無非是希望能夠持續培養競爭力、發展健康人格融入社會，但是如果沒有良好的互動、理解與共識，就非常容易與狂飆期青少年產生衝突，這些情緒上的拉扯，會直接讓大學生覺得無力，產生很大的壓力。

（四）人際關係

　　進入大學以後，同班情誼不如過去緊密，依外力製造集體行動機會大幅減

少，個人必須主動安排活動、維繫友誼，這些也可能造成壓力，許多人會經常有機會面對孤單的感覺，人際關係技巧不足的同學，更是備受挑戰；再者，這些原本就不習慣投注許多精力在社交上的同學，能從社交系統中得到的支持相對較少，壓力相形之下更超出負荷。另外，與朋友絕交、親友生離死別也都會造成危機般的壓力。

（五）感情困擾

不管幾年級，親密關係都在大學生壓力源排行榜上有名。許多人有愛情是大學必修學分的觀念，容易有不切實際的非理性期待或迷思，例如：如果沒有談戀愛，大學生活就是空白；戀愛不能圓滿，就是失敗、非常糟糕；大三拉警報、大四沒人要等等；都可能讓人自我懷疑，從新生時期起就可能產生長期壓力或突發危機。

（六）未來生涯發展

對大一新生來說，才剛做完校系抉擇，生涯議題略嫌遙遠，但是到了大四，壓力困擾排行榜的第一名，就是未來生涯發展。而生涯壓力感在各校、學院、學系間程度不同，這與社會現況、各校及各系的生涯輔導策略都有關係。

（七）內在非理性想法

也有許多時候，壓力是源自我們看待世界的方法。當同樣遭遇一種外在壓力源時，不同的人、不同的解讀或認知評估方式，就會造成不同程度的壓力感。而內在壓力是最難排解的壓力類型，包含**挫折感、無力感、內在衝突、過高的期待**等等。當需求或目標受到阻礙，就會感到挫折、無力；當內心感到掙扎時，就會覺得衝突，例如：選擇堅持原則或是從善如流，選擇自己主導的生活，或是要活在別人期待等；期待過高，要求自己的行為「必須」遵守原則，「必須」

達成美好結局,就會嚴苛的要求自己,也很容易對別人不滿;若是期待讓所有人滿意,想符合別人期待,壓力更大。

三、壓力的正負面影響

> 某名校土木系二年級女生張○○疑因受不了課業壓力,自十一樓高的宿舍頂樓跳樓結束生命。……(引自黃瑞典、張念慈、範榮達、賈寶楠,2007)

每個人每天都必須面對不同來源、不同程度的壓力,從新聞或身邊的朋友,甚至自身的經驗可以發現,面對壓力時可能有許多種類的負面影響,例如自傷、自殺都是慢性或急性壓力調適不良的結果。而從壓力理論我們又發現適度的壓力能夠提昇表現水準,沒有壓力就容易缺乏行動力,到底壓力有什麼正負面影響呢?

(一)生理反應

生理上對於壓力的反應其實沒有正面或負面,因為這是我們面對外在威脅時,自然作出的緊急反應:例如為了準備逃命,提昇反應速度,自律系統會緊急反應增加腎上腺素、呼吸及心跳可能加快、血壓升高、消化減緩(便秘、胃痛、腹瀉等),也有可能造成肌肉緊張、頭痛、呼吸困難、易醒、發抖、發冷等等。在這個階段,個體也可能因為全面對抗壓力而免疫力提昇、體力增加,能夠長時間工作、反應變快等等,例如期中考期間,大部分人會選擇減少睡眠及休閒時間來複習,短期內也不覺得體力透支。

但長期壓力後的衰竭階段,就可能產生許多生理疾病,醫學界更認為約七至八成疾病與身體不適的成因與壓力有關。例如可能發生偏頭痛、背痛、皮膚

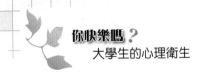

炎（例如泡疹、蕁麻疹）、呼吸問題（氣喘、支氣管炎）、血管疾病（高血壓、心臟病）、腸胃炎，以及無法專心造成的運動傷害、其他意外等等。如果原來就有病症，也有可能加重病情，例如傷口可能容易發炎、過敏容易加長時間或症狀、器官容易老化等等。

（二）心理的負向反應

過去的經驗及研究讓我們知道，社會關係和重要人際關係的壓力感受、對目前環境的抱怨和未來生涯質疑，還有對大學生活缺乏認同感，這三種壓力感受直接與大學生的心理健康有關聯，當在這三方面遭遇挫折或長期壓力時，個體的心理健康會特別容易受到負面影響。壓力引發的負面情緒和行為反應可能有：

1. **輕度壓力**：輕微焦慮、憂鬱情緒。
2. **中度壓力**：攻擊性增加、易怒或悲傷、無法表達負向情緒；焦慮而無法正常飲食睡眠，或是過度以食物當作安慰；以睡眠逃避、輕微憂鬱症；容易疲倦；懷疑自己不受歡迎；較沒有安全感。
3. **重度壓力**：行為遲滯緩慢，質疑自己的能力，甚至逃避、退縮，無法上學或工作；因焦慮或憂鬱而崩潰；充滿憤怒及敵意，缺乏安全感，質疑別人、反叛、投訴、攻擊；注意力無法集中、記憶力減退；抽象思考、問題解決能力削弱；若是有突然的巨大壓力或危機，也可能會有創傷後壓力症候等等。

（三）心理的正向影響

適度的壓力可以讓我們產生動力，提高我們的成就動機，讓我們表現得更好，激勵及協助我們應付日常生活中的問題。良好的壓力策略，讓壓力成為生活的推動力，讓我們變得機警、注意力集中，提高發揮潛能的意願（成就動

機），充分發揮個人潛能。適當壓力的正向影響如下：

1. 大學生可能會因此而更積極學習，讓自己更有效率。
2. 對自己建立合理的期待，不因非理性期待讓自己過分焦慮、憂鬱。
3. 更珍惜身邊的朋友、增進人際關係。
4. 學習維持較親密、適合彼此空間的情感關係。
5. 充分體驗生活、自我成長，性格更趨成熟獨立。
6. 因克服困難而增加信心，因別人表現支持而感到被愛。

 ## 參、如何抗壓

　　一般來說，面對壓力時的策略可能有「問題解決」、「暫時擱置」、「調適改變」、「尋求支持」、「逃避退縮」等五種反應（李坤崇、歐慧敏，1996）。大學生較常採取的是「暫時擱置」與「調適改變」策略，最少採用的是「逃避退縮」策略（王雅琳，2006）。意即多數的時候我們能夠選擇合理的認知評估，避免非理性想法讓我們對自己要求過高；多數的時候我們也能夠選擇合適的、讓自己繼續前進的問題解決策略，就算是擱置問題，也是暫時的止步，希望能夠冷靜思考、充電後再次面對。只有少數的時候，可能因為壓力過大、受壓力時間過長或資源不足，而產生退縮、逃避的反應。

　　以下提出較積極正向的抗壓技巧，希望能增加同學面對壓力時的信心，從日常生活中練習減壓、學習紓解自己的壓力，進一步提昇對壓力的忍受力，增加自己在評估與感受壓力時的能量，減少失控、能力不足、無法對抗壓力沮喪出現的機會。

一、如何減少壓力源

1. **健康的自我概念**：接受自己目前的狀況，瞭解考試或生活中的挫折，就是生活經驗的一部分，課業或是人際感情的挫折不是失敗，而是我們再出發的機會，沒有人「應該」永遠做到最好。非理性的自我語言會強烈的破壞我們的自我概念，直接造成負面的情緒、引發負面的壓力和行為。

2. **培養認同感**：參與學校、系上的團體活動，付出能夠讓我們有歸屬感，也得到支持系統，避免因為缺乏歸屬感、沒有人際接觸的機會而感到孤獨的壓力。

3. **建立社交支持網絡**（詳見本書第二篇：人際關係篇）：瞭解自己對人際關係、網路交友的看法，讓我們不會無所適從；培養有效的溝通技巧幫助我們拒絕額外的壓力，減少因為計畫步調被改變的失控壓力；學習適當的人際技巧、處理人際衝突，都可以幫助自己在面對人際衝突及關係問題時，不會感到喘不過氣，甚至感到更孤單。

4. **減少因為親密關係而來的壓力**（詳見本書第三篇：親密關係篇）：認識愛情，認識分手的意義，建立自己的愛情觀，這樣在尋找親密關係或調適自己時較不會感受到巨大的挫折和壓力。

5. **及早面對生涯規劃議題**（詳見本書第五篇：生涯成長篇）：(1)符合自己階段性任務的生涯規劃，能夠為自己找到生活的方向，減少「未知」帶來的壓力；(2)檢視學分數、學習策略，創造合適的讀書環境，提昇學習效率，減少因為學業帶來的壓力；(3)瞭解時間管理的概念，我們要成為善用時間的人，而不是耗盡心神的人。

6. **培養運動、健康飲食及睡眠的習慣**：保持身體健康，減少生理疾病、體力透支帶來的壓力，也可以幫助自己精神充沛，注意力集中，更可以培養自信，減少因為身材外貌的負面自我形象所帶來的壓力。

二、紓解壓力五部曲

許多方式都能夠協助我們減少壓力，但實際上是不可能、也沒有必要去除所有壓力，因為適度的壓力和良好的壓力策略的確能夠幫助我們表現更好，但是當認知評估發現壓力源增加，而紓壓能力卻沒有增加時，就容易造成壓力感負荷過大。

（一）健康的壓力態度

1. **負責**：我們無法完全掌控生活，但是可以全權決定我們的反應，選擇自己對於事件的看法。將挫折視為經驗或挑戰，激勵自己負責，能夠使情況對自己更有利。

2. **覺察壓力**：對自己的情緒和周圍的情況有正確的認識，提早覺察到情緒即將爆發，或是壓力危機即將發生，較能夠在危機真正來臨時避免過分失控。

3. **認識放鬆的重要**：允許自己適度的沉澱、放空或休閒。如果一直覺得自己在壓力解除前都沒有權利放鬆，例如在考試結束之前都認為，這樣做是浪費時間，就會拉長壓力時間，讓自己愈來愈沉重。

4. **活在當下**：注意力集中在「現在」，不需要被過去所做的事煩惱，或過分為未來的事擔憂。

（二）檢查非理性內在語言

心理學家指出三種容易導致情緒障礙的思維方式：

1. **非常糟糕的**：如果……那就會糟糕透了，真的很糟糕！

2. **無法忍受的**：這根本就不應該發生，我完全無法忍受這種事情！

3. **沒有價值的**：如果我做不到，那我可能什麼價值也沒有……

　　認知治療學家認為，如果能夠檢核自己的非理性推論，避免過度個人化、極端化的認知錯誤推論，回到現實、發現事情不是全有或全無的黑白二分法，發覺別人其實很少評論或注意自己。健康的面對別人的批評，致力於改變我們的自我語言（對自己說的話），就可以改變我們的生理及情緒狀態，影響我們採取的行動或策略。

（三）培養幽默感

　　笑容、笑聲有助於健康，能夠顯著的改變情緒，甚至可以改善病情。例如：許多人習慣在低潮時瀏覽某電子布告欄（BBS）的「笨板」，分享生活中的小趣事，或是看喜劇、笑話等。幽默感也能協助我們自我解嘲，用另一個較輕鬆、能夠再出發的角度看待挫折。

（四）生理放鬆技巧

　　面對壓力時，有很多人會選擇「忍受」的活動，例如睡大頭覺、抽菸、喝酒、吃東西，甚至服用止痛藥、安眠藥等，這些方法當然能夠紓解壓力，但都只能暫時的隱藏問題，而且對我們的身體有害無益。採取睡覺、躲起來的方式，更可能因此造成人際退縮、遠離支持系統、延長或加強壓力源的結果。

　　如果能夠使用「紓解」的做法，會更有效降低壓力感，不會長期感受到無法排解的壓力，例如**腹式呼吸**能解除許多焦慮的生理症狀；**運動**能解除肌肉緊張、幫助睡眠，還能產生快樂的感覺（腦內啡）；**肌肉鬆弛技巧、伸展運動**能夠幫助解除酸痛、僵硬；找安靜舒適的地方**冥想、靜坐**能夠幫助我們暫時放空；**健康飲食**，例如多喝水、多纖維、維生素 B 和 C 群、礦物質（鈣鎂鋅），少吃升壓食物例如咖啡因、油膩、較鹹的食物等，都可以幫助我們的身體面對壓力。

（五）向支持系統求援

訓練自己不避諱向親友說出壓力的來源和情境，把心中的不安、不如意，或是非理性的論斷與人分享，這不但能夠紓解壓力，也能得到討論的機會，修正自己的想法或行動策略，更有效的面對壓力源、解決問題。

「上網找人聊天」名列大學生壓力因應策略的前三名，如果覺得當面說出困擾很難，藉由網路也沒什麼不對，只是我們要瞭解網路的限制，避免因為缺乏直接接觸而造成溝通障礙、誤會，或是用詞不當，造成更多人際或感情壓力，反而引來更多壓力、更低潮。

引進支持系統，還可以結伴進行紓壓的活動，例如唱歌、運動、聊天等，投入團體休閒活動是非常有效的紓壓方式，與人接觸會帶來歡笑，不需要覺得這是膚淺的浪費時間或更覺得孤獨，試著讓自己活在當下、充分享受這個時光，不但能交到更多朋友、直接減少一些壓力源，也能適度紓壓。

肆、結語

大部分的時間，大學生都能夠合理的評估壓力、找出合理的因應策略，不過經驗也告訴我們，大部分的大學生在真的被壓得喘不過氣、想大哭一場，甚至已經出現憂鬱症狀時，通常因應的策略就會採用負向的「睡一覺就好」、「獨自上網或遊戲」、「大吃一頓」等方式，錯誤的以為時間過了就好了，其實這會堆積更多壓力。

每個人都有最適合自己的紓壓方式，除了本章提到的幾種以外，有的人習慣用文字寫出壓力，或是玩小遊戲排遣心情，只要方法適當、能夠紓壓，就是好方法。其實壓力調適是一生的課題，隨著生涯階段的進展，生活環境會逐漸複雜，壓力源也逐漸多元、時間更長，如果能夠在大學時期花一、二個月的時

間瞭解自己的因應模式，培養更多的抗壓能力和挫折忍受能力，則較不容易在未來的生活中被壓垮、心神耗竭。

最重要的是**在有需要的時候，允許自己休息放鬆、允許自己向外求援，更可以向專業機構，例如學生輔導中心尋求協助**。而如果對於生理放鬆技巧有疑問，想知道腹式呼吸的方法，或是想更瞭解健康的飲食，想知道自己是不是被非理性想法困住，想知道如何改善人際關係、讀書策略，都可以向學生輔導中心尋求協助，那裡有學校裡面最專業、最保密的資源，期待能夠協助你渡過低潮，快樂過四年！

參考文獻

王琳雅（2006）。四技大學生生活壓力、自我效能與因應策略之探討。私立中國醫藥大學護理學研究所碩士論文，未出版，台中市。

李坤崇、歐慧敏（1996）。青少年因應策略量表編製報告。測驗年刊，**43**，241-262。

黃瑞典、張念慈、範榮達、賈寶楠（2007，12月14日）。疑課業壓力交大女生跳樓。聯合報。

葉雅馨（2005）。當大學之門變成藍色大門。大家健康，**232**。

CHAPTER 5

活出健康出色的自我——

大學生的自我肯定

許慧珊

你是否曾經有過這樣的感受？擔心自己不能馬上融入團體，在別人的面前，像個小丑一樣，無意義的搞笑，只為了引起別人的注意，其實害怕的是別人不理你，想要的是多點在意和關心。但是真正瞭解你的人沒幾個，真希望有人能讓你安心卸下面具，打開心房。可是，奇怪了！你何必一定要去跟著團體呢？

精神健康基金會曾經調查台灣人「是否覺得自己屬於某個團體」（包括同事、鄰居、同學、親友等），有 65%的人回答「經常」，回答「偶爾」的占8%，回答「很少或沒有」的占 27%。可以看出覺得缺乏歸屬感的人大約占了三成，雖然不是多數，但回想我們每日的生活，是否也曾感覺孤獨，不知為誰辛苦的茫然打轉？

人們天生就有歸屬團體的需求，從演化的角度來看，人們在團體中會比起孤立更有機會生存與繁衍。團體的歸屬感可以是親情、愛情、友情關係，或在社會上有一個位置和角色，在這裡我們能感覺到自己有點重要，當筋疲力盡時，可以安心的休息和充電，出發時有人祝福和掛心，不論成功或失敗，有人歡喜期待地迎接自己。

你也許花了很多的時間與精力，在心中想著要如何做才會被人喜愛與接納，

並且不斷地努力適應團體，其實大部分的人都很樂意為人付出，只是在付出過後，你是否感到開心滿足，還是帶來了更多的痛苦壓力？如果你正為「別人不喜歡我」而擔心，我想你已經具備了「廣結善緣」的能力；如果你正對自己長久以來的「假面超人」面具感到厭倦，很開心你已經開始正視你自己的獨特性。在你閱讀完本章後，你將能夠學到：

1. 瞭解自己，瞭解團體對你的意義。
2. 在團體中有你的一席之位，並且放棄人云亦云，隨波逐流的方式，讓大家注意、關心、接納並尊重你。

壹、自我概念的意義與影響

我們常聽到自我概念的意義解釋，但是卻很少因為這樣而真正瞭解並且重視自己。偉大的哲學家蘇格拉底說：「我沒有過人之處，只是比別人更認識自己。」可見，認識自己是件多麼重要卻又多麼不容易的事。

一、什麼是自我概念？正視自己的第一步

我們並非天生就有自我概念，自我概念是透過與他人互動並逐漸地形成對自己的看法；不論這些看法是否正確，都會影響我們的內在自我對話，引導我們的生活方式及人生方向。自我概念的形成來自三方面：一是自我評估，由我們主觀地體會自己的人格特質、情緒反應及行為表現而得來；二是他人反應，特別是生活中最具影響力的重要他人；三是與他人的比較，觀察團體中自己與他人的差異，尤其會選擇與我們擁有相似領域的某些人做比較，建立自我概念。因此可以說自我概念是從人際關係中學習而來的，透過種種與他人的互動經驗，形成「我是誰」的看法，特別是生命經驗中，重要他人對形成自我概念的影響最大。

二、他人態度對自我概念的影響：揮之不去的自卑心態和在意他人眼光

　　兒時環境、父母或照顧者的照顧方式與態度，對自我概念影響極為深遠，例如經常斥責、打罵、數落孩子缺點，或是偏心其他手足，覺得孩子不如其他手足聰明、漂亮，經常表現出忽略、偏心或失望的態度，都會在孩子幼小的心靈留下陰影，造成日後自信心低落、嚴重自卑感或身心不健全發展，認為自己是個不受歡迎的人，什麼事都做得不好。特別若是童年時期曾有創傷經驗，如家暴、性侵，日後容易無法信任他人、敞開心胸愛人或接受被愛，或是出現憂鬱、自殺傾向。

　　周遭的學習及生活環境也會對自我概念造成影響，像是經常受到老師的批評、責罵，同學的排斥、嘲笑，或是在壓抑的環境下，不被容許有自己的想法，都會讓孩子在得不到充分的接納和關注下，長大後愈是想從別人對待自己的方式上，建立自信，而愈是如此，就愈是在乎他人的眼光。特別是當進入青春期階段（大約國小進入國中階段後），開始尋求自我認同時，往往缺乏面對自己的勇氣，知道自己想說或想做什麼，卻不敢表現出來，因為太在乎別人的看法，把別人認為的「好」做為表現自己的指標，而壓抑扭曲了自己的真實樣貌。

貳、團體中的人際關係與溝通型態

一、為什麼想要加入團體？

　　人們加入團體可能單純只因喜歡裡面的某些人，而想和他們互動，但也有可能是人們為了要達到他們無法獨自完成的事情而加入團體；另一方面，自我價值感有很重要的部分是來自於團體對我們的認同。不管你加入某個團體的理

由是什麼，當我們加入一個團體時，總是樂觀地相信我們將因歸屬於它而受惠；相對的，被團體拒絕也會是生命中最痛苦的經驗之一。

研究指出，當我們感到焦慮或是面對陌生情境時，我們會希望找人做伴，特別是與我們身在同樣情境的人，當我們不再害怕或預期只有輕微的焦慮，我們則想選擇單獨一個人。我們的情緒狀態經常會由周遭人的反應所決定。因此融入團體，可以讓我們免於日常生活中的威脅與不確定性，並且獲得更多的自我認同與社會認同。

二、團體中的人際關係：常見的心理動力與遊戲

常聽到學生在人際關係上遇到的問題，有時並非出自於個人，而是在於他所處的環境，在團體中可以看到各種人性的投射，有相互支持，也有貪婪自私，是否能在團體中擁有正向且健康的人際關係，關鍵在於身處在團體中的我們，能否不斷地與他人經驗對照，審視自己扮演何種角色，而非被情境完全地吞噬。

以下是常聽到學生在團體中遇到的問題：

1. 「如果我不跟著大家討厭某個人，就有可能被大家排斥。」
2. 「大家都好假，明明討厭他，卻又不說，但是我說了，大家卻又裝做沒事！」
3. 「我不敢拒絕別人！」

美國心理學作家 John Powell 說：「我無法和很多人建立親密的人際關係，因為這樣做，我會累死，所以我必須選擇！」台灣大學生的人際困擾，經常來自於無力抵抗同儕壓力。雖然團體可以讓大學生有更緊密的人際關係，但是團體意識也成為一種壓力，小至班聚要不要參加，不參加就被認為不合群；大至要能同仇敵愾地排擠某人，不然可能下一個被排擠的就是自己。**以下是團體中常見的個人心理動力與遊戲。**

（一）被別人的情緒牽著走，忽略自我感受

在複雜且多重的人際關係中，我們經常互略或是壓抑自己真實感受或人格特質，經常受到他人所投射出來的情緒所影響，而忽略了對真實自我的檢驗，例如，在團體中有人表現出憤怒的情緒，接收到的人也許會感到一股莫名的憤怒與不知所措，但由於少了對事實的檢驗及自我檢核，我們無法或不敢將自己的真實感受表達出來，因此使我們產生在團體中的不自在或是壓迫感。

（二）隱晦與曖昧的攻擊

曾有過這樣的經驗嗎？當團體中對特定人物或事物有異議時，刻意會取個代號稱呼，而不以真實的名字稱呼，這種刻意忽視或匿名的方式，能為團體中的每個人製造一個具有安全感且能滿足現狀的環境，大家可以不必直接地面對尷尬，也不用特別去做些什麼，在這樣不真實的狀態中，大家可以逃避責任，也不用擔心會被批判，因而感到安全；但在這樣安全及滿足的情況下，我們必須付出代價，我們必須壓抑個人不同的想法與行動，抑制了個人健全的成長以及豐富的思想與討論。

（三）嫉妒他人的能力，維持表面和平

在團體中嫉妒他人的能力，容易被個人所否認，並且不會明白揭露，因此這種隱而不晦的嫉妒，無法正面表達對他人能力的肯定，會讓團體中的成員感到隱約的攻擊與害怕，沒有人敢直接表現自己獨特的思想或能力，且趨於隱藏自己，有才能的成員在團體中小心翼翼地做一位平凡的人。每一個人都在尋求與他人的同盟，好突顯彼此的相似性以確保安全。在團體中也常出現假平等，每個人的意見都是好意見，每個人都是平等；然而一個壓抑的團體是無法讓團體中的每個人進步的，只會讓團體流於表面，停滯不前。

參、團體中的自我表露

一、團體中的自我表現：在意別人如何看待我？

　　大部分的人都很在意自己在別人面前的形象，Glisky、Tataryn、Tobias、Kihlstrom 和 McConkey（1991）提到，人們在公開場合容易變得自我中心，因此經常受到聚光燈效應（spotlight effect）的影響，認為大家的目光焦點總會在自己身上，並且高估自己在公開場合犯錯所對他人造成的負面影響，以及自我形象的損傷。

　　試著回想一下你在團體中的表現，是否會為了得到某些你在意的形象，而刻意表現出對方期待的樣子？還是當他人所知覺到的你，與你的自我概念不一致時，你會努力證實對方說的是錯的？

　　團體中的自我表現大致可分為兩種形式：一種是「策略性的自我表現」；另一種是「自我證實的自我表現」。策略性的自我表現通常有兩種目標：一是希望被他人喜歡，因此努力的討好他人，並且表達對他人的贊同，使用讚美、請求及討好的語言，通常在一般不太熟悉的人際關係中經常會用到；另一是人們希望自己的能力受到讚賞時，會藉由討論自己的知識和功勞，或是自我炫耀來增加他人對自己的印象。整體來說，策略性自我表現主要是想要得到團體認同或在團體中的影響力。

　　自我表現的另一種形式是自我證實，也就是我們希望別人所知覺到的自己，與自我概念是一致的，Swan 和 MacDonald（1978）說明人們非常希望能在他人眼中證實自我概念。當他人的評論與自我概念一致時，容易被人們接受，但是與自我概念不一致時，人們會努力證實對方是錯的。例如，有人認為自己是個認真負責的人，當被對方認為自己經常偷懶且不用心，內心往往感到生氣且對此妥協，因此會用各種方式及行動證明對方的看法是錯的。

以下是阿哲（化名）在剛進入社團時的經驗，可以看到他在團體中的轉變：

在我大一剛加入一個表演性社團的時候，社團成員大多是學長姐，我算是不能馬上融入這樣的團體，只能靠一些搞笑或搞怪引起注意。一直到一年後，我比較習慣了，開始會說一些真的不冷的笑話之後，社長才老實跟我說：「其實你以前很討人厭耶！」這句話乍聽真的讓我有點傷心，不過往好處想的是，這表示我已經不討人厭了耶！真是可喜可賀……與人相處真是一件困難的事情。所以我現在唯一可以確定的是，就是不要做些連自己都會覺得害羞的事情！我只要依照我能接受的方式表達我的存在，不需要刻意表現自己，我想這樣就夠了。

也許你跟阿哲有過同樣的心情，在一個陌生的環境中，常常不知道該怎麼融入別人的團體，只能自己瞎子摸象的方式嘗試，想帶來歡笑，並把生活的笑點放大，讓別人知道，也許有人說你愛出風頭，或是愛引人注意，但背後是希望把自己存在的地位突顯得更亮而已。

太過殷勤、突顯自己，害怕惹人嫌惡；太過孤僻、害羞，又讓自己覺得困擾。其實人際關係無需太多花俏的技巧或心機手段，因為每個人都喜歡與真誠的人交往，你的一舉一動久了自然見真章。因此你必須先看清楚自己的行為背後，你想得到的是什麼，承認自己的手段或動機是為了想要得到別人的注意或是達到自己的目的，之後你將會有更多的選擇可以做你自己並且讓他人喜歡你。你要相信做自己不難，會比做別人還要簡單！

二、如何在大家面前自我揭露？

自我揭露通常會接觸到我們的內在情緒與想法，因此不同於平常隨口的寒暄，自我揭露的內容經常觸及個人隱私，因此我們很少會對陌生人或初次見面

的人做自我揭露。你是否也曾有以下這樣的感受：

　　記得大一新生訓練的時候，學長叫大家一個個上台去自我介紹，
我最討厭自我介紹了，這真是讓我很不自在，因為我根本不知道該說
什麼！

　　自我介紹是一種選擇性的自我揭露，藉此機會讓別人知道你是一個怎麼樣的人，因為自我揭露可以拉近人際距離，但你不用全盤揭露，讓人對你瞭解地一清二楚。如果你對自我介紹感到困擾，你可以先思考自己的優缺點、喜歡什麼跟討厭什麼，想讓別人知道自己哪些方面的資訊。自我揭露需要一些條件，以下提供你做參考。

（一）需要一個讓人有安全感的環境

　　我們通常喜歡在自我揭露程度相當且沒有利害關係的人面前自我揭露，這樣的互動過程提供我們情感上的支持與安全感。如果對方不是我們所信任的人，我們通常不會輕易開口。

（二）需要建立在雙方能互相回應的平衡點

　　自我揭露通常需要循序漸進，對方做了適當回應後，我們才會再進一步表達自己，彼此的自我揭露需要在平衡點上進行。如果你在一段關係裡做了自我揭露，但對方卻沒有同等回饋時，你則容易感到不滿。但如果我們要求對方也要能相對應地自我揭露，可能會造成對方的排斥，因此我們必須考慮對方的習慣、對方的心情、傾訴的主題等，因為每個人心中都需要保留一些個人隱私，保護自己，因為這和自尊有關。

（三）太多太快的自我揭露都不適當

在剛建立的人際關係下，快速地進入自我揭露的階段，對方的反應通常會有兩種：一是感覺驚訝、保持距離、不知如何回應而敷衍回答：「嗯！嗯！對呀！」另一種是覺得對方就是知音，自己也立刻自我揭露了起來。雙方相同程度的自我揭露最有助於彼此關係的發展，也最容易獲得彼此的喜歡。

三、自我檢測

我們大多不會對周遭的人談論自己的受傷經驗，但不表示我們不被這些經驗所影響，下面這份量表可以幫助你，瞭解你能對人揭露自己的程度有多高。

坦露與隱藏

請以五點量表（1～5）來表示你對每一個句子的同意程度，1 表示「非常不同意」，5 表示「非常同意」。

- ☐ 1.當我難過時，通常會告訴朋友。
- ☐ 2.我寧願不要談論自己的問題。
- ☐ 3.發生不愉快的事情時，我通常會找人談談。
- ☐ 4.我通常不會討論令人難過的事。
- ☐ 5.感到沮喪或悲傷時，我通常不會告訴別人。
- ☐ 6.我會試著找人談論我的困擾。
- ☐ 7.情緒不好的時候，我會找朋友談。
- ☐ 8.經過糟透了的一天，我最不想做的就是和人談論這一天。
- ☐ 9.遇到問題時我很少找人談。
- ☐ 10.難過的時候，我不會告訴任何人。
- ☐ 11.情緒不好的時候，我通常會找人談談。
- ☐ 12.我願意告訴別人自己心中痛苦的感受。

計分方式：
1. 第 2、4、5、8、9 題為反向計分，計分方式為：1=5，2=4，3=3，4=2，5=1。
2. 請先計算反向題的分數，然後再加總所有分數。

分數解釋：
1. 大學生常模：男生平均分數為 36.33，女生平均分數為 42.21。
2. 分數愈高表示你傾向揭露痛苦經驗；分數愈低表示你傾向隱藏痛苦經驗。

資料來源：林宗鴻譯（2006：423）

肆、培養自我肯定的能力

自我肯定的能力就是自信，自信就是相信自己的能力，是一種堅定的信念，相信自己會成功；信念本身會轉化成為力量，達成預期的結果。過程中不論遇到什麼困難，都能堅持下去。如我們前面所說，有自信的人，會依照自己的信念行動；無法自我肯定的人，則容易依照他人的期待行動，想對身邊的人證明自己的價值，致力於在他人心中留下好印象，因為這樣的目標，使得自己容易處在緊張的狀態，並對自己的能力半信半疑。

一、自我肯定的心理準備：認識自己，愛自己

以下是小米（化名）自我肯定的重建過程：

> 我討厭那個勉強做事的自己，討厭那個容易被別人拗的自己，我最討厭自己的是明明我知道這一切，卻還是做了這些事。可是不知道從什麼時候開始，我想起了我其實已經盡力了，雖然還是有很多需要改變的地方，但當時我已經做到了我能做的最好程度，責備自己只會讓我覺得更糟，從那時候開始，我想要給被我討厭的自己更多關心與瞭解，謝謝每一個當下的我，我愛你們，你們真的做得很好。

在一天裡，你是否經常這樣告訴自己？「我表現得不夠好」、「我還不夠努力」、「我很懶」、「我長得很醜」、「我太害羞了」……，這些都是消極的自我描述，容易抑制你的能力，讓你活在過去的陰影裡。試著整理出那些自己最常用的消極描述，並且修正自己，例如：「我只要努力，就能改變自己」、「懶惰和墮落不是我的個性」、「不論好壞，我接受我自己」、「現在的我和以前不同」等。練習自我肯定的語言，學習愛你自己，並用行動證明你可以是一個明亮且充滿活力的個體。

二、自我觀察：你肯定自己的程度？

並非任何時候我們對自己都是有信心的，有時我們也會懷疑自己的看法；然而，當我們經常需要他人的肯定，看不到自己，有意見不敢表達，繞著圈子問問題，這會讓我們感到挫折和失落，愈來愈沒有信心。下頁這份測驗，可以進一步瞭解你是否對自己保持著正面肯定的想法。

三、如何建立自我肯定？

希望你能在日常生活中嘗試以下方法：

1. 瞭解自己的優缺點。
2. 抬頭挺胸闊步走，面帶微笑。
3. 試著擴大自己的交友圈，不要侷限自己。
4. 建立並重視生活中的小成就，累積成功經驗。
5. 保持積極樂觀的心態。
6. 保持彈性，接納不同意見。
7. 時常給自己正向的自我暗示，例如：我可以做到、我願意嘗試、我做得不錯等。
8. 接納自己的不完美，沒有人能一次把事情做好，愈是吃過苦的人愈能瞭解人心。

自我肯定量表

（量表右側欄位標題）總是如此　大多如此　偶爾　很少　從來沒有

1. 當一個人對我非常不公平時，我會讓他知道。
2. 我很容易做決定。
3. 當別人占了我的位置時，我會告訴他。
4. 我對自己的判斷有信心。
5. 我能控制我的脾氣。
6. 在討論或辯論中，我容易發表我的意見。
7. 我通常會表達我的感受。
8. 當我在工作時有人在注意我，我不會受影響。
9. 當我和別人說話時，可以輕易地注視對方的眼睛。
10. 我容易開口讚美別人。
11. 我很難對推銷員說不，因此買了自己實在不需要或不想要的東西。
12. 當我有充分的理由退貨給對方時，我會遲疑不決。
13. 在社交場合中與人保持交談我覺得有困難。
14. 我覺得別人在言行中很少表示不歡迎我。
15. 如果有位朋友提出一種無理的要求，我能拒絕他。
16. 如果有人恭維我，我知道該說些什麼。
17. 當我和異性談話時，會感到緊張。
18. 當我非常生氣時，我會開口責罵對方。

計分方式：

1. 「從來沒有」1 分、「很少」2 分、「偶爾」3 分、「大多如此」4 分、「總是如此」5 分。
2. 第 11、12、13、17 為「反向計分」（即「從來沒有」5 分、「很少」4 分、「偶爾」3 分、「大多如此」2 分、「總是如此」1 分）。

分數解釋：

1. 分數 72 以上者：你的自我肯定蠻高的，經常能適當、適時地表達自己的意見與感受。
2. 分數 31～71 分者：你的自我肯定屬於中等，有些時候能表露自己的意見與感受，但有些時候卻做不到。
3. 分數 30 分以下：你的自我肯定偏低，較無法適時地表達自己的意見與感受。

資料來源：黃素菲（1991）

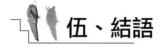 伍、結語

在大學生活裡，人際關係占了相當重要的地位，然而不只是在大學，如何在團體中活出自我，肯定自己並且能夠謙虛學習別人的優點，是我們一輩子需要學習的事情。如果我們能夠不在意別人的想法，或是一輩子都能享受獨處的快樂，我想我們就不會有這麼多的人際問題，然而這是不容易做到的。有時即便我們在團體中做了許多努力，還是找不到適合自己的位置，卻又必須要在這個團體生活相當長的時間，那我們就要調整自己。永遠要記住的是，我們無法滿足所有人，但一定有些人，是真心關愛且在乎我們。在低潮時，好好認識並照顧被疏忽已久的自己，接受自己的獨特性，因為人在順境中總是很難真正看見自己，希望本章能幫助你認識自己，並讓自己隨著團體的經驗而成長。

中文部分

吳淡如（2002）。**做自己最快樂**。台北市：方智。

林宗鴻（譯）（2006）。J. M. Burger 著。**人格心理學**（Personality, 6e）。台北市：湯姆生。

夏林清（2002）。大團體動力：**理念、結構與現象**。台北市：五南。

游梓翔、劉文英、廖婉如（譯）（2003）。J. T. Wood 著。**人際關係與溝通技巧**（Interpersonal communication）。台北市：雙葉。

黃素菲（1991）。**組織中人際關係訓練**。台北市：遠流。

英文部分

Glisky, M. L., Tataryn, D. J., Tobias, B. A., Kihlstrom, J. E., & McConkey, K. M. (1991). Absorption, openness to experience, and hypnotizability. *Journal of Personality & Social Psychology, 60*, 263-272.

Swan, G. E., & MacDonald, M. L. (1978). Behavior therapy in practice: A national survey of behavior therapists. *Behavior Therapy, 9*, 799-807.

CHAPTER 6

校園內到校園外的世界——

環境系統對大學生的影響

景瓊茹

小勝（化名）是大二住宿的學生，同寢室的建達（化名）是他很要好的朋友，雖然他們不是同科系的同學，但時常在下課後一起吃飯、打球、討論電腦新產品和網路遊戲，甚至常常聊有關追女友致勝的心得。前陣子，小勝下課後回到宿舍，看見建達仍在床上睡覺，這已經是連續一個星期以來，看到建達不是在床上睡，就是懶洋洋的在寢室內看著電腦、時而發呆的樣子了。小勝問他發生了什麼事他也不說，只知道前幾個星期建達和他的女友有些磨擦，不知道是不是分手了，難免心情不太好，猜想是否與這件事有關？也猶豫這攸關私人的感情問題是否要多問？小勝看著建達長時間蹺課、日夜顛倒、憂愁滿面，常常邀他出門吃飯都不肯……，種種狀況實在很擔心，想聯絡他的家人卻又被建達拒絕。再加上其他室友都問他建達怎麼了，令小勝覺得壓力好大，不知道可以怎麼幫助他的好朋友……。

你曾聽過類似上面的故事嗎？假使你是小勝，你會怎麼協助建達呢？想要兼顧對朋友的承諾和義氣，你會怎麼做呢？你希望有誰可以幫你的忙嗎？

入學至今，你認識你的校園嗎？你認識校園之外的社區環境嗎？在校園之外，有哪些資源是可以運用的？本章將以心理衛生概念為基礎，介紹關於校園

內外的社區資源，同時也思考看看哪些資源垂手可得，可用來助人又利己喔！

壹、過客 or 貴客？大學生活中的左右鄰居（生態系統觀）

回想剛進入大學的自己，對大學階段的生活懷抱著什麼樣的願景？是期待可以輕鬆玩四年當個過客，還是有機會讓自己成為大學階段的貴客，豐富自己也能夠與他人互動呢？

搜索一下在你的大學生活中，哪些人是你的左右鄰居？大多數是坐在身旁的同學、同寢室的室友、同棟樓的樓友……，又，你們有多少機會可以互相談話和分享有無呢？

隨著世代變遷和現代化的社會發展，順應著住宅空間狹小、工作事務繁忙、講求瞬息萬變的生活步調，讓我們愈來愈少與身旁的人有所互動，人跟人之間也產生了疏離感，像是不熟識住家生活周遭的鄰居，嚴重的甚至對家人也是沉默以對，這樣的情形可見一斑。當社會減少了連帶關係，顯而易見，互助合作行為的可能性大大減少，每個人好比工廠裡的生產線，日復一日的重複作息，單調而無聊。這看似每個人都是一獨立的個體，彼此沒有必要有所交集，但實質上我們仍需要思考一個重點，人沒有辦法脫離群體而獨自生活，引用社會學家強調「人在情境中」的觀點，每個個體都需要在這社會脈絡下得以生存，透過彼此的互動和交互作用，各取所需、相互滋養，構成一個動態的社會網絡。

大學校園形同一小型的社會，其當中生活亦是如此，你可能行色匆匆，也有可能與他人結為好友，這都端視你對大學生活許下如何的願景？以下介紹目前解釋個體與環境互動最完整的學說，來理解人與人之間互動的重要。

Bronfenbrenner 在 1970 年代所提出的**生態系統理論**（Ecological System Theory），解釋個體與環境互動的模式，認為生態系統包括小系統（microsystem）、中間系統（mesosystem）、外系統（esosystem）和大系統（macrosys-

94

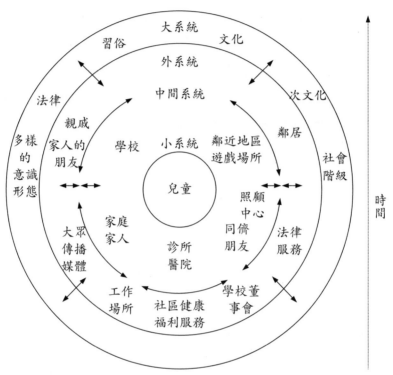

> **圖 6-1 Bronfenbrenner 的生態模型**

資料來源：引自 Shaffer (2002: 60)

tem）等四個系統。

　　根據圖 6-1，「**小系統**」是指與個體直接互動的人、事、物，以個人為原始單位向外延伸，發展於家庭當中，個體有了第一層與自己以外的環境互動，所以家庭是小系統的一種，另外還有學校、鄰近地區、同儕朋友、診所醫院等各個小系統；而「**中間系統**」為兩個以上的小系統之間的連結。

　　「**外系統**」指的是會影響與個體直接接觸的小系統，但個體未直接參與的系統。這些外在的環境脈絡，包括親戚、家人的朋友、鄰居、大眾傳播媒體、工作場所、社區健康福利服務、法律服務、學校董事會等。

　　「**大系統**」是指社會、文化、價值觀等較高層次的系統，它影響著各系統。

由外系統、中間系統、小系統受彼此直接或間接的互動影響，諸如世代沿用的習俗、多樣的意識型態、社會階級、價值、文化……等等。這些系統之間對個體都有直接或間接的影響，當個體在系統間獲得支持與充分運用的情況下，將對於個人發展和環境適應形成良好的狀態；相反的，若個體處在系統間的不適應時，於是產生變化則為壓力與危機的開始。

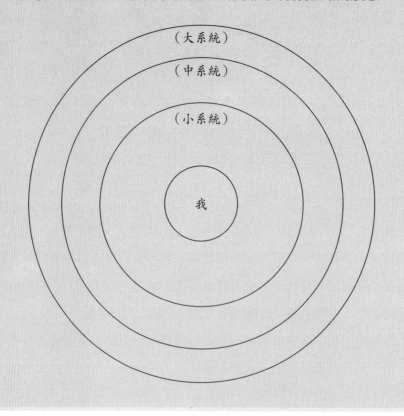

【練習單】

請你依據對上述生態系統理論的認識，嘗試畫下你個人的「生態系統圖」，並就近找一位同學討論關於你個人與環境互動的狀態。

（大系統）

（中系統）

（小系統）

我

貳、我的熱線 119——家、學校及同儕關係

　　當我的生活遇上了困難時，我知道我的熱線 119 在哪兒嗎？該找誰求救？認識了生態系統理論，可以幫助我們瞭解各系統的意義及系統之間彼此環環相扣所造成的影響。

　　以本章一開始建達的故事來看，我們可以看到小系統是指與個體直接互動的人、事、物。例如：建達所處的「校園」即是一個小系統，他和室友的互動、一起吃飯、打球、談論和彼此照顧生活起居、和同學一同上課分組討論、和女友的感情磨合與溝通，都是直接與個人建立互動的人、事、物。此外，「家庭」更是與建達有密切關係的小系統，包括建達住宿多久回家一次、與爸爸媽媽的關係、兄弟姊妹的互動、跟誰比較有話說、家中誰比較懂得建達的心事等。或其他的小系統，像是建達喜歡參與的「社群」活動，例如球隊或研究電腦產品的社團，這些環境中哪些有他的重要他人？都是個人可以直接與之互動的人、事、物。

　　朝著這些不同的小系統思考，我們不難找出校園裡可以協助建達的 119 資源，室友小勝可以透過和其他室友、同學、上課老師、導師或教官，甚至有部分學校設有宿舍管理員……等人聯繫，說明建達目前的怪異和不尋常的狀況，以這些分別不同的小系統，在小系統之間建立起中間系統的連結來幫助他。此時，小勝可以和室友們先行討論，蒐集平日觀察到建達的行動狀態[1]，最直接的方式可以向導師報告或向互動頻率較多的宿舍管理員、教官傳達此現象，透過有經驗且有效的系統來協助。

---

1 觀察行動狀態有幾個重點，以下以 ABCD 四個方向可輕易地蒐集：
　　Affective 情緒方面：低落、憂鬱或過度亢奮的心情。
　　Behavior 行為方面：動作上激躁或遲滯，睡眠障礙（包括睡太多或睡不著）、飲食上的改變。
　　Cognition 認知方面：無助感、無意義感；思考或專注的能力降低，過度感到罪惡感，一再想到死亡。
　　Drive 動機方面：參與活動時喪失興趣或樂趣；疲憊或沒有精力。

當然，或許你會矛盾一點，建達向小勝表達過不希望讓別人知道他的事，基於朋友之間的道義原則，究竟要說或不說呢？

此涉及保密的議題，保密最主要是基於維護個人的隱私權，也就是說每個人的隱私都需要給與尊重的對待。此外，個人也有免受傷害權的保障權益，當隱私權與免受傷害權相互抵觸時，為了避免個人受傷害或因個人狀況而導致他人傷害，此時就有所謂「保密例外」的可能。因此，當小勝向建達的其他系統求助，是為了保護建達不致於造成自我傷害及保護人身安全做為第一優先考量，理當打破保密的約定，先尋求資源協助建達渡過危機的關卡，確保建達安全無虞的情況下，再顧及其個人的隱私部分。待危機被適當處理過後，再向建達說明當時對其的擔憂，和判斷避免危險發生而做的決定，通常都是可以被理解的。

參、社會支持網——社區機構、醫療院所

認識了小系統之後，接著思考如何於外系統獲得我們需要的幫忙。外系統是指會影響與個體直接接觸的小系統，但個體未直接參與的系統。這些外在的環境脈絡，包括親戚、家人的朋友、鄰居、大眾傳播媒體、工作場所、社區健康福利服務、法律服務、學校董事會等，此類外系統並非由個體直接接觸及參與的，但會透過小系統之間的連結而影響個體。

在校園以外，關於心理衛生資源的外系統，包括：各縣市社區心理衛生中心、衛生局（所）、各公私立的醫療院所，以及藉由民間團體集結而成的非營利組織[2]，如生命線協會、張老師基金會、觀音線協會、馬偕協談專線等；此外，若涉及法律服務的必要時，還包括有警政單位（警察局）和社政單位（社

---

2 非營利組織（Non-Profit Organization, NPO）：是指不以營利為目的的組織或團體，它的目標通常是支持或處理個人關心或者公眾關注的議題或事件，因此其所涉及的領域非常廣，從藝術、慈善、教育、政治、宗教、學術、環保等，分別擔任起彌補社會需求與政府供給間的落差。

會局、各區域社會福利服務中心），以及社會福利相關機構，建立起有助於個體的社會支持網絡。

以建達的故事為例，當室友小勝向導師或教官通報其生活失序的狀況後，會先開啟內部的校園支持網絡予以提供服務。導師或教官將連結至學生輔導中心（諮商中心），由專業的心理師和輔導人員進行瞭解，透過導師和教官的轉介接觸建達，初步瞭解和評估其目前的情緒狀態。主要評估的方向有二，若是為一般性的適應困難和挫折問題，將就近安排且鼓勵建達接受校內心理諮商的服務，約固定的時間於輔導中心與心理師談一談，進一步對自我的問題有所覺察和處理，通常經過6～8週即得以改善，逐漸恢復生活。另一方面，若因心理疾病所引起的適應困難，意即在評估之後疑似有憂鬱症、躁鬱症、焦慮症、強迫症或精神分裂症等症狀，視校內是否有設置精神科醫師駐診服務，可直接轉介進行診治；若無，則需連結另一個小系統——家庭，通知其父母並協同提供情緒支持，轉介校區鄰近的醫療院所提供醫療協助，穩定其症狀。當然，視心理疾病的病徵和嚴重程度而定，評估是否治療與學習可同步完成；若無法同時進行時，則經過一段時間治療後，待建達能逐漸恢復規律的生活作息時，重返校園持續就學。

由此過程可知，個體無論在校園小系統內的資源系統或連結校外的社會支援網絡，皆可以獲得最適切的協助，而這系統與系統間、或系統與外系統之間的暢通的連結和機制，就顯得格外重要！

 肆、傳承和延續——文化與社會約定成俗

認識了各小系統與外系統的資源運作對個體有所助益的同時，也讓我們更加理解「人在情境中」個體與環境密不可分的關係，最後，我們來看看離個體最外圍的「大系統」將對個人有何影響？

　　大系統是指社會、文化、價值觀等較高層次的系統，它影響著各系統。由外系統、中間系統、小系統受彼此直接或間接的互動影響，諸如世代沿用的習俗、多樣的意識型態、社會階級、價值、文化……等。

　　舉建達的例子而言，導致建達心情低落和沒有動機的原因，可能來自於和女友相處之間的衝突，因感情問題而產生困頓。此時，建達極可能對自我產生負面的評價：「都是我不好。」「我在情場上總是個失敗者！」「我搞砸了一切，我不值得被愛！」「我失戀了，同學會怎麼看我？」而心生挫折而退縮。除此之外，也有可能受到其他小系統對此件事情的價值評論，例如同學之間的耳語傳聞：「不會吧！才交往幾個月就分手，一定是建達人不好相處？」「不要想太多，一定是你太鑽牛角尖了！」父母會對建達說：「你是男生，怎麼可以因談戀愛而喪志？」「別人都可以面對，怎麼你不行？」或者，因罹患心理疾病而導致大系統（社會）對此的偏見和污名化：「一定是他做了什麼不道德的事，才會染上這種病！」「家裏有憂鬱症的孩子，一定是家教不好！」等投以異樣的眼光，直接和間接的互動影響對個體的觀感和價值觀。

　　近年來，在校園常見文化的價值衝突，除了身心障礙學生、原住民生等特殊族群之外，也包括校園當中的國際學生，無論對於其穿著、飲食、人際、學習態度和作息習慣，多多少少與當地主流文化有所不同，也因此常常造成衝突和歧視，甚至排擠國際學生原應享有的校內資源。

　　因此，當我們理解大系統中文化和約定成俗的規範，有形無形地對我們的價值有所影響時，更是警醒我們對周遭人、事、物的主觀判斷，需要有更多包容，改變以客觀的角度思考問題，不將自我的價值觀移轉在他人身上，進一步能夠尊重、傾聽、接納來看待對方。同時，廣泛的社會教育和政府的福利政策訂定與推動，也是相當具有影響力的一環，提供維護心理健康的重要性，給個人、家庭的支持，以及增加理性的社會價值觀，方能減少諸如文化價值差異所造成的個人創傷，亦能創造且延續出互助互惠的社會集體價值。

伍、現實的考驗──社會環境如何影響大學生的心理衛生

瞭解生態系統理論的觀點，有助於我們與現實的社會環境有進一步的連結。不妨思考看看，現今的社會環境對大學生的心理衛生有何影響？

例如台灣政局不安，電視機和媒體總是挑起選藍還是選綠，不時搬弄著族群議題來彰顯本土的意識型態，著實讓視聽者無所適從、人心惶惶。其次，教育政策詭譎不定，究竟是一本多綱或一綱多本的教育指標連番爭議，導致犧牲了升學學梓的受教權益，同時也不知念大學的意義為何？將來何去何從？還有，全球化的經濟蕭條、原油物料上漲，導致民生用品價格居高不下，以致於消費水準提高，但國民實質所得卻逐年降低；再加上家長就業困難，而難以支付孩子就學和生活費用，大學生們只好一直打工或貸款，對維持生活和未來前景有著莫大的壓力……等。這些現實生活的考驗著實影響大學生的心理健康和情緒穩定，相對的，更難以能夠安心於學習。

上述種種挑戰，無論有形的環境條件或無形的價值、意識，都造成對大學生的心理健康有所威脅，尤其是此些外圍的壓力產生對大學生的心理危害。面臨這些壓力之際，鼓勵同學們以「自助、人助、天助」做為因應壓力的方式。

所謂「自助」，即是意識到目前環境對個人的威脅所在，清楚的知道影響自己的壓力源是什麼，對自我有所瞭解，朝著此方面嘗試面對和處理，同時也增強自己對於壓力和挫折的忍受力，以開放和彈性的態度接納所面臨的挑戰。所謂「人助」，如同本章節提及的系統觀，透過生活情境中的不同系統和脈絡，多多對周遭的資源有更進一步的認識，例如瞭解學校內部或社區機構所提供的經濟協助，如申請獎助學金、助學還願金的生活扶助資源等，協助解決因經濟困窘而無法就學的危機。而所謂「天助」，此掌握於每個人對大環境的信念，例如政局不安是大環境對我們個人的影響，我們可以選擇性視聽，決定此政治惡鬥究竟要影響我們多少？當然，我們亦可以採以明智的選票做出恰當的選擇，

行使公民權來制衡政局動蕩對人心的影響；所以，天助可以是集體的共同力量，也可以是個人的信念期望。

陸、結語

本章主要討論環境系統與大學生心理衛生的關係，以心理衛生概念出發，引用生態系統理論的觀點，來認識關於校園內外的社區資源，同時透過對小系統、中間系統、外系統和大系統的認識，輔以案例的分析幫助同學們瞭解有哪些垂手可得的資源、如何判斷以及循序漸進的有效使用社區資源。

其次，也探討大系統中文化價值對個人及環境的影響，藉由下列「我的價值觀」的練習，搜尋也覺察個人價值如何受到環境系統的影響。更進一步的，也幫助我們理解如何時時自我提醒——當彼此各自帶著既有的主觀價值看待同一件事物時，皆須保有尊重與包容他人價值的另一層面。

閱讀完本章，讓我們理解「人在情境中」個體與環境密不可分的關係，要知道個人的能力有限，外在的資源卻無窮。個人除了有清楚的自我概念外，仍須拓展對周遭團體、社會環境的認知；唯有認識且有效的運用資源，才能將有限化為無限，從中激發且創造各種可能！

【練習單】我的價值觀

　　以下有一圓派，請你將下列幾項影響你在發展過程中的重要價值觀切劃出來，影響程度愈大的價值觀則切派的比率愈大；並說說看，每個價值觀對你的影響為何？

1. 家庭
2. 社會經濟地位
3. 教育
4. 性別
5. 宗教或信仰
6. 工作
7. 文化背景
8. 其他

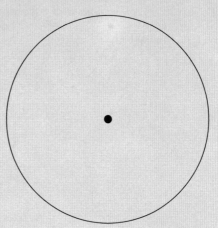

Shaffer, D. R. (2002). *Developmental psychology: Childhood and adolescence*. Belmont, CA: Wadsworth.

第二篇

人際關係篇

CHAPTER 7

自在的穿梭於人群之間──

人際關係的意義與內涵

古芸妮

> 在成功的公式中，最重要的一項因素是與人相處。
>
> ～羅斯福

　　董氏基金會 2005 年針對大學生做調查，結果顯示「身體健康」、「學業表現」、「人際關係」、「未來生涯發展」及「男女朋友關係」這五項，對大學生形成的壓力憂鬱情緒影響甚於其他生活事件，可見人際關係對當今大學生是極不可忽視的議題之一。期待透過本章幫助讀者對人際的互動有更深切的體認。

 ## 壹、人際關係的意涵與特性

 ### 一、人際關係的意涵

　　「人際關係」（interpersonal relationship），又稱為「人群關係」，意指人與人之間互相交往、交互影響的一種狀態，從人與人間的關係再擴充到人與群體之間的互動狀況，雙方將其思想經由語言或非語言的方式彼此影響，是一種社會影響的歷程，包括親情、友情、愛情、同事之誼、朋友之義等。

二、人際關係的特性

顯威（化名）在大學系迎新活動上，被大方、開朗又充滿歡笑的羿安（化名）深深吸引，回學校後，顯威總製造機會在羿安面前展現自己，久而久之，羿安也被顯威的才華和幽默吸引。分組報告時，顯威積極的邀請羿安跟自己同一組，在多次的小組討論聚會中，彼此有更多的交流和對談，彼此愈聊愈覺得有相見恨晚的感覺。到了升大二的暑假，顯威終於向羿安告白，羿安也大方接受了他的愛，從此，在校園中總可看到他們倆濃情蜜意的身影……

看完這個故事是否覺得有似曾相識的感覺呢？這就是人際關係最重要的特性，它不斷在改變，不是變得甜蜜，就是變得更疏離，不論是親情、友情，還是愛情都一樣，而且它的發展是具有階段性的，根據 J. A. DeVita（沈慧聲譯，1998）的說法，人際關係的發展一般可以分為五個階段，說明如下。

（一）接觸期（contact stage）

人際關係的開始，雙方第一次見面，彼此打量對方。許多學者認為，在平均 4 分鐘內的接觸，就已經決定了我們是否喜歡對方，是否要和對方繼續交往，所以，第一印象十分重要。

（二）涉入期（involvement stage）

如果對初次接觸都感到滿意，就會進入涉入期。在這階段，彼此會進一步的瞭解對方。此時，彼此的人格特質、價值觀、興趣與嗜好，甚至優缺點，都會逐漸一一顯露出來。如果彼此愈談愈投機、相見恨晚，可能會進入下一個親密階段；但如果發現差異懸殊，雙方發現不若自己當初所想的那樣，則彼此就

會漸漸疏遠，終止感情，或者停留在涉入期，成為普通朋友。

（三）親密期（intimacy stage）

在這階段的親密關係，彼此可能有承諾、相聚的時間增加、談話內容愈來愈深入。此時可能繼續維持親密關係，也有可能因為感覺到束縛，因而回到涉入期；也有可能因為彼此相處的摩擦與誤會，讓關係進入惡化期。

（四）惡化期（deterioration stage）

並不是所有的關係都會進入惡化期，也不是所有的關係都能停留在親密期，人與人之間的關係愈是親密，就愈容易發生衝突。有可能是外在因素讓親密關係變質，例如當兵、出國或第三者介入等原因，都可能使雙方產生衝突。如果雙方衝突無法順利解決，可能走上解除關係。但如果衝突可以適當解決，感情可能會更堅固。當然，也有少數關係會一直停留在惡化期中，除非使用建設性的方法，才能恢復到親密期，否則將可能進入解離期。

（五）解離期（dissolution stage）

人際關係的可能結果之一是彼此關係解離。關係解離的原因可能是因為時空或情境的限制，自然在某一個階段終止。也可能是因為親密期後，感情關係惡化，終於導致關係終止，例如離婚、朋友絕交等等。關係的解離因人而異，有些人或許感到痛苦無比，有些人則反而會覺得解脫。

人際關係常停留在不同的發展階段，人的相處並沒什麼標準，但重要的是在於彼此有沒有用心、真誠的經營這份情誼，在挫折時能共同面對，在喜悅時能相互分享，尋找生命中的共鳴，這是人生中幸福的事。

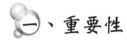 貳、大學生的人際關係

一、重要性

根據 E. H. Erikson（1902-1994）的社會心理發展階段論（詳見第 2 章），大學生正處於尋找與人建立親密關係的階段，若這任務沒有順利發展，則會造成往後無法與人發展出正常的人際關係及親密關係，因此，關係的建立對大學階段的青少年而言是一個重要的使命。

根據Erikson的理論，18～24 歲階段的大學生，其階段性的發展任務大致可歸納出「能力的學習」、「人際關係」、「兩性關係」、「社團活動」四個重要的生活主題，這四項都脫離不了和人的互動，學習中會有同儕的互動。Maslow需求層次理論提及人有愛與隸屬的基本需求，可知人際的需求是人天生的本能；兩性關係的建立，也根源於從人際關係建立開始，從未聽過一個有良好兩性互動的人，沒有良好的人際關係；社團活動的參與更是小型社會縮影的學習。因此，大學階段青少年發展的核心價值就是人際關係的學習。

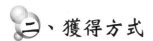二、獲得方式

我是大學新鮮人啊

來台北過住校的生活有一個多月了

人際關係我感覺普普啦

不會太冷淡也不會太熱絡

說實在的　我屬於比較慢熟的人

上大學很想認識很多朋友　但不知道怎麼做

我的三個室友都去找別的的同學一起玩線上遊戲

我的電腦沒辦法玩線上遊戲　所以沒辦法參與啊

我老是冷落在一旁　感覺好像隱形人　這種感覺真的有夠悶

常常覺得自己這樣活著到底有什麼價值啊

　　這是在大學校園中常聽到的心聲，在人際關係中總期待別人來接近自己，自己卻不知道如何主動出擊，就因此而鬱鬱寡歡，讓大學生活因此而愁雲慘霧，如何揮別惆悵，迎向多彩的校園生活呢？

1. **正向的生活態度**：一個人持有正向概念的人，會覺得自己是夠好的、是會成功的、受人歡迎的，表現出來的就是自信、包容、積極、樂觀、愉快、樂於親近別人，任誰都想沾上一份愉悅的氣息；相對的對別人也能持正向的觀點，樂見別人的優點，也常看到別人的好，當然大家都喜歡與他接近與交往。

2. **真誠、溫暖的態度**：美國文學家Chesterfield說：「用你喜歡別人對待你的方式去對待別人。」因此想要有好的人際關係，一定要真心待人；而「溫暖」的特質會對周遭的人、事、物表現出高度的興趣、參與、認同、支持等正向態度，傳遞出溫暖的感覺，自然別人也樂於接近。

3. **社團、志工服務的參與**：社團、志工服務是幫助大學學子體驗生活的最佳方式，在社團、志工服務中可學到與人共同合作、解決問題、互相支持及如何同理、幫助需要的人，充分顯現一個小型社會的縮影，在參與中可瞭解到人與人之間互動的微妙動力，真實體驗生活，學習更成熟、圓融的應對進退能力。

4. **人際溝通能力的培養**：在大學校園中有愈來愈多的「宅男」、「宅女」，也發現他們「宅」的主要原因是不知道如何與人互動、溝通，只習慣與電腦單向溝通，久而久之就成了和校園生活疏離的一群，也使得他們的憂鬱指數也較一般同學高，因此，具備與人互動的能力是增進人際的重要因

素。

5. **正確的兩性觀念**：在大學校園中，人際困擾的來源之一是感情問題，大學男女正處在尋求親密接觸階段，愛與被愛是每個人的需求，所以大學階段兩性互動的重點是——學習親密關係的建立，並瞭解自己、釐清自己適合的對象類型。感情中的挫折不代表個人的失敗，從失敗的經驗中澄清自己的想法、價值觀才是最重要的。

6. **生活能力的鍛鍊**：人們喜歡聰明、有能力、有智慧的人，主因是跟有能力的人在一起，對個人是比較有利的。從「社會交換理論」（social exchange theory）來看，一個人擁有愈多的能力，表示有愈多的資本來與人交換，自然也可以受到別人的歡迎了。

　　人際關係的建立是大學階段重要的發展任務，也是進入社會的基本能力。其中，專業知識的學習就像是學習釣魚的知識，而溝通能力及正確生活態度、價值觀的建立就像釣魚的魚竿，兩者缺一不可。當每個人手中都握有釣竿時，創造人際互動關係中雙贏的局面就不再是夢了！

 ## 參、人際間相互吸引的因素

　　「我從 A 國立大學轉學到 B 私立大學，因為課程可以互抵，所以大一、大二、大三我都有課要修，但不論到哪一班，我都像化外之民，大家都不認為我是他們班上的同學，有時也覺得被排擠，連我上課坐到某位同學旁邊，他就會換位置到別的地方，我觀察過自己，我長得跟一般人不大一樣，像韓國人，眼睛小小的，單眼皮，長得又壯，我嫌自己 180 公分不夠高，我還去訂做恨天高的鞋子，讓自己變 195 公分，希望這樣在人群讓大家一眼就能看到我，現在因為漸漸禿頭，會

戴帽子遮起來。大三班上有一個女同學很會造型設計，這週末她帶我去公館買衣服、幫我搭配，看起來還不錯，我之前的衣服雖然都是專櫃名牌，但搭起來都怪怪的，而且我只要表達我的一些想法時（例如有一次班聚時，我說人活著如果不能優秀，就只能先自我毀滅……），大家都覺得我很怪，感覺大家都不喜歡靠近我，在這學校我覺得好孤單……」

為什麼在大學校園中常有人形單影隻，嘆息著旁人成群結隊，歡樂無比，為什麼孤單的總是我？人際間互相吸引的因素究竟有哪些？以下針對大學校園中常見的人際往來因素分析如下：

1. **外在吸引力**：第一印象往往決定了是否願意認識對方，具有外表吸引力者，常常是眾人注目的焦點，這些外表的吸引力，除了儀表、身材等生理因素外，服裝穿著打扮也是重要因素。

2. **時空的距離**：所謂「近水樓台先得月」，人際間的相互吸引，必須有空間距離接近的配合，例如同個班級、同社團、同寢室等因素，都有利於彼此間印象的加深。

3. **真誠的互動**：當我們真心對待一個人，對方也能表現對我們的真誠時，就會產生了真實的往來，這也是「愛人者，人恆愛之」的道理。

4. **能力**：有能力、能幹精明的人，常常會引起眾人的注目，容易成為團體中的焦點人物或領導者，魅力也就隨之升高了。例如在大一剛進校園，大多數人彼此都不熟的狀況下，班代總是大家對內、對外連絡的窗口，尤其是有組織、領導能力的班代，更容易凝聚班上同學，也帶給班上更多的活力，自然也增加了互動的機會。

5. **物以類聚**：在茫茫人海中，能遇到志同道合之士，那將是人生一大樂事，彼此對事情的看法、做事方式、待人的態度相似，常常會拉近彼此的距

離，所謂「物以類聚」、「臭味相投」就是這個意思，這也是為什麼常常社團朋友間的感情勝於僅有一起上課的班上同學就是這道理，所以你在大學生涯中想要結交好友，多多參加社團活動也是一個好方法。

6. **互補式情誼**：「互補」就是指，對方的優點正是我的缺點，對方所擁有的，正是我所缺乏的。這種互補的關係，往往是友誼尋求的重要因素，像是內向、害羞的人，總會欣賞外向、開朗及在人前總能侃侃而談的人一樣，朋友之間能彼此截長補短，更是彼此吸引的最大魅力。

以上六項，是人際吸引的重要因素，也是與人互動時，魅力、吸引力的重視因素，不論同性或異性的相處、情感的建立，往往也是這六項因素造成的。因此，如何培養你的吸引力，散發你的魅力，可以從裝備自己的內涵，重視自己的儀表，培養興趣專長，充實累積能力等方面著手。

另外，除了瞭解人際吸引的因素外，我們也需要瞭解如何增進人際關係，針對人際的增進分別說明如下：

1. **尊重別人的存在**：每個人都喜歡被尊重、被認同、被接納。所以只要你尊重對方，認為對方是重要的、肯定對方是被需要的，自然對方也會接納你的。

2. **不可踩在別人身上往上爬**：很多人為了達到自己的目的，不惜踩在別人身上，用別人來成就自己，這樣自私的人大家自然會遠離。

3. **真心的愛別人**：想要別人愛你，自己就必須先要付出真愛給別人，關心別人時，「雪中送炭」也總比「錦上添花」讓人來得深刻感動。

4. **放大優點，縮小缺點**：對於身邊的人，我們常常不經意的忽視，對他的好也常常覺得是理所當然般的不知珍惜，因此，能夠適時的去肯定對方的優點，重視對方的存在，並讚美他，當然會讓人喜歡和你接近。若說微笑是建立人際關係的必要條件，那適度的讚美肯定是人際關係的大補帖。

5. **得宜的溝通技巧**：人往往因沒有適當溝通而產生很多的誤解。因此，清

晰、明確的表達，溫柔而堅定的態度，接納、同理對方，一方面可讓別人
瞭解自己，二方面也清楚表達了自己的想法，當然別人就喜歡和你溝通。

6. **幽默感**：幽默感可說是愁困的解藥，具有幽默感的人會用創意、多元、彈
性及接納的眼光去看待生活中的人、事、物，讓事情突破僵局，讓有趣、
喜悅、歡愉的氛圍圍繞，愁困自然散去；幽默感是人際間最佳的潤滑劑，
具有幽默感的人總有創意、活潑的想法，在苦悶的生活中，幽默猶如荒漠
中的一股甘泉，讓人生津止渴，回味無窮。

　　人際關係的增進和個人是否具有主動出擊的動機有一定關係，有強烈動機
的人，會克服自己的困難去精進自己的溝通技巧和能力，而非只是待在原處被
動的抱怨，存在主義大師沙特說：「你的決定，決定了你自己。」所以，你要
成為一個什麼樣的人呢？此刻的你，為自己勇敢的做決定吧！

肆、人際關係的基礎——溝通

　　大學生在談人際、感情問題時，「溝通」是常被討論的問題，常聽到說：
「我女朋友說什麼，我都完全配合她了，為什麼她還總是說我不愛她？」「我
男朋友情人節送我花後，第二天又跟我說，他覺得送花很不實際、又很浪費！
搞什麼啊？」「為什麼老師都不能好好聽完我的解釋，就一口否定了我的想
法？」等，這些都是在大學校園中常聽到的抱怨。台積電董事長張忠謀也曾對
大專以上的年輕世代說：「溝通是一種『乘數』的效果，你的學問及本領要發
揮到最終的效率，就要靠溝通。」因此，有效的溝通是有效與人互動的關鍵，
所有的人際關係都是經由溝通才開始的，而它的維持也必須依賴溝通，所以溝
通是人際關係的基礎。

　　著名的家族治療大師 Satir 稱與他人的互動模式為溝通姿態，人傳遞訊息的
方式，就是將訊息賦予意義，並對外傳達、接收，將在大腦整合的訊息，透過

人際監測站（Who am I）

常聽說「知己知彼，百戰百勝」，在人際關係的戰場中，你瞭解自己是個什麼樣的人嗎？透過「周哈里窗」（Johari Window）來認識看看，究竟 who am I？

測驗方式

需要二個人以上來完成，詢問「對方眼中的自己是一個什麼樣的人？」的方式進行，由別人的回饋中，驗證別人對自己的看法、增進自我的覺知，「窗」是指一個人的心就像一扇窗（如下表），普通的窗戶分成四個部分，人的心理也是如此。本測驗藉由彼此互相給與回饋，可幫助自己更認識自己，同時可以達到彼此的瞭解。

	自己知道	自己不知道
別人知道	Ⅰ、自由活動領域 （公眾我）	Ⅱ、盲目領域 （背脊我）
別人不知道	Ⅲ、逃避或隱藏領域 （隱私我）	Ⅳ、處女領域 （潛在我）

結果說明

1. 第Ⅰ個部分稱為公眾我，是自由活動的領域，是自己和別人都知道自己的部分，是公開部分。如身高膚色、年齡、婚姻狀況、喜歡吃什麼菜等等。

2. 第Ⅱ個部分稱為背脊我，是盲目的領域，是自己不知道而別人卻知道的部分，所以這是旁觀者清、當局者迷的部分。

3. 第Ⅲ個區域稱為隱私我，是逃避或隱藏的領域，我們自己清楚知道而別人卻不知道的秘密或不可告人之處，是當局者清而旁觀者迷的部分。

4. 第Ⅳ個區域稱為潛在我，是處女領域，是當局者迷而旁觀者也迷的部分。人的潛能常是自己和別人不易發覺的。透過本活動相互腦力激盪下，可以幫助彼此看到自己優勢潛力，進而幫助個人在生活中發揮潛力，創造更美好的人生。

資料來源：黃天中（1998）

語言或非語言的方式做出反應。溝通姿態意味著個人如何辨識個人內在及外在行為模式的過程，是個人、人際互動及評價自己的關鍵。

在大學生涯中想要與人建立有效的人際關係，就得先要瞭解人際溝通的型態。在此介紹 Satir 的溝通型態，希望透過對溝通模式的認識，能幫助瞭解自己及他人的溝通，其分別說明如表 7-1。

表 7-1　Satir 的五種溝通型態

溝通型態	特色	行為表現	對人際關係的影響
討好型	用逢迎方法取悅他人，期望獲得認同和接納。	接受批評和讓步，但缺乏自我。	容易過度抑制自己；被人操控。
責備型	苛責、敵意，不顧他人感受，自我、獨裁。	自卑化為自大，愛批評及責備，不容易認同其他人的意見和要求。	表現優越、獨裁，難與人建立親密的聯繫。
超理智型	不流露感受。側重事件的理由和細節，忽視自己和他人感受。	言論、行為均講求完美；說話內多資料性。	給人嚴格、沉悶的印象，故社交較退縮和自我。
打岔型	對自己和身邊事物似乎毫不在意，以嘻笑來轉移焦點。	說話不切題，混亂、欠缺主題與方向。	難獲他人信任，因而影響與人建立真誠關係。
一致型	懂得欣賞自己和他人，尊重自己和他人感受。	說話內容清晰真誠，表裡言行一致。	接納自己和他人，互相尊重、親切，能與人建立真誠的關係

資料來源：林沈明瑩、陳登義、楊蓓譯（1998）

　　Satir 將溝通分為五個類型，即討好型、指責型、超理智型、打岔型、一致型，除了一致型外，其他四種都是自我表達與自我壓抑二者之間不平衡所造成的結果。健康的溝通方式是一致型（congruent）的溝通，個人可以知覺到自己的狀況、觀察他人的狀況，並掌握整個情境，具有直接而確實表達感受與思考的自由，重視個人的獨特性與差異性，是一種高自我價值的表現。Satir 模式讓我們知道，我們與他人的常用溝通模式，如果我們能覺察自己是用什麼樣的模式與人溝通，就更能有效的溝通減少衝突，在人際過程中也能較順利，而下次

若你想在抱怨別人難溝通時，想想這五種溝通型態，或許能幫助你對溝通有不同的思考。

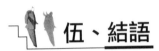 伍、結語

人際關係是瞭解自己與他人的一門學問，根據Maslow的需求理論，我們每個人都有愛與被愛、歸屬感的需求，在大學生的生涯發展過程中，尋求與人建立關係更是一個重要的課題；因此，培養與人互動的能力、瞭解人際中相互吸引力的來源、如何讓自己在人際中加分、學習與人溝通、瞭解溝通的模式等，都是幫助大學生在踏出社會職場前必要的先備知識。具備人際互動、溝通的知識與能力，才能幫助職場新鮮人把所學的專業，精準的發揮出來，達到自我實現的最高境界。

人際監測站（如何 Say No）

在人際關係中，如何說「不」是大學生常遇到的問題，如何才能夠不傷和氣的拒絕對方呢？以下例子想想看，你會怎麼回答？

Q1、同學請你買飲料時？
　　(1)「我現在很忙，無法離開。」
　　(2)「我很忙，不能去！」
Q2、正與某人戀愛，卻面臨其他異性追求時？
　　(1)「我已經有很要好的男／女朋友了。」
　　(2)「我不喜歡和你這種人交往。」
Q1 解析：如果能以「不是不想去，而是無法去」的理由來拒絕，一方面表達自己的困難，另外也尊重到對方。
　　(1)○　(2)×
Q2 解析：拒絕時，應該以不傷對方自尊心為前提。所以，應該以自己的理由來拒絕，不要把理由推給對方。同時，絕對不可以露骨的表示出厭惡態度。
　　(1)○　(2)×

沈慧聲（譯）（1998）。J. A. DeVita 著。**人際傳播**（The interpersonal communication book）。台北市：揚智。

林沈明瑩、陳登義、楊蓓（譯）（1998）。V. Satir, J. Banmen & M. Gomori 著。**薩提爾的家族治療模式**（The Satir model: Family therapy and beyond）。台北市：張老師文化。

黃天中（1998）。**生涯規劃概論**。台北市：桂冠。

CHAPTER 8

如何「溝」心「逗」角——

人際溝通的技巧

陳玉芳

「就像呼吸之於生命，溝通是維繫個人健康、建立滿意的人際關係和促進生產力的關鍵」——家族治療大師 Virginia Satir 一語道出「溝通」的重要性。進一步闡釋，可以說溝通是人際關係的基礎，透過溝通，我們彼此分享訊息、交流情感、促進瞭解、滿足需求，讓人我的關係更具意義。

然而，只要有人在一起的地方，便有人際的紛爭。因為人與人之間的獨特與差異增添了溝通的複雜性，稍不留意，誤會與衝突便可能發生。由此看來，溝通可以是積極的、建設性的，卻也可能是消極的、破壞性的。

良好的溝通能力可以促成滿意的人際關係，但它並非與生俱來，而是需要學習的。本章即針對人際溝通的意義、歷程加以探討，呈現溝通過程的不同面向，瞭解其複雜性；接著再說明重要的溝通技巧，以做為提昇個人溝通行為的參考。

 ## 壹、人際溝通的意義

在大學校園中人際溝通能力的好壞，對學生的生活適應與身心狀況有重大的影響。近年來心理學家、生理學家及醫生們所進行的研究更指出：人際溝通能力與工作滿意度、生理健康及心理健康皆息息相關。究竟，何謂「人際溝通」呢？以下從人際溝通的定義及歷程來說明。

一、人際溝通的定義

從英文的用法來解釋，溝通「communication」一字是由拉丁字「communis」蛻變而來，原意是「分享」或「建立共同的看法」。目前大多數學者談及溝通的定義時，多從人際層次切入，認為溝通是人與人之間訊息傳送的過程，在此過程中，雙方交換訊息以瞭解彼此的想法、感受與經驗，形成有意義的互動；而透過互動連結成某種關係，即是「人際溝通」的概念。

二、人際溝通的歷程

哲學家 B. Spinoza 曾說：「人是社會性的動物。」的確，人是需要在人我關係中成長的，在這過程中透過各種溝通方式，彼此交換感受、需求、情感和觀念，因此溝通就形同人類天性的一部分。但是，維持有效能的溝通品質並不容易，因為它是個複雜的歷程，當中有許多元素不時交互影響著，包含：溝通當下的情境脈絡、對象，以及訊息傳送的過程等。

（一）情境脈絡

溝通總是在一定的情境脈絡（context）中發生。這情境脈絡就如同一種背景音樂，有時不明顯，容易被忽略；有時會顯現出來，限制或刺激我們溝通的方式。

舉例來說，在迎新舞會、告別式會場，或在諮商室裡，溝通的內容、語調、表情、對話深度、投入程度等都將有所差異，這就是受到**物理情境**的影響。

又如某生正為期末考焦慮不已，這時候室友找他討論寢室公約，他可能缺乏耐心、顯得浮躁，因為考試壓力影響到平時的待人之道。所以與人溝通時，須將彼此的心理或情緒狀態一併考慮，此即**心理情境**。

　　而各自所扮演的角色、彼此的關係等，也會直接影響溝通行為。例如：家人稱呼「笨蛋」時表達的可能是親密與關愛，但教授對學生如此稱呼時，學生可能會覺得被批評，這就是**社會關係**的情境脈絡在默默影響我們的判斷。

　　此外，溝通時彼此的過往經驗也會左右當下的反應。例如：某生高中畢業自男校，大學就讀於女生為多的學系，他可能一時不知如何自在的與女同學相處，而顯得害羞孤僻，相處久了才展現他開朗主動的一面。原來是過去經驗限制了他的溝通方式，此即**歷史**的情境脈絡。

　　再者，溝通時的**文化情境**也是要考量的，這包含社會規範、信仰、習俗等，例如：日本人再三道歉是表示謙讓，使交談的雙方地位平等；但美國人視道歉等同於承認過失，易使說話者處於不利的地位。因此與不同文化背景的人溝通時，須注意到彼此差異，別將自己侷限在既定文化裡，才有可能成為更好的溝通者。

　　上述五個面向會互相作用、彼此影響，共同形成溝通時複雜多變的背景；而我們也會對不同的情境形成正面、中立或負面的預設立場，進而影響溝通。

（二）對象

　　人是溝通歷程中的主體，個別的差異對溝通會產生不同程度的影響。先從**生理差異**來看，舉凡種族、性別、年齡、體力、健康狀況等，對溝通能力皆會產生影響。例如：研究發現女性普遍較男性更擅長用語言來表達情緒感受；大部分成人在辭彙的運用上通常也比兒童、青少年更靈活。

　　而人的個性、特質、價值觀等**心理差異**也會影響彼此的溝通。例如：對個性外向的人來說，會覺得內斂文靜的人顯得太孤僻了；重視節儉的人可能被批評為不夠大方，但其實是價值觀在默默影響著。

　　再者，成長過程中的經驗，尤其是**早期的生命經驗**，會形塑出人與人之間的差異，並影響溝通行為。例如：小孩表達需求卻引起父母的拒絕或嘲弄，他

就學會這部分的自己是不被接受的，日後便較難在溝通時自在的提出自己的需要。

此外，**不同學歷或專業背景**也會影響一個人的溝通行為。例如：相同專業領域的兩個人進行對話時，使用專業術語較不需擔心對方誤解或聽不懂，反而有助於溝通；不識字或所受教育不多的人通常比學識高者更不擅於表達自己。

而溝通時最常見、最具潛在影響的文化碰撞，往往發生在**兩性的差異**上。研究發現，男性和女性自牙牙學語開始，就可觀察到不同的溝通特質。例如：女性較重視關係，注意情緒感受的細節，渴望親密及被認同；男性則較重視獨立，留意客觀事實及問題解決，渴望擁有個人空間。當然，這不表示男性和女性在溝通行為上一點相似處都沒有，只是性別的差異確實對日常的人際溝通有直接的影響。

（三）訊息傳送的過程

一般人會將人際溝通說成「面對面」或「兩造」溝通，此說法大體上道出了溝通時人與人的互動特性（李茂政，2007）。在這當中，溝通者時而傳送、時而接收訊息；時而主動、時而被動反應，不停對調溝通的角色，同時也不時受到情境脈絡及內外在的干擾，圖 8-1 即說明了人際溝通時複雜的訊息傳送過程。

從圖 8-1 可知，當有溝通需求時，人們會將內在感受、想法等組織成各種訊息（包含語言或非語言），傳達給對方；對方接收到訊息之後，會加以解讀並轉化為一份主客觀參雜的瞭解，接著再選擇如何回應。而解讀訊息時，當下情境、內在或外在干擾等都會影響訊息判讀，這過程很微妙，人們往往未能意識到。只有在審慎面對某些場合，須仔細考量措辭時，才較能意識到訊息組織與解讀的過程。

人們隨時隨地都需與他人溝通，也須運用到各種溝通技巧。本章限於篇幅，

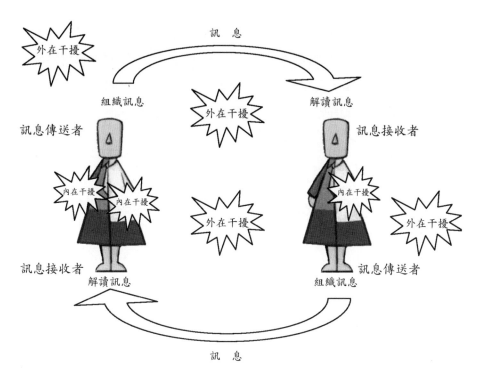

➤ 圖 8-1　人際溝通訊息的傳送過程

備註：1. 外在干擾：指環境中的光線、聲音、景象、人物、氣味或其它刺激。例如：
　　　　使人分心的音樂。
　　　2. 內在干擾：指阻礙溝通者思考或表達的內在情緒、感覺、想法或經驗。例如：
　　　　在擔心對方評價的情況下而難以啟齒。

無法詳盡細說，然而基本的「語言和非語言技巧」、「積極傾聽的技巧」、「同理的反應技巧」，以及「解決衝突的技巧」卻是營造雙贏溝通的必備能力。以下將針對前三者加以探討，至於人際衝突與困境則詳述於第 11 章。

 貳、人際溝通的技巧——語言和非語言訊息

根據溝通專家 Mehrabian（1981）的研究，人際間的溝通約只有 7%是藉由

語言來進行，另外 93%是透過非語言訊息來傳達，當中 38%取決於聲調，其餘 55%是仰賴肢體語言。由此看來，人與人的互動十分微妙，溝通成功與否，不單只決定於語言的表達，更在於彼此能否適切接收、回應非語言訊息所傳達的意義。接下來將針對溝通時的語言及非語言訊息加以說明。

一、語言訊息

儘管人際間的溝通，藉由語言來傳達的部分不到 10%，但人們仍然十分仰賴它來傳遞想法和感受，所以語言訊息仍是溝通時的重要工具。但是你可能有這樣的經驗，即對方在講些什麼，聽了半天你還是沒聽懂；或者你極力說明，對方仍然誤會你的意思。究竟在溝通時，語言訊息具有什麼特性呢？哪些語言表達的技巧是值得學習的？以下針對語言溝通的特性與技巧加以探討。

（一）語言訊息的特性

使用語言與他人溝通時，有些語言訊息的特性是值得加以掌握的，包含語言的情境、表達以及解讀，分述如下：

1. **語言的情境**：語言的表達會受到情境及對象所影響。比方說，在教室裡面對師長時，語言的使用會較正式、較有組織；不同於在社團時，可以多說一些玩笑話。因此溝通時須**因境、因人制宜**，才不至於說出不適切或不得體的話。
2. **語言的表達**：清楚的表達是有效溝通的基本條件之一，這包含**口語清晰度及適切的措辭**。把話說清楚，容易讓聽者明白，減少猜測與誤會。而適切措辭則需要語文理解及對互動的覺察，如此才能以適切的辭彙精準的表達自己。

3. **語言的解讀**：同一句話，不同人可能有不一樣的解讀。例如：「你真討厭！」這句話，有人解讀成對方討厭你，是負面的評價；有人詮釋成對方想靠近你，有撒嬌的意味。因此**重點不在詞句本身，而是溝通雙方如何解讀、如何詮釋**。

（二）語言溝通的技巧

好的語言表達常是在真誠、尊重他人的立基點上營造出來的，T. Gordon 提出「我－訊息」（I-messages）的運用，將真誠的態度表現在溝通的行為上；相反的，有些語言的運用，會阻礙人際溝通，又稱為「你－訊息」（you-messages）或「絆腳石訊息」，不但容易折損他人的自尊，也破壞了關係。

1. **擅用「我－訊息」**：所謂「我－訊息」是以正面、不傷害人的語言，發自內心把真實的感受表達出來，以減少雙方誤解，增進彼此瞭解。表達時通常是以我為開頭，陳述的內容包含具體事件、個人感受與期待等三部分。目的是讓對方能瞭解你所說的以及平時被情緒掩蓋的事實。以下為「我－訊息」的基本原則：

   (1)避免用指名道姓的指責語氣說話，這容易讓對方產生被批評的感覺。如果有可能，盡量少以「你」開頭，或是「你……怎樣、怎樣」等方式來溝通。

   (2)盡量少用「一直」、「永遠」、「都是」、「必須」、「應該」等字眼，而是要聚焦在某一個特定的狀況或行為，然後加以描述。

   (3)在描述完特定的狀況或行為後，接下來描述自己當下的感受，以及為什麼有這樣的感受，並誠懇說明自己的期待，讓對方瞭解。

2. **少用「你－訊息」**：所謂「你－訊息」即是 Gordon 提及的「溝通的絆腳石」，是容易造成人際溝通障礙的語言訊息。一般人習慣用「你－訊息」來溝通，「你怎麼可以這樣……」、「你難道不能替我想一想……」，這

樣的說話方式會讓對方感覺受到威脅、批評，容易引發衝突，自然不會有好的溝通效果。「你－訊息」的使用大致可區分為三種類型，溝通時宜多加覺察，盡量避免：

(1)命令的訊息：告訴對方「最好」、「必須」、「應該」如何調整其行為。例如：「你不應該這麼做」、「你最好給我過來」等，這容易給人被命令、指使，或你占上風、我居下風的感覺，於是心理上對溝通產生抗拒或排斥。

(2)貶抑的訊息：溝通時的措辭帶有負面評價的意味。例如：「這麼容易，難道你不知道怎麼做嗎？」語言中隱含著「你很差」、「你能力不足」的意思，間接或直接的傷害到對方的自尊。

(3)迂迴的訊息：指溝通時有意無意的使用一個詞句來表達另一種意思，給人不一致、拐彎抹角、試探些什麼的感覺，其實是意有所指。例如：「（對方說）唉！你這個品牌的衣服貴死了，不值得買！」你以為對方不喜歡，結果下次見面時，發現他竟然穿著該品牌的上衣，而且還買了不只一件。

與人溝通時，宜多使用「我－訊息」表達自己的感受，而非「你－訊息」的價值判斷，兩者的差異如表 8-1 所示：

🖥 表 8-1 「我—訊息」和「你—訊息」對話範例比較表

情境：一群大學生相約晚上 8 點討論報告，除了大偉之外，大家都到場了。好不容
　　　易等了一個小時，大偉來了，他們有些話要讓大偉知道。

訊息	例句	分析
我—訊息	「現在已經八點多了，我們一直在等你，跟你聯絡不上，又擔心你不知道發生了什麼事……，希望下次盡量不要遲到，非不得已，記得打電話讓我們知道。」	同學陳述了事實，也清楚的表達了感受，以及對大偉的期待。
你—訊息	「現在已經八點多了，你跑到哪裡去了，這麼晚才來……！你是不是不在意這份報告……你……。」	責備的訊息反而掩蓋了同學的擔憂，大偉感受到的不是關心，而是批判、指責，容易造成同學間的衝突。

　　語言是溝通時的重要媒介，卻也可以成為溝通的障礙，其關鍵端賴於溝通者與人對話時能否慎選語言、考慮欲傳達的對象、場合，留意到語言的表達能與訊息接收者協調一致；同時藉由非語言訊息的輔助，幫助自己更清楚、明確的傳達。

🔵 二、非語言訊息

　　為何非語言訊息如此重要呢？因為語言騙得了人，非語言訊息卻不會說謊。舉例來說：小孩子犯錯，擔心受罰而聲稱沒事，但那眼神不定、低頭不語的神情，你便知道他隱瞞了事實；警方進行偵訊時，更以專業訓練及儀器來監測嫌犯的眼神、手勢、聲調變化及生理反應，藉此評判真假。因此非語言訊息反而是溝通時極其重要的部分，它輔助語言的不足，幫助我們做更多真實情況的蒐集與判斷。

（一）非語言訊息的內涵

所謂「非語言」，包含說話時的聲調（如聲量、音調、音質、速度）及肢體語言（如表情、眼神接觸、手勢、姿勢、身體距離）等訊息，它同時隨著表達的時間、空間及情境，對溝通產生影響。有關各種非語言訊息的內涵，詳如表 8-2、8-3。

上述非語言訊息在溝通時常是同時交互運作的，此更呈現其多元、複雜的一面。對於不留心的人來說，聲調或肢體語言可能只是無意的動作，但仔細觀察後卻能發現其在溝通歷程中的重要性，值得我們更貼近的覺察與檢視。

（二）非語言訊息的特性

非語言的溝通之所以微妙，是因為其所傳遞的訊息常是模糊不清、呈現較多的情感狀態、彌補語言訊息不足，及具有文化差異等特性，茲說明如下：

1. **非語言訊息是較模糊不清的**：非語言的表達有時候是模糊不清的，因為同樣的行為可能代表許多不同的訊息。例如對方的一個眼神該如何解讀呢？「他喜歡我？」「他有敵意？」「他有求於我？」……，無論如何，人們會試著去解釋這眼神的涵義，倘若解釋不正確，還可能引發誤會。

2. **非語言訊息呈現情感狀態**：語言或文字本身不一定能傳達一個人情感的深度，但非語言訊息卻能夠做到（Rudolph & Kathleen, 1989），對方的每一個動作、每一次身體的移動都是解讀其內在狀態的寶貴線索。例如一位朋友表情沮喪，即使他說：「我沒事」，你仍然會知道他可能正面臨某些困擾；初次上台報告的同學，談吐中聲音顫抖、不時看稿，你便曉得他此刻是緊張焦慮的。由此可知，解讀非語言訊息是理解一個人情感狀態的關鍵。而當說話內容和非語言的反應兩相矛盾時，人們也傾向採用非語言訊息所傳達的意義。

▣ 表 8-2　聲調溝通的內涵

項目	內涵
聲量	指講話時聲音的大小。 ・聲量過小：除非因情境而刻意輕聲細語，否則易給人軟弱、不安、缺乏自信的感受。 ・聲量過大：除非因情境而特別放大聲量，否則易給人刻意、粗魯、不舒服的感覺。
音調	指講話時聲音的低沉或高亢，太高或太低的音調皆不悅耳。 ・音調提高：人們容易在緊張、不安時提高音調。 ・音調降低：人們想要顯示強勢、權力時，容易降低音調。
音質	指講話時以不同質性的聲音來傳達當時的情緒或內在狀態；不同的音質會使人產生不同的感覺、想法或價值判斷。 ・鼻音：容易與哀怨、悲傷狀態產生聯想。 ・氣音：容易與請求、誘人的邀請等產生聯想。 ・喉音：容易與緊張、不安產生聯想。
速度	指講話時的快慢，以及字和字之間停頓的頻率與長度。 ・說話速度太快：顯得緊張、著急，對方難以聽懂。 ・說話速度太慢：給人不確定、沉悶之感。

▣ 表 8-3　肢體溝通的內涵

項目	內涵
表情	溝通時透過眼睛、鼻子、嘴巴及臉部線條等傳遞出的情緒狀態。七種基本表情包含： ・快樂：兩頰肌肉抬高，眼角有皺紋，嘴角向上彎曲，形成對稱的微笑。 ・驚訝：撐開上眼皮，露出眼白，嘴巴可能張開，呈現目瞪口呆的模樣。 ・憤怒：眉毛內端往下拉，形成橫眉豎目，上眼皮撐得較開，嘴唇緊閉。 ・恐懼：眉毛成水平線，露出眼白；唇角緊緊往臉部兩側拉，形成一平線。 ・悲傷：眉毛內端上揚、緊蹙，在眉毛中間形成倒 U 字型皺紋。 ・厭惡：皺起鼻子，彷彿聞到臭味般，在鼻子上端、兩眼之間出現橫紋。 ・輕蔑：嘴角往側邊拉，形成不對稱感，也許還會翻個白眼。

▨ 表 8-3　肢體溝通的內涵（續）

項目	內涵
眼神接觸	人類瞳孔不受意識控制，故在所有非語言的溝通訊息中，眼神最能透露個人真實的狀態。 ・眼神閃爍：顯露出對當下情境感到不安。 ・社交凝視：在不具威脅的情境，目光停留在對方雙眼與嘴巴之間的三角形區域。 ・親密凝視：顯示好感時，目光停留在雙眼和胸部之間的三角形區域。 ・強力凝視：目光對準雙眼和額頭正中央的三角形區域，令人感到嚴肅、有壓力。
手勢	指講話時，手肘、手臂、手指頭的移動，用以描述或加強談話內容。以下試舉三種不同手勢所代表的意義： ・手臂交叉胸前：容易給人防備、敵對、拒絕、高姿態的感覺。 ・手臂交叉胸前且雙掌抓臂：通常呈現緊張、不安、拘謹的內在狀態。 ・不時以手調整穿著或頭髮：透露出焦慮、不自在、不確定的內在狀態。
姿勢	講話時肢體的移動與擺放的位置。以下試舉三種不同姿勢代表的意義： ・頭部高抬，下巴突出：傳達出一種優越、無畏或傲慢的態度。 ・聆聽時側頭或點頭：表示順從、無威脅性，容易讓對方產生信任的姿勢。 ・雙手叉腰：使身形看起來更龐大，有蓄勢待發、準備行動的態勢。
身體距離	兩人身體距離之拿捏取決於彼此的關係。以下是不同程度的身體距離： ・公眾區域（約 3.6 公尺以上）：適用於公開集會。 ・社會區域（約 1.2 至 3.6 公尺內）：適用於不是很熟悉的人。例如郵差、新同事、來家裡維修的工人等。 ・個人區域（約 46 至 120 公分內）：適用於普通朋友及聚會、宴會等社交場合。 ・親密區域（約 15 至 46 公分內）：容易觸摸彼此，只允許與我們感情親密者進入，包括配偶、愛人、父母、孩子、好友、寵物。 ・貼身親密區域（約 15 公分內）：只有在親密的肢體接觸時才允許進入。 （以上距離在兩個女性之間會縮短，在兩個男性之間則會增加）

3. **非語言訊息彌補語言溝通的不足**：與人溝通時，不能只從「聽對方說了什麼話」來理解訊息，還要仔細看看相關的非語言要素，才能更瞭解對方的意思。例如對方在說話時顧左右而言他、心不在焉，你就知道他可能對這話題沒興趣；或者當自己極力想要清楚表達以讓對方瞭解時，可能會以手勢、語調等來補充自己對事件的感受。可見非語言訊息讓溝通過程變得更豐富、也更清楚，是溝通歷程中極重要的輔助工具。

4. **非語言訊息在文化上的異同**：非語言溝通在不同文化之間，具有共同性與差異性。來自世界各地的人們雖然語言不同，但傳達情緒的臉部表情卻是共通且無隔閡的，例如：憤怒、快樂、恐懼等；但在不同文化下人們使用相同的非語言訊息時，可能有不同的用法與意義。例如愛爾蘭人與親朋好友相見時，大多慣以親或貼面頰二、三次，以示友好；在美國只親一次，在台灣卻是少有。

 參、人際溝通的技巧——積極傾聽

　　傾聽是很重要的溝通行為，亦是需要學習的能力。在溝通的雙向歷程中，「傾聽」的重要性不亞於「說」，而且可能更為困難。知名的語言傳播學先驅 R. G. Nichols 與其同僚 L. A. Stevens 提及驚人的發現：在所有溝通時間中，書寫占 9%，閱讀占 16%，說話占 30%，聽則占了 45%，所占比例最高，但是不論自認為多麼用心，在聽完他人談話後，人們通常只記得一半的內容而已。由此可見，大部分的人未能有效的聽，這阻礙了人際關係的維持與發展。

一、傾聽的定義

何謂「傾聽」？在英文裡，「聽」（hearing）與「傾聽」
（listening）所代表的意義不同，前者是生理上感官層面的聽，
後者除了感官的聽覺之外，還包含將聽到的內容加以推敲、理
解，是個複雜內隱的心理歷程。再從中國古字的意境來解釋，
「聽」這個字由耳朵、眼睛、心與腦所組成，意味著真正的「聽」是需要用心、
用腦的，此和只用耳朵來聽，自有差別。

綜上所述，良好的傾聽不僅是聽到對方說什麼，更需要心智上的全神貫注，
聽懂對方語言和非語言的訊息，進而瞭解其內在狀態。

二、聽的層次與內涵

Haas 和 Arnold（1995）的研究發現，在工作場合、各式社團或組織內，傾
聽的行為是一個人被評價為是否具備良好溝通能力的要素，個人整體表現的好
壞也和此人能否有效傾聽直接相關。然而根據國際傾聽協會（International Liste-
ning Association, 簡稱 ILA）的統計，高達七成的人未能培養良好的傾聽能力。

根據卡內基訓練（Dale Carnegie Training）的架構，傾聽的層次由低到高分
有五層，分別是「全然漠視」、「假裝在聽」、「選擇性的聽」、「積極的傾
聽」以及「同理的傾聽」，其內涵分述如下：

1. **全然漠視（disregarding）**：這是最糟糕的傾聽行為，所呈現的態度是不尊
   重、拒絕、忽視的，容易導致關係的緊張、衝突，甚至破裂。

2. **假裝在聽（pseudo-listening）**：溝通時未留意對方所說的話，表面上在
   聽，其實內心正考慮其他毫無關聯的事，或暗自想著等一下要說什麼；其
   更感興趣的不是聽，而是說。這種層次的傾聽，容易有回答離題，或導致

衝突的情形。

3. **選擇性的聽（selective listening）**：這是先入為主的傾聽行為。只聽自己想聽的，忽略其餘內容；在乎個人想法更甚於對方，急於改變而非瞭解對方，受制於個人偏見而不自覺；唯有面對認可的對象或話題時，才會以開放態度來傾聽，而容易給人自以為是、主觀、武斷等印象。

4. **積極的傾聽（active listening）**：這是以主動積極的態度來傾聽，呈現出心理的專注。溝通時，眼神能看著對方，專注的聆聽。這種層次的傾聽，往往可以建立積極和諧的氛圍，輕鬆、專注的表現，也能使對方產生安全和被看重的感受。

5. **同理的傾聽（empathy listening）**：這是高層次的傾聽行為。在積極專注的傾聽之外，能夠設身處地站在對方立場去觀察、思考及感受。同理的傾聽不只注意從嘴巴說出來的話，還要留意手勢、全身的姿態、身體的位置，以及臉部表情，有意識地將成見擺在一邊（陳豐偉、張家銘譯，2005）；不但能聽到事實，還可以聽懂對方的心理狀態。有些受過專業心理諮商訓練者，更能運用同理的傾聽，在案主難以陳述內在底層的經驗時，藉此幫助他表達出來，進而瞭解自我。

上述五種層次的傾聽行為中，大多數人屬於前三類型，直接對溝通帶來負面影響，亦同時反映了傾聽者的內在狀態。愈是焦慮、防衛的人，愈難表現良好的傾聽行為；反之愈是自在、覺察度高的人，愈能在溝通時聽見彼此的心聲。

三、傾聽的技巧

Nichols（1995）將傾聽視為「失落的藝術」，他認為現代緊湊的時間與壓力分散了人們的專注力，耗盡生活中傾聽的特質，結果即使在重視的關係中也缺少了傾聽，導致人際衝突，徒增失落感。幸而當人們注意到傾聽的重要性時，

它仍是可以透過學習而獲得的能力與技巧。以下就傾聽的技巧加以說明：

1. **專注的技巧**：注視著說話的人，保持目光的接觸、合宜的臉部表情、適當的肢體動作，以專心、開放的態度來傾聽對方。

2. **追隨的技巧**：以說話的人為主，伴隨對方而不干擾其陳述，對方話還沒說完，不急於插嘴；對所聽到、觀察到的，給與適當回應，使對方知道你持續專注的在聽。例如：點頭或「嗯哼！」「然後呢？」「原來如此！」「難怪……」等。

3. **反映的技巧**：以自己的方式，重新陳述對方所傳遞訊息的內容或情緒，以澄清或驗證是否真正瞭解對方的意思。例如：「你是說……」「我聽到……，是這樣嗎？」「我感覺到你……」等。

　　兩千多年前斯多葛學派哲學家曾說：「上帝給人兩隻耳朵和一張嘴，意思是要我們多花時間去傾聽他人。」是的，在人際溝通的歷程中，相較於表達，傾聽的重要性實在有過之而無不及；「傾聽」說來簡單，只需停止說話，注意對方在說些什麼。但是，積極、同理的傾聽則不容易，那是需要有意識的覺察、用心學習的。

肆、人際溝通的技巧──同理的反應

　　適當的溝通技巧不但要懂得觀察、傾聽與適切表達，還需要具備同理對方的能力。「同理心」讓我們知道如何保持彈性、屏除偏見，以開放的心胸處理我們的人際關係，並且有意義地與他人進行溝通，這可說是建立信任、安全，及穩定關係的核心關鍵。接下來就針對同理心的定義與反應技巧加以探討。

一、同理心的定義

「同理心」（empathy）是縱貫人際溝通相當重要的能力，根據《張氏心理學辭典》的解釋：同理心是設身處地以對方的立場去體會其心境的心理歷程，包含：「感人之所感」的情感成分，以及「知人之所感」的認知能力（張春興，1995）。《護理辭典》則將同理心定義得更具體：具有洞察力地察覺對方的感覺和情緒，以及情緒背後的意義，並將所感受到的與其分享（陳玉敏、王文芳、張正辰，2002）。

一般人在理解同理心（empathy）時，容易與同情心（sympathy）混淆。所謂同情心，指能主觀體驗到別人內心的感情。換言之，別人快樂，自己也感到快樂；別人悲傷，自己也覺得悲傷，多為「感人之所感」的情感成分，少了「知人之所感」的認知層面。相較之下，同情心傳達的是安慰，同理心表達的則是理解。

綜上所述，將同理心的定義歸納如下：

1. 能將心比心感覺他人的情緒及感受（感人之所感）。
2. 能正確瞭解他人的情緒及感受（知人之所感）。
3. 能不加任何評論地將這種瞭解傳達給對方。

二、同理心的表達

將同理心付諸行動是很重要的，然而，同理心的理解與表達並不容易，它不是簡單跟對方說：「我瞭解你的感覺和想法」便可應付的。以下針對表達同理心時應具備的基本態度及步驟，加以說明。

（一）同理心的基本態度

　　表達同理心的先決條件是，懂得以對方為主，持著誠實、開放、尊重彼此的態度來與對方溝通，讓自己有機會沉浸在他人的經驗中，並因此拓展個人的內在世界，增進彼此的生命連結。

　　誠實讓人坦白、謙卑，讓人不會以「我必能瞭解對方」自居，在真誠的態度下表示：「也許我無法完全瞭解你的處境，但我很願意聽你說……」，對方通常能夠接納，因為雖未必回應到他的「期望」，但能給與對方想被瞭解的「需要」。

　　開放的態度，使我們在溝通過程中擁有彈性來接納各種可能性，不以個人的主觀來框架眼前的一切，不讓心中的偏見來評價對方的言談，使我們在心中讓出一個尊重對方的空間。

　　尊重的表現是把對方當一回事，包含對方的需要、習慣，以及一切與自己相同或相異之處。然而，看重對方不表示溝通的平台上沒有了自己的位置，允許對方以其喜歡的方式存在著，和個人的價值並不衝突。

（二）表達同理心的基本步驟

　　Ciaramicoli 與 Ketcham 依其臨床實務經驗，整理出表達同理心的七個基本步驟，這可做為與人溝通時的參考（陳豐偉、張家銘譯，2005）：

1. **開放式的問句**：與人溝通時宜多採用開放式問句，表示想多瞭解對方。所謂開放式問句是指問題本身沒有預設答案，不侷限對方僅能回答「是」或「否」、「對」或「錯」。例如「你有什麼感受？」屬開放式問句，而「你是不是在生我的氣？」則是封閉式問句，預設對方是在生氣的。

2. **放慢腳步**：與人溝通時，放慢步調，不急於說明或表示些什麼，才能避免擾亂溝通的情緒出現，不讓思考被情緒拉著走，取而代之的是從容的深思

與反省，如此心靈才能挪出空間，注入平靜與理性，自然有能力表達同理心。

3. **避免妄下斷語**：試想與人溝通時，對方總是輕易評斷你，或隨意推論你的感覺和想法，你將做何感想？那肯定是一種負面的、感覺被誤解的，甚至幾乎要燃起憤怒情緒的經驗。因此想要表達出對人同理的瞭解，就不宜太快評斷對方。

4. **覺察你的身體反應**：可用以瞭解對方的重要線索之一。例如傾聽心情憂傷的友人訴苦時，我們可能感到胸悶、眉頭深鎖、呼吸變得沉重等，這種「生理同步」的人類天性，是獲知對方情緒反應的重要訊息。但這時候若只停留在此，就屬「同情」的表達，若能融合理性思考並適切表達，便是「同理」的反應。

5. **瞭解過去**：生命早期的經驗會影響一個人的同理心。小時候如果沒有被同理的經驗。例如：小孩子因害怕而哭泣時，大人卻給與斥責，或開心時沒有人跟著一起開心；那麼長大後在溝通歷程中，自然較難與他人產生情緒共鳴，過去的衝突也會轉移到現在的人際互動。因此，瞭解自我、覺察過去曾有的衝突，是發展「同理他人能力」的必要步驟（陳豐偉、張家銘譯，2005）。

6. **讓故事自行發展**：在溝通的歷程中，當對方談著自己的經驗時，彷彿在訴說個人的故事，而每個人要怎麼說、用怎樣的速度來說，有其各自的步調與風格。當我們能同理的傾聽對方的故事時，通常能察覺到對方所需要的速度是多快或多慢，並且允許他按自己的方式來訴說。

7. **設定界限**：理解對方時，在心理保持一點距離，才不至於被情緒淹沒，能夠提供客觀理性的回應。例如：有些人聽到對方痛苦的遭遇，一時內心不安、不知所措，便一股腦兒的暢談個人類似的經驗，以為這麼做可以讓對方得到安撫、問題可以獲得化解，結果變成以自己為主了，對方心理上也

不盡然獲得支持。

表達同理心是尋求更有品質的人際關係時，必要的態度與技巧。表達的當下，重點不在於我們說了什麼，而是我們能否覺察到溝通過程中的深層訊息，更深入、全神貫注的瞭解對方，並藉由適度的回應來分享彼此的內在。

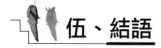 伍、結語

人不是天生就懂得溝通，這是需要學習的。事實上，人際溝通的學習打從出生以來就持續進行著。我們向父母、長輩、師長學習，看他們怎麼和別人說話、互動，在觀察、模仿之下就照樣去做；而同儕、朋友也是我們學習的對象，觀察他們怎麼與人溝通，再做為自己人際交往的參考。但是在這學習歷程中，有些溝通技巧是適切、有效的，有些則是沒有成效，甚至有造成疏離、引起衝突之虞。

因此我們須對自己的溝通行為有所覺察，並願意針對需調整之處加以改變。改變之初，必然會經歷不習慣、不自然的階段，但在嘗試錯誤中將有機會更清楚自己；在反覆練習之後，技巧愈發熟練，甚至成為自己的一部分。這種從覺察、不自然、熟練，到統整的過程，是任何技巧養成時皆須經歷的（黃惠惠，1996）。

有效能的溝通行為是良好人際的先決條件；站在心理健康的角度來看，這也有助於我們更適應這個社會。由此看來，溝通技巧的提昇著實值得大家用心以待。

參考文獻

中文部分

李茂政（2007）。**人際溝通新論：原理與技巧**。台北市：風雲論壇。

張春興（1994）。**張氏心理學辭典**。台北市：東華。

陳玉敏、王文芳、張正辰（2002）。同理心之概念分析。**慈濟護理雜誌，1**
（4），7-12。

陳豐偉、張家銘（譯）（2005）。A. P. Ciaramicoli & K. Ketcham 著。**同理心的
力量**（The power of empathy: A practical guide to creating intimacy, self-under-
standing, and lasting love）。台北市：麥田。

黃惠惠（1996）。**自我與人際關係**。台北市：張老師文化。

英文部分

Haas, J. W., & Arnold, C. L. (1995). An examination of the role of listening in judg-
ments of communication competence in co-workers. *Journal of Business Com-
munication, 32*(2), 123-139.

Mehrabian, A. (1981). *Silent messages: Implicit communication of emotions and atti-
tudes*. Belmont, CA: Wadsworth.

Rudolph, F. V., & Kathleen, S. V. (1989). *Inter-Act: Using interpersonal communica-
tion skills* (5th ed.). Belmont, CA: Wadsworth.

Nichols, M. P. (1995). *The lost art of listening*. New York: The Guilford Press.

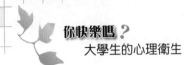

你快樂嗎？
大學生的心理衛生

CHAPTER 9

樂活新主義——

大學生的寂寞與孤獨

景瓊茹

> 九月初，炎夏的大學校園，串流著新鮮洋溢的氣息，來自於開學新生報到之際……。妙清（化名）是初入學的大一新生，對上大學有好多美麗的憧憬，剛完成報到手續，揮手望著大老遠陪伴和運送行李的爸爸，妙清即將要開始面對一個人生活；想著想著，那既欣喜又害怕的心情隨之而來……。

你還記得剛進入大學的生活經驗嗎？可能對新校園環境很陌生，再加上獨自離家背景來念書，身旁幾乎沒有熟識的人，到班上看見同學們一群一群，有的彼此客套寒暄哈拉、有的獨自翻書裝忙、有的乾脆在外逗留，等到上課鐘聲敲響後才蹣跚進教室；回到宿舍，看見室友進進出出說忙，不然就是各自做各自的事，想要找人聊聊又擔心打擾到對方；索性找到打工的機會，心想這樣「寂寞」就不會再黏上我了吧，花盡力氣想要逃開……。以上的場景，有哪些是你曾經有過的？有哪些是你現在正經驗到的？你困擾於這些狀況下的感受嗎？

面對寂寞，才能擺脫寂寞。本章將帶領我們發現我們的人際關係，以及會面臨到的寂寞和孤獨的人際心理狀態，進一步的思考如何開拓自己的新樂活主義！

壹、人我之間——談人際關係的重要性

所謂人際關係（interpersonal relation）指的是人與人交感互動時，存在於人與人之間的關係。每個人都來自於家庭，當我們小時候在初生嬰兒和媽媽互動中就可以觀察到人際的初始關係，接著接觸到父母、兄弟姊妹、家族間的親戚手足，以及隨著我們逐漸成熟，進入除了家以外的社區中的鄰居、學校裡的同學……等，這一來一往皆存有各種深淺不同程度的人際關係。

談大學階段的人際關係，是介於人際依賴與自主的轉變過程。國高中時期，因上課學習作息相符、學區相近的影響，以致於擁有密集互動的同學關係，例如一起上課及課後輔導的群體生活；上了大學，同學們依著志願分發來自各地，對校園新環境、新同學不熟悉的情況之下，常常接觸到學生於生活環節上各種不適應狀況，相對的也需要較長的適應期。

這些人際關係的追求和互動，皆有助於自我與人格的發展。怎麼說呢？引用人本心理學家 Maslow 在人格理論中提出人類基本需求（need）的五個層次，分別是**生理需求、心理需求、愛與歸屬需求、自尊與他人尊重、自我實現需求**，用來說明人格成長的心理意義。個人成長發展的內在力量是動機，而動機是由多種不同性質的需求所組成的，在每個需求之間有先後順序和高低層次之分，每一層次需求的滿足將會決定個人人格發展的境界。

也就是說，人們追求人際關係的重要性，來自於與人的互動當中得以滿足上述五種需求，而且由基本的生理需求滿足後，逐漸追求下一個心理層次被保護和安全需求的滿足，進而感到被愛、被接納支持的歸屬滿足，更進一步的獲得對自我尊重和獲得他人尊重的滿足，最後達到自我實現的需求。此外，後期的研究提出，在自我實現之後甚至還能達到更上一層的自我超越境界。藉由這過程中「人需要人」的相互行為，來瞭解和增進自己和他人價值的重要性，達到健康的身心狀態。

由上述可知，我們需要透過自己與自己、自己與他人的互動過程中，逐漸成熟且發展成自我獨立的個體。在人與人的互動中看見對自己的歸屬感受，同時又能夠在人際上保有「有點黏又不會太黏」的互動關係，也就是與人分離卻也能夠享受一個人獨處的開心和成就感。

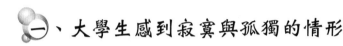

貳、傾聽我心——談大學生的寂寞與孤獨

一、大學生感到寂寞與孤獨的情形

台灣高等教育研究電子報（國立台灣師範大學教育評鑑與發展研究中心，2007）針對台灣大學生身心健康初探的研究顯示，有將近 20 %的大一學生在入學兩個星期內常常或總是感到寂寞。這種寂寞感的出現，隨著年齡的增長，某些程度視為預告著人生即將進入另一個階段，也就是能夠獨自體驗孤獨的感受並開始練習獨處、喜歡獨處，瞭解孤獨感並不可怕，我們也可稱之為健康的人際心理適應狀態。另一方面，假使這種寂寞感從來沒有因人際的需要得以滿足或紓解，久而久之成為習慣，就會變成行為上獨來獨往、性格上孤僻古怪、想法上自暴自棄、心情上空乏沮喪、鬱鬱寡歡，嚴重時更會造成偏差人格。

二、造成大學生寂寞與孤獨的人際心理狀態

談到寂寞與孤獨，你是否有一個人生活的經驗？或者請你試著回想某次一個人的經驗。例如：當你和朋友相約，時間到了卻遲遲只有你一個人在約定地點，那時除了等待的心情之外，心中還會冒出其他的感覺嗎？

當下你可能會有焦急、苦悶、心煩、不自在、落寞、害怕、擔心……等感受。是的，那是一種面臨孤獨的寂寞感受。究竟孤獨和寂寞有何不同呢？讓我

們來思考看看以下幾個問題：

◎孤獨等於是寂寞？

◎孤獨代表我人緣不好？

◎孤獨的時候會想要去找人陪伴？

◎寂寞的時候會讓人感覺到孤獨？

◎有時孤獨會帶來一種輕鬆的感受？

◎寂寞常常是在獨處的時侯來臨？

感覺上孤獨跟寂寞像是孿生兄弟一般，似乎差不多，但實質上是不相同的。孤獨指的是一種情境，寂寞則是一種情緒。我們也可以說，孤獨是一種有意識與他人無互動交涉的狀態，是處於一個人的情境；而寂寞是一種無法與他人發生人際互動，而導致不快樂的心情感受。

（一）寂寞

寂寞（loneliness）是一種缺乏人際關係而產生的孤單和失落的心理感受，是個人主觀、獨特的心理感受現象，一方面缺乏快樂、親密的情緒，另一方面也出現害怕、迷惘的負面情緒。寂寞的人通常缺少人際關係，也就是不能與他人建立親密關係，所以當渴望友情或愛情卻得不到人的回應或獲得滿足時，自然而然的會嚐到寂寞的痛苦，也會產生一種失落、落寞的感受。以下以一個案例來說明。

阿男目前大二，對學校也多了些認識，知道大學生活和高中的規律作息相較有很大的不同，很期待當個「大學任你遊」的大學生。阿男發現班上的同學大多獨來獨往，若有報告的課堂才有一群一群的分組，而且談的都是作業的事或閒聊打屁，真正能夠私底下講心事的人卻幾乎沒有，阿男覺得有些落寞。因此乾脆一口氣參加三個社團，看

看這樣認識的人會不會比較多一點；但是，因為時間不夠的關係，常常無法完全的投入社團活動，也對社團的同學產生疏離，甚至感覺到大家對他的理睬互動沒有當初入社團的熱情……。阿男開始拿自己與其他同學比較，認為自己長得不好看、穿著打扮很普通，也沒什麼特殊的才華，不知道要如何和同學侃侃而談、展現幽默風趣的一面；零零總總加起來，阿男感到很挫敗，覺得自己什麼事都做不來、做了也不會有用；接著不想去上課、認為同學不會喜歡他、老是窩在寢室不出門、對外界的事物不再感興趣，同時心裡也升起無助、無希望的感覺……。

你知道阿男怎麼了嗎？觀察自己在日常生活中，有多少類似的經驗？在相關的研究指出，寂寞程度高的人與低自尊、憂鬱和焦慮有關。這樣的人常常覺得有被遺棄、被排擠、沒有辦法融入團體的無助和不快樂。

（二）孤獨

談到孤獨（isolation），存在主義對「孤獨」有深入洞悉與見解，認為人類具有「死亡、自由、孤獨、無意義」等四大需面對的命題，其中孤獨可分為三種：人際的孤獨、心理的孤獨、存在的孤獨。

「人際的孤獨」類似一般經驗到的寂寞，意指因地理上的孤立（如在求學階段的我們，會面臨到離鄉背井到外地念書）、缺乏社交技巧（如到了一個新的環境，因陌生而不知道如何結交朋友）、對親密有極度衝突感受（如和情人在一起卻常常有孤獨感），或因社會文化變遷而導致與他人分離（如移民家庭或到國外求學的僑生或外籍生），而產生的孤獨感受。這些無論是受地理空間或情感距離的限制，導致個人人際連結「想要卻得不到」所產生的情緒反應。發現了嗎？這樣的情緒感受與上一段介紹的寂寞感是十分雷同的。

「**心理的孤獨**」指的是個人把自己分隔成許多部分，有些部分不自覺的開啟防衛機轉（defense mechanism）的過程，所謂的防衛機轉，像是壓抑、否認、合理化、隔離、替代作用……等，以做為避免心理衝擊的方式。人們用它來壓抑自己的感受或慾望，把不愉快的經驗從情感中抽離出來，阻斷其連結，使自己回到平常的思維過程。例如阿男每當下課落單時，常常感到一個人的寂寞和無聊，心裡雖渴望有朋友可以陪伴，但每每面臨自己一個人時，不自覺的會安慰起自己說：「*一個人也沒什麼不好，看他們一群人等來等去的，多麼浪費時間……。*」這就是一種自我合理化的作用。

其實，防衛機轉並非全然障蔽真實的感受，特別是當心理衝擊太大的時候，適度的運用防衛機轉是有益的，它可以防止一個人心理崩潰，暫時透過它才得以安撫；但是當事情發生過後的一段時間，個人是需要能夠面對真實的，這樣才能在痛苦和矛盾當中走出來。

除此之外，像是把「應該」當成自己的願望、不相信自己的判斷或埋沒自己的潛力，都是讓自己落入心理孤獨的現象。

而「**存在的孤獨**」指自己和任何其他生命之間無法跨越的鴻溝，也就是人與世界的分離，意即人面對死亡和自由都會接觸到存在孤獨。存在主義者認為人類大部分的處境是在經驗孤獨，也就是當我們體認到除了自己之外，不能依賴任何人來肯定自己時，孤獨就會產生。因此，我們必須獨自決定自己要如何過活、獨自賦與自己生命的意義。

我們須深刻的體認到，人注定孤獨。在我們想要與人建立穩固的人際關係時，必須先和自己建立起良好的關係，學會如何傾聽自己；在想要和別人做朋友時，必須先學會如何和自己交朋友。

本章後文中會提到，如何將「孤獨」轉化為另一種正向力量，我們並非要逃避孤獨，反而要正視孤獨、面對和接受孤獨的存在；當能夠感觸到這一層面時，我們便能慢慢的養成獨處的習慣，進一步的品嚐獨處的好處。

三、造成大學生寂寞與孤獨的原因

其實，導致個人會寂寞的原因有二：一部分來自缺乏社交互動技巧；另一部分起因於個人本身特質所致。「**缺乏社交互動的技巧**」指的是與他人接觸時，不知道如何體恤他人、同情或同理對方感受，無法適度的表現自己，或過度的重視自己的偏好和滿足而忽略他人的感受和權益，因此，難以和他人建立同甘共苦的群體感。缺乏社交互動技巧的人往往較以自我為中心，也較為自私，很少有觀察自我的機會。少了這層對他人和自我觀察的敏銳度，行事作風也多以圖利自己為主，久而久之，身旁的朋友自然會遠離他。

第二個導致寂寞的原因來自「**個人本身的特質**」，像是自卑，影響著個人陷入寂寞的深淵，因為個人先天上的性格悲觀，對自己和他人沒有信心，無法自我坦露，也就是沒有辦法與他人直接的溝通互動或談論關於自己的事。同時，在與他人互動時難以坦誠、信任和尊重彼此，而導致與人交往常有患得患失的不確定感，日子久了，慢慢的習慣用退縮來逃避人群，認為避免與人接觸就可以擺脫寂寞的感受，實則不然。除此之外，也有人認為害羞是導致長期慢性寂寞的主因。

四、大學生寂寞與孤獨所造成的影響

看過了影響寂寞與孤獨的心理狀態和成因，我們不難想像在校園生活中，有哪些現象可觀察出寂寞和孤獨所帶來的影響。常見在校園裡的獨行俠，揹個背包一個人行走，獨來獨往的穿梭在課堂、宿舍之間，幾乎沒有人知道他的行蹤；或者可能來自於課業報告的需要，個人已經有隸屬的分組，但是縱使是團體裡的一員，卻也常常顯得落單寂寞，難以融入大家談論的話題。另外，像是升上大二之後，班上會出現轉系或從他校轉學的學生，他們因對新班級和團體

【練習單】

經過上述談寂寞和孤獨，聰明的你，是否能夠區分寂寞和孤獨這兩種人際心理狀態的差異？讓我們試著回答看看～

◎孤獨等於是寂寞？

否，孤獨是一種個人情境，寂寞則是一種情緒。

◎孤獨代表我人緣不好？

孤獨是個人選擇此時此刻不與他人有所交涉，是很清楚的意識狀態下保有的情境。

◎孤獨的時候會想要去找人陪伴？

可能會也可能不會，要端視個人當下對人際互動的渴望，有時候一個人獨處，也是種單純的享受呢！

◎不孤獨的時候就不會感覺到寂寞？

否，寂寞是一種個人內在的真實感受，所以有可能你正坐擁在一群朋友當中，但心中仍感到寂寞。

◎有時孤獨會帶來一種輕鬆的感受？

當然，除了輕鬆，還有回到自我沉澱和平靜的功效喔，偶爾也可以減輕一些不必要的人際壓力。

◎寂寞常常是在獨處的時侯來臨？

那就得先聽聽你內在的聲音，此時，你需要朋友的陪伴嗎？

的陌生而產生距離，較難以參與和融入班級人群中。

此外，寂寞和孤獨感也充斥在僑生、外籍生等背景的大學生之中，他們來自於不同的國家，例如緬甸、馬來西亞、港澳或美國等地的國際學生，普遍對台灣文化與環境的不熟悉，再加上語言的隔閡、鮮少機會參加本地社群的活動，自然而然的加劇人際互動中的寂寞感受。

這些寂寞與孤獨的影響，往往會讓人陷入或處在私我的世界之中，看不到也感受不到他人對自己的看法和觀感，形成「退化」而固執沉溺於自己的生活，雖內心渴望與人接觸，卻也因不知道如何與人接近、沒機會或帶著過去失敗的

經驗、久而習慣孤獨，而認為孤獨並沒什麼不好來掩飾真正的感受。典型的對象如現今流行的稱謂宅男、乾物女，長時間的拒絕和迴避社交活動，嚴重的甚至不知道如何與人交談互動；多數足不出戶、流連沉迷於網路、電玩遊戲當中，與社會訊息嚴重脫節。

參、我的樂活主義——大學生重新看待寂寞與孤獨

如何找尋我的樂活主義？樂活的方式有很多，無論是生活型態、壓力、身體、心理、社會的調適和適應，都將是影響個人生活快樂的途徑。

一、如何增進人際互動與歸屬感

究竟擁有幾個朋友才不寂寞？這恐怕不是數量的問題，而是與朋友互動中內在心理感受方面關於質的問題。在經營友善的人際關係中，除了清楚自己的性格之外，知曉他人對自己的觀感也是幫助自我瞭解和增進人際社會化之間不可或缺的重要訊息來源。

社會學家 Cooley 的鏡中之我理論（looking-glass self），提到人們在社會化過程經由：(1)想像他人眼中的自己；(2)想像他人對我的評價；(3)根據他人的評價而有所反應，此三部分學習由社會他人的反應中逐漸調整自己行為的歷程，用來構成一友善的人際關係。因此，如何增進人際互動與歸屬感，是需要由個人本身和他人兩方面同時經營的，以下提出幾項建議：

1. 建立自信心，確認自己是有價值的人。人非十全十美，但要相信「天生我才必有用」，試著找尋自己的長處、正視自己的缺點，進而肯定自我。

2. 練習自我表達的能力，包括情感上的表達和個人主見、才能方面的表達。

3. 走入人群，增加參與社交活動的機會，聆聽自己的需要，嘗試參加不同社

群活動，學習社會能力並讓別人認識你。

4. 培養社交技巧，例如練習傾聽、尊重，能夠體察他人並適度表現自己。

5. 建立自己的同好俱樂部，有興趣、價值觀喜好相投的朋友，接觸並培養深度友誼，成為幫助自己和他人的最佳資源。

 二、如何正向的看待寂寞與孤獨

寂寞的確難耐，但如同上述提及「人終將面臨孤獨」的思考，失落與孤獨是考驗人生的二大議題。當寂寞與孤獨時，首先，我們必須有辨識自己需要的能力，問問自己「這樣的感受是對我傳達什麼訊息？」究竟是對人際互動的渴望？還是一種無意識的依賴陪伴？或是一種逃避面對的自動化反應？

Fromm 在《愛的藝術》一書中提到：「只有能夠獨立自處的人，才擁有愛人的能力。」當我們想要與人建立穩固的人際關係時，必須先和自己建立起良好的關係，學會如何傾聽自己；在想要和別人做朋友時，必須先學會如何獨自和自己交朋友。換句話說，當我們愈逃避孤獨時，也正代表著我們正在孤獨的當下。因此，正向的看待寂寞和孤獨，也就是養成獨處（solitude）的習慣。

何謂獨處？獨處多半是一個人的時候，縱然有他人的存在，只要沒有社會互動或主觀意識中不認為有他人的存在，也可稱為是獨處。例如：一個人散步、看電視、看書，包括睡眠也可以稱為是一種獨處的狀態；也就是說，我們每天都花三分之一的時間在跟自己獨處。獨處，也可以稱是人際關係中暫時性的休息，因為人際互動需要保持警覺，集中注意的傾聽對方和表達自我，長時間下來會使我們的精神耗竭和體力匱乏。暫時性的獨處可以讓身心靈自由自在，鬆綁社會的期待束縛，並獲得足夠的放鬆與休息。

 肆、結語

本章我們認識了人我之間關係的重要性，同時也更進一步瞭解寂寞和孤獨的人際心理狀態及其原因。事實上，人際關係與孤獨這兩種需求對我們的快樂與生存都非常重要，都有同等的存在權力。同時，幫忙我們認清一點的是，寂寞和孤獨其實並不可怕，其反倒是給與我們認識自我、瞭解自我的需要以及和自我相處的良好機會。因此，當我們更能夠體會孤獨感時，也代表著我們正踏上成長改變的契機，更加的成熟了。

最後，請你再試著回答這問題「你樂活嗎？」沿著下面的空格寫出你的樂活原因。同時，也期待你有自信的跟你的朋友分享「是的，因為我正練習開拓我的人際關係……」或「是的，因為我正試著品嚐一個人獨處的孤獨感受……」，找出屬於你自己的樂活方程式！

> ### 我的樂活方程式
>
> _____
>
> _____
>
> _____
>
> _____
>
> _____

國立台灣師範大學教育評鑑與發展研究中心（2007）。大學生的身心健康問題。

台灣高等教育研究電子報，5。取自 http://info.cher.ed.ntnu.edu.tw/epaperi/in-

dex.php

CHAPTER 10

在虛擬世界找真心——

談網路交友

景瓊茹

每天到了下午四、五點左右，小美（化名）從教室回到宿舍便迫不及待的打開電腦的網路連線，等著在網路認識的美國男友上線，可以透過視訊聊聊彼此、訴說心事，這樣必定上網的行為幾乎成為她每天的例行公事。小美待在電腦前一待就是好幾個鐘頭，談天說地的，將每天發生的事情一一向男友道來，完全不視其他室友的存在。這狀況除了減少和室友們互動的機會之外，如此長時間的網路視訊對談的聲音和攝影動作，相對的也造成室友們的生活困擾，同時也剝奪了室友們寢室使用的共同權利和造成生活隱私的干擾。然而，小美似乎對自己的行為沒有自覺，室友也百般無奈，不知如何是好？

你是否也聽過類似上面例子的狀況呢？不妨思考看看，網路世界的確帶給我們生活有許多方便，但某些程度也可能給我們些許困擾。本章主要談論網路交友，藉由大學生網路使用的現況，來瞭解網路使用行為的原因，進一步探討網路世界上的人際關係如何滿足自我的需求，以及相應而生的心情感受。

因此，在認識本章內容之前，請你先嘗試回答以下問題：

1. 你每天平均花多少時間在使用網路？

   □1 小時以內 □1～3 小時 □3～6 小時 □6 小時以上

2. 你平常都在哪裡使用網路？

　　□家裡 □學校 □宿舍 □圖書館 □網咖 □其他＿＿＿＿＿＿＿＿＿＿

3. 你通常有哪些網路使用行為？（可複選）

　　□MSN ／即時通 □e-mail □Blog ／個人新聞台 □網路留言版

　　□BBS 站／電子布告欄 □Google 線上資料庫 □瀏覽全球資訊網（www）

　　□下載檔案、MP3 音樂 □網路購物或拍賣 □網路遊戲

4. 就目前而言，在你投注時間在使用網路上，是可以獲得？

　　□刺激又新奇感 □即時獲知新知識或訊息 □與舊朋友互動溝通訊息

　　□通訊往來便利 □紓發和記錄心情 □購物 □賺取生活費□娛樂休閒

　　□結交或認識新朋友 □無聊打發時間 □其他＿＿＿＿＿＿＿＿＿＿＿

壹、大學生網路使用行為的現況

　　隨著無遠弗屆的網際網路，讓我們享受彈指之便，隨時可抵達我們想要去的地方、立即 Google 可獲得想要的資料；甚至連想念遠方的親友，我們都可以透過 email、skype 時時傳達訴說對彼此的關心。網路的使用行為似乎可以立即的滿足我們所需，同時也縮短了人與人接觸的時間，創造出一種新的人際溝通模式。就某種程度而言，網際網路如此具有便利性、親近性且有效率的達成我們的願望，但是否也對我們實際生活上有著一定影響呢？究竟大學生網路使用行為的現況如何？我們先從下列資料中來看看幾項數據。

　　根據台灣網路資訊中心（TWNIC）（2006）的調查顯示，台灣上網人口總數已超過 1,500 萬人，在 16～20 歲、21～25 歲的民眾當中，各有98.9 %與96.24 %的人在使用網路，此顯示網路已經成為高中生、大學生生活中的一部分。

　　在徐振興（2007）根據大學生生活型態調查分析中發現，大學生日常生活中最常獲得資訊管道的前三名排名從 2004 到 2006 年都一致，皆以網路使用比

例最高，其次為電視及人際網絡。其中平均一天使用網路的時間以 3 小時以上為最多。網路使用百分比由 2004 年 39.82%，提高到 2006 年 51.2%。

董氏基金會（2006）調查顯示，四分之一大學生每週上網總時數為 29 小時以上；九成以上大學生每次上網持續 2～3 小時以上；85.9 ％的大學生會在夜間上網；住校生比校外住宿及住家裡的學生花更多時間上網。

這些數據顯示，現在大學生的生活與網路使用密不可分，有將近一半的大學生使用網路，其次每天最少使用網路的時間為 3 小時以上。普遍狀況之下一天 24 小時均掛網連線中，且網路使用的比率更是逐年增加。此外，對於離家在外住宿的大學生而言，其生活自由度愈高，也更增加使用網路的時間長度，尤其是晚上的時段。

對照你剛剛所填寫的第一題到第三題當中，有沒有發現自己與上述的狀態有所雷同？哪些是相似一致的？又有哪些是不同的呢？其實，長時間的網路使用行為是會對上網行為產生依賴（online dependency），甚至有研究顯示大學生每週使用時數超過 19 小時者，且具有其他心理依賴的特性之下，極可能形成網路成癮（internet addiction）。如何辨識自己網路使用的行為是否已達成癮？以下提供 Young（1996）所編譯的「網路成癮評量表」，不妨現在立即依照你這週的狀態進行填寫，再對照量表所附的結果分析，看看自己的網路成癮指數！

網路成癮評量表

	總是如此	幾乎常常	常常	偶爾	幾乎不曾
1. 你會發現上網時間超過原先預計的時間嗎?	☐	☐	☐	☐	☐
2. 你會放下該完成或執行的事而將時間用來上網嗎?	☐	☐	☐	☐	☐
3. 你對上網的興奮感或期待遠勝於其他人際互動嗎?	☐	☐	☐	☐	☐
4. 你會在網路上結交新朋友嗎?	☐	☐	☐	☐	☐
5. 你會因為上網而被他人抱怨或指責嗎?	☐	☐	☐	☐	☐
6. 你會因為上網而上學或上班遲到、早退或缺勤嗎?	☐	☐	☐	☐	☐
7. 你會不自主的檢查電子郵件嗎?	☐	☐	☐	☐	☐
8. 你會因為上網而使工作表現失常或成績退步嗎?	☐	☐	☐	☐	☐
9. 當有人問你上網做些什麼時,會有所防衛或隱瞞嗎?	☐	☐	☐	☐	☐
10. 你會上網尋求情感支持或社交慰藉嗎?	☐	☐	☐	☐	☐
11. 你會迫不及待的提前上網或一有機會就上網嗎?	☐	☐	☐	☐	☐
12. 你會覺得少了網路,人生是黑白的嗎?	☐	☐	☐	☐	☐
13. 若有人在你上網時打擾你,你會憤怒嗎?	☐	☐	☐	☐	☐
14. 你會因為上網而犧牲晚上的睡眠時間嗎?	☐	☐	☐	☐	☐
15. 你會在離線時仍然對網路活動的內容念念不忘嗎?	☐	☐	☐	☐	☐
16. 當你上網時會一再延長自己上網的時間嗎?	☐	☐	☐	☐	☐
17. 你曾嘗試縮減上網時間或不上網卻失敗的經驗嗎?	☐	☐	☐	☐	☐
18. 你會試著隱瞞自己的上網時數嗎?	☐	☐	☐	☐	☐
19. 你會選擇把時間花在網路上而不想出門嗎?	☐	☐	☐	☐	☐
20. 你會因為沒上網而心情鬱悶、易怒或心神不寧嗎?	☐	☐	☐	☐	☐

最後,請回答你最常上網的原因是:(可複選或自行填寫,如 ☐找資料、☐網路遊戲、☐聊天室交友、☐收發電子郵件)

計分方式:

請將每題的分數相加(幾乎不曾 1 分、偶爾 2 分、常常 3 分、幾乎常常 4 分、總是如此 5 分),所得的總分就是你的「網路成癮指數」。

累計分數: 分

結果分析：

1. 正常級（20～49 分）

   你是屬於正常的上網行為，雖然有時候你會花了些時間在網路上消磨，但還有自我控制的能力。

2. 預警級（50～79 分）

   你正遭遇到因網路而引起的問題，雖然並非到了積習難返的地步，還是應該正視網路帶給你人生的衝擊。最好要有警覺，並改變上網習慣囉！

3. 危險級（80～100 分）

   你的網路使用情形已經成為嚴重的生活問題，你應該評估網路帶來的影響，並且找出病態性網路使用的根源。你或許已經成為成癮者，恐怕需要很強的自制力才能使你回復常態。建議你趕快找專家協助。

資料來源：Young (1996)

　　在各種網路使用的功能中，特別是經常利用網路進行聊天和觀看新聞訊息的網路行為，是最容易引起成癮的習慣。因為，此具有高度互動性的網路使用項目，例如：利用網路拓展社交、尋求情感上的支持、使用互動性高的電玩遊戲（如網路賭博、網路性愛、角色扮演遊戲等），常常令上網者忘卻時間且流連忘返於虛擬世界之中。此外，再加上使用網路地點的不同，愈擁有獨立且私有的個人空間者，使用網路的依賴程度也會和自我克制力成反比；也就是說，無法自我控制或約束的人，往往難以節制自己上網的行為，進而養成對網際網路的依賴和難以擺脫的習慣。

貳、網路使用行為的原因

　　拜科技發達所賜，我們所處的社會環境中有太多的工作和例行事務，可以藉由網際網路的連線得以完成，甚至因環保意識抬頭的現今，往往也運用網路四通八達的便利性，取代掉舊有繁雜的紙張作業，轉而以電腦管理與網路通訊

傳遞來得有經濟效益。例如：現在的大學生透過網路選課、交作業，也透過網路蒐集生活資訊、結交朋友、建立自己的部落格、玩線上遊戲、下載mp3音樂、瀏覽新聞，乃至與朋友家人連絡等等。

相關的調查也發現，大學生上網的目的前三名依序是「與舊朋友互動溝通訊息」、「娛樂休閒」及「無聊打發時間」；經常使用的網路溝通功能依序為「MSN/ICQ」、「E-Mail」、「BBS」及「部落格」等；非溝通功能依序為「搜尋引擎」、「下載」、「學術研究資料庫」等。

在此，我們將針對大學生網路使用行為中第一個上網目的──與朋友互動溝通訊息，來看看網路交友對現在大學生的影響。

大學生平均年齡層介於 18 至 22 歲之間，但也有愈來愈多的大學生趨於年長或延緩畢業的趨勢。就著名的社會心理發展學家 Erikson 的論述中，此階段的人們正值發展友愛親密與孤獨疏離（intimacy vs. isolation）的關鍵時期，若此階段發展順利，即可以擁有成功的感情生活和奠定未來個人事業的基礎；反之，若發展障礙的情況下，則會有孤獨寂寞、無法與人親密相處，而在人際關係與相處上出現極大的困難。

大學生正處於青少年晚期，此時的發展任務是建立健全獨立的人格，以及與他人建立親密關係，而網路正好可以滿足此需求。也因如此，順應著網際網路使用的普遍化，對於人際互動困難的某些人來說，透過網路交友的方式，反而為其人際焦慮有所舒緩。

如同上述的研究調查中顯示，大學生想要藉由網路來認識朋友及擴展人際關係，因為網路匿名的特性而形成自我保護的安全感，降低了發展虛擬關係中所可能遭遇的風險，使得有些社交技巧較差的人可以建立虛擬的友情。換句話說，有些人也許基於長相、生性害羞、害怕或曾經有過人際挫折的經驗……等原因，而不善於與人面對面的互動和交往，但是卻可利用網際網路的特性──不必與人面對面，可以卸下自我防衛，在網路世界中盡情的享受交友的樂趣。

此狀態於時下是很常見的，好比自稱「阿宅」，不修邊幅且不善於真實情境中和人交往，而放棄與他人現實互動的機會和動力，轉以投入虛擬的網路社群中去獲得所需的友誼和親密感受。

參、網路人際的虛與實

更進一步的，我們來認識「網路中的虛與實」，當人與人之間透過網路進行交流活動時，也就構成了網路的人際關係。例如：使用電子郵件相互通訊，取代了親手寫信的功能；利用即時通文字或圖案的傳達進行筆談，取代了親耳聽電話或親自見面談天的功能；透過留言板或討論區進行非同步通訊，取代了公告欄開放傳達訊息的功能；甚至網路書店取代了親自前往書局選書、閱讀的功能……等，這些都是與他人社交互動中所需溝通與傳達的方式，卻也因為網際網路的便利，使得這些人際行為皆得以在網路使用行為中達成。這當中值得我們思考的是，究竟這網際網路中的人際關係哪些是虛擬？哪些是真實？是要相信訊息傳達的內容為真，還是發送訊息者為真？網路中的虛虛實實，果真讓人難以區辨。

乍看之下，使用網路建立人際的好處多多，藉由網際網路結交朋友，不但擁有匿名的安全感和控制感，可隨時掌控並決定是否要與對方繼續聯繫互動或中斷關係，而不需對彼此有關係上的承諾或責任，此似乎能滿足所謂的個人自主需要，但真的是如此嗎？

舉過去曾經發生的幾個案例，來自少部分的人會因為使用網路隱匿性之便，認為在網路虛擬世界裡看不見對方長相，只有代稱而不知其真實姓名，而故意以文字、語言或圖畫方式，毀謗他人名譽或渲染不實的傳言，以為毋須擔負責任而加以利用網路散布；事實上恰巧相反，這些行為已經觸犯《刑法》「妨害名譽及信用罪」。換句話說，縱使是網路虛擬的情境下產生對他人有抽象或具

體的言論毀損其名譽，仍適用現實社會中的法律，受法律及社會共有的規範約束。一旦被害人在知道加害毀謗的相對人是誰後的六個月內，以書面或言詞向檢察官或司法警察單位提出告訴，此加害人仍會受到一定程度的懲罰。所以，在此提醒，倘若你是習慣以網路人際的方式獲得歸屬感和親密感的同時，別忘了仍須以尊重、不傷害的態度建立網路人際的友誼，否則是很容易觸法受罰的喔！

網路人際是透過具有匿名性的網路中介進行溝通，的確能夠降低溝通時的焦慮感。例如：在寄發郵件或書寫文字時能有充足的思考空間，有時可避免面對面直接溝通的行為衝動或造成雙方的心理衝擊，彼此可以提昇互動時的控制感，這是網際網路蔚為風尚的特性之一。但是，此一特性假使形成了一種獨特的增強模式，也就是使得有社會互動焦慮感的人容易仰賴網路上的虛擬友誼，並漸漸地形成沉迷的現象。隨之而來，網路沉迷的人通常會大大減低在現實生活中的實際互動能力，在個人性格與特質上也會逐漸退縮。

 ## 肆、網際 Online 愈連線愈孤單

延續上述提及，對社會互動有焦慮感的人容易造成對使用網路的依賴，從虛擬友誼的過程中獲得滿足，並逐漸沉迷。無形之中減少在現實生活中的實際互動機會，同時也無法覺知自我的社交群有所轉變——花大量的時間專注於結交網友、大戰網路遊戲。直到此關係深厚了，對另一頭 IP 位址的網友感到好奇，卻也因網路拉長彼此距離，在關係上的認定顯得撲朔迷離，極有可能對方利用網路匿名的優勢而不顧他人感受，恣意的來去自如或無訊息的中斷友誼！甚至也有所謂的「見光死」效應，從虛擬世界中欲走入真實生活，卻往往是對此友誼無疾而終。

此對於熱衷網路社群的個人將產生意外的心理衝擊，失落、難受、被遺棄

的心情也很難向別人訴說，自然而然的感受到孤單和寂寞，在個人性格上也顯得內向、退縮、羞澀與人親近。

理解這一部分，我們不難歸結一個結論，當上網時間愈多的人，其愈渴望在網路人際上獲得被認同、支持的我群感，但也因虛擬空間中人我關係的不確定，而缺乏個人在人際互動中對他人真實的理解以及對自我的掌控感，反覆如此的惡性循環之下，個人在關係中更為孤單，因孤單感受而使得心情更加憂鬱。

徐振興（2007）的大學生生活型態調查，進一步分析上網時間與憂鬱程度的相關性時，憂鬱情緒嚴重者每次上網持續時間較長，蹺課的比率也較高。此外，以每週上網 29 小時及每天上網 5 小時以上的大學生，憂鬱情緒最為嚴重。另外值得注意的是，董氏基金會（2006）公布調查指出，有二成的大學生每天至少上網 5 小時，上網時間愈長，憂鬱傾向愈明顯，平均每 4 人就有 1 人嚴重憂鬱，症狀到了必須尋求專業協助的地步。在其調查的受訪者中，憂鬱情緒嚴重、需專業協助的比例達 24.3%，與 2005 年的調查結果 24.1 ％的比例差不多，顯示國內大學校園的憂鬱防治工作，需持續投入關注與重視。

從另一角度看來，網路交友也並非絕對會造成孤單和憂鬱的狀態，其實，網路交友是有其正向功能的。例如：當我們有心理困擾或想傾訴心事時，盼望可傾訴對象有哪些呢？其實，對自己在學校的人際關係感到愈滿意的大學生比較不憂鬱，通常也愈常使用網路來與舊朋友互動溝通訊息。注意，是找舊朋友分享自己，亦即過去時間點內他們已有實際的關係基礎；再者，臨時、便利性的運用 MSN、ICQ 等即時傳送和接收，加以溝通和情緒紓解，肯定很有幫助。大學生在面臨壓力或出現負面情緒時，時常使用的情緒紓解方式以「聽音樂」最多，其次為「睡覺」，第三是「找人聊天」，更有高達 41.5%的大學生表示時常使用「上網找人聊天或 E-mail」的方式來紓解情緒。

可見網路的使用，已經成為大學生維繫及強化日常人際關係的重要方式。因此，我們可以這樣說：無論來自網路或日常生活中，家人親戚、同學朋友及

學校師長的人際支持度愈強，且能在此支持中獲得自我需求滿足的大學生，愈不容易憂鬱。

網路人際的自我分析

Step Ⅰ：你知道什麼是憂鬱情緒？現在請找幾個同學或朋友試著說說看。

Step Ⅱ：當你可以馬上找到鄰近的同學或朋友彼此激盪對「憂鬱情緒」的看法與感受時，無論這些討論的內容是否正確，反倒要先恭喜你，至少現在的你並非全然仰賴網路建立人際關係；相反的，你正擁有在現實情境中與人真實互動的能力。

Step Ⅲ：當然，另一個面向，倘若你遲疑了幾分鐘無法行動，甚至仍不知可與誰討論或蒐集不到身邊可以與你討論之人時，不妨也為自己思考看看，平常的你是否對使用網路與他人聯繫已司空見慣？那麼，更是要提醒你，很有可能你已經漸漸往憂鬱的狀態靠近……。

註：究竟憂鬱情緒將如何界定？本書第 19 章將會提到憂鬱症的認識與辨識能力，建議你到時候可以詳加閱讀，對自我觀察極有幫助。

伍、結語

本章主要談網路交友，藉由大學生網路使用的現況和幾項調查數據，來瞭解網路使用行為的原因，進一步探討網路世界中虛與實的人際關係，也同時提供給同學們對「為何網際網路愈連線愈孤單」的思辨。

隨著電腦科技業的進步，使得網際網路連線四通八達，的確增加我們生活

當中的便利與獲知訊息的良好橋樑。尤其像是 SOHO 族或開立個人工作室的職業，好比近年來新興崛起的網路拍賣、網路產品傳銷、網路視訊教學……等，都是憑藉著網路的迅速傳輸流通得以滿足個人獨立生存和開創商機的局勢，全世界也正樂觀的看待此網際網路的運用和功能發揮。

但唯獨在「網路交友」這一議題，特別是對同儕支持、親密感建立為主要關注的青少年階段，我們需對「網路上能否遇見知心？」有著更謹慎的省思。常見大學生對於網路使用的行為有多樣化的選擇，導致花過多的時間於虛擬社會中探詢人際互動與遊戲中的角色扮演，反而忽略現實生活情境中如何與人互動、建立安全、親密感的人際歸屬，造成對個人性格與內在感受的負面影響，嚴重的甚至會引發心理困擾或疾病。

最後，筆者認為網路交友並非絕對不妥，重要的是個人需對自己在網路交友中有更多的覺知，時時覺察和擁有節制 online 的控制能力，才能夠在現實和虛擬環境下獲得適當的互動關係，進而從中擁抱關係裡的親密與尊重的愉悅感受。

中文部分

台灣網路資訊中心（TWNIC）（2006）。**95 年度台灣寬頻網路使用狀況調查**。
　　台北市：作者。

董氏基金會（2006）。大學生日常生活、網路使用行為與憂鬱傾向的相關性調
　　查。台北市：作者。

徐振興（2007）。大學生，你在想什麼？大學生生活型態調查分析。台北市：
　　私立中國文化大學。

英文部分

Young, K. S. (1996). *Internet addiction survey*. Retrieved from http://www.pitt.edu/sy/
　　survey.html

CHAPTER 11

人際關係的進與退——

人際衝突與困境

許慧珊

　　上大學之後在人際關係上有很大的改變，大家不再像高中時有固定的座位和同學，班級中也比較容易有次團體的發展。如何化被動為主動，擴大自己的交友圈？以下是大學生常見的心聲：

> 　　期盼了好久終於上了大學，可是我發現大學並不像我想像的那麼好，什麼事情都要自己摸索，尤其是好朋友都不在身邊，現在班上的同學我都不認識，下課了有人一群一群的在一起，只有我一個人坐在位置上，好孤單！
>
> 　　剛進大學的時候，多彩多姿的社團活動、開放的人際關係和自由的氣氛，都令我嚮往，於是我鼓起勇氣參加了社團，但是我發現自己總是內向、笨拙，不像其他人能在大家面前談笑風生，真不曉得我的問題出在哪裡？

　　在台灣，大多數的孩子都經歷過長時間不快樂的求學生涯，好不容易上了大學，原本以為是個快樂的開始，卻發現大學生活一切得靠自己，沒有生活的準則，每個人似乎都曾因為人際關係而過得不快樂。

　　在求學過程中一堆的考試和比賽，營造出功課好、乖巧的人就是好學生的

價值觀，這樣的價值觀，讓孩子習慣性地表現出符合社會期待的樣子，而大人們很少誠懇地讚賞孩子，也沒人教導正確的人際關係知識，他們很少有機會真正認識自己與他人，因此到底是人際關係不好，還是不知道自己的好？在你閱讀完本章後，你將能夠瞭解到：

1. 大家都曾有過人際困擾。
2. 用正確的心態及方法處理人際衝突。
3. 瞭解自己在人際關係中經常扮演哪種角色。

壹、大學生常見的人際問題

　　人際問題經常是大學輔導、諮商中心求助問題比例的第一名，學生們內心希望自己能快樂自在地處在人群裡，帶給別人歡樂，但經常事與願違，他們經常批評自己的個性或外型：我不夠開朗、太優柔寡斷、不夠幽默、說話沒有條理、長得不好看、身材太差等。以下是大一到大四，大學生經常遇到的人際問題。

一、大一：愈想要快點融入團體，愈是不適應新環境

常見問題	1. 剛到陌生環境，不知如何與人交談相處？ 2. 個性內向、沉默寡言，疏離人群，產生焦慮與不安全感。 3. 自己表裡不一，明明很害羞卻又裝很活潑。 4. 維持表面友誼，合不來卻又離不開，即使在人群中卻覺得寂寞不快樂。 5. 努力融入團體，搞笑講冷笑話，卻被排斥，對自己、朋友不再有信心。 6. 沉溺網路，與現實世界脫離，課業及人際適應不良。

可能原因	1. 個性害羞、內向、沒有安全感、怕孤單。
	2. 負面自我概念、不瞭解自己、自信不足。
	3. 不知人與人交往需要一定程度的冒險及循序漸進，如果步調太快或付出過多，容易換來失落感。
協助方法	1. 認清正確的人際交往，並練習人際技巧：人際關係需要循序漸進，太快地付出並期待他人也能如此，是不合理的期待且忽略了自己與他人真正的內在感受，需視彼此的互動狀況調整自己的心態及步伐。
	2. 找機會認識不同面向的自己，走入人群，例如：找專業人員談談，做測驗、參與社團、參與額外的課程訓練等。
	3. 找到興趣並培養專長，適度打扮自己，建立自信。

二、大二：我沒有一群朋友，我的人際關係不好

常見問題	1. 大家已有固定的團體，打不進團體也沒有深交的朋友，若生活壓力變大，則容易情緒崩潰。
	2. 重心放在感情上或網路交友，為孤單寂寞尋找出口。
	3. 分組報告無法與自己想要的朋友合作，顯得不快樂，影響學業成績。
可能原因	1. 沒有人際支持系統與傾吐對象。
	2. 之前的挫折經驗，造成退縮、被動，將自己孤立起來，或是逃避到其他的人際情境中。
協助方法	1. 瞭解與人交往相處時的困難處，幫助克服心理障礙，學習人際技巧。
	2. 澄清對人際需求的不合理期待，例如：希望大家都喜歡我、我要成為大家注目的焦點等，使用適當的方式滿足自我需求。
	3. 創造成功的人際相處經驗，增加自信心。

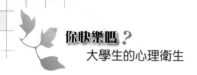
三、大三到大四：我的確是個不會交朋友的人，以後怎麼辦？

常見 問題	1. 懷疑自己的能力，擔心未來的課業或工作環境，對人際關係及自我失望，澈底喪失信心。 2. 人際麻木、冷漠，轉移人際需求至追求生活目標及個人成就，認為不需要朋友，只想把書念好，準備升學考試或職涯發展。 3. 已經不知道該如何與人相處，對於人群會感到排斥與不安。
可能 原因	1. 過去創傷性的人際經驗阻礙人際涉入。 2. 人際關係無法滿足，扭曲、否認人際需求。
協助 方法	1. 澄清並正視個人需求，轉介心理諮商人員，做長期的諮商。 2. 旁人給與支持與關心。

貳、影響人際關係的個人心理因素

　　要我跟熟的朋友聊天，自認還蠻活潑外向的，但是遇到不熟或者第一次見面的人，就會讓我覺得焦慮不安，態度就會很反常！我很怕別人對我的批判，總覺得他們對我的印象是負面的，還有好多好多事情，都因為莫名的恐懼，讓我覺得心煩，這對我的生活有很大影響；但是網路上我可以自在地表現我自己，但是當我關掉螢幕，我覺得我好孤單……

　　在大學生的調查當中，有五成左右的人，覺得自己害羞，特別是在面對上台報告、接觸人群的時候特別容易感到緊張，無法坦然面對，覺得自己變得笨拙，反應慢。個性容易緊張，內向、害羞的人，比我們所想像的更普遍，而害羞的人也很容易感到孤單。

一、害羞的特徵常常發生在人際關係上

（一）害羞的人容易讓陌生人有錯誤的負面評價

　　害羞的人會遇到一個比較嚴重的人際問題，就是別人會把他們表現出來的害羞當作是一種沉默、拒絕或是負面情緒。周遭熟識的朋友也許知道他們是體貼、隨和、善解人際的，但通常陌生人容易認為害羞的人過於順從、負面情緒太多或不值得信任，而這些負面評價，更讓害羞的人覺得自己很糟糕。

（二）害羞的人容易逃避溝通

　　害羞的人對於溝通常感到焦慮，他們認為自己缺乏溝通技巧，拙於與對方交談，認為自己沒有能讓對方感興趣的話題或無法與人相談甚歡。

（三）害羞的人常常覺得孤單

　　害羞的人對於自己與他人互動時的表現，有著負面的想法，他們認為導致孤單的原因在於他們對於自己的社交表現感到焦慮，覺得無法跟人互動良好，這使得他們覺得能力不足，更容易否定自己。他們的內心世界通常會感到絕望、憂鬱、不耐煩、無法放鬆、焦躁及自我否定等（魏希聖、謝雅萍譯，2004）。

二、自我檢測：社交焦慮

　　害羞是非常普遍的社交問題，我們也可以稱為社交焦慮（social anxiety），也就是與人相處過程中所經驗到的一些常見的症狀，像是緊張、注意力無法集中、手腳冰冷等生理上的反應。以下透過測驗可以觀察我們在社交互動中的焦慮程度。

社交焦慮測驗

請以五點量表（1～5）來描述你的程度，1 表示「完全不符合我的狀況」，5
表示「完全符合我的狀況」。

☐ 1.即使在休閒聚會，我也經常感到緊張。

☐ 2.在陌生團體中，我常覺得不自在。

☐ 3.和異性交談時，我通常很輕鬆自在。

☐ 4.必須和老師或老闆談話時，我會緊張。

☐ 5.聚會常使我感到焦慮而不自在。

☐ 6.比起大多數的人，在社交互動中我也許比較不會害羞。

☐ 7.如果和並不很熟悉的同性交談，有時我也會感到緊張。

☐ 8.如果要接受求職面談，我會緊張。

☐ 9.我希望在社交場合中能夠更有信心。

☐ 10.在社交場合中我很少感到焦慮。

☐ 11.一般而言，我是個害羞的人。

☐ 12.和吸引人的異性交談，我經常感到緊張。

☐ 13.在打電話給一個並不很熟的人時，我經常感到緊張。

☐ 14.和具有權威的人交談時，我會緊張。

☐ 15.即使和非常與眾不同的人在一起，我也會覺得輕鬆。

計分方式：

1. 第 3、6、10、15 題為反向計分，計分方式為：1=5，2=4，3=3，4=2，5=1。

2. 請先計算反向題的分數，然後再加總所有分數。

分數解釋：

此量表平均分數為 39 分，得分愈高的人有較多的互動焦慮，也就是我們一般所說
的社交性的害羞和緊張。這種焦慮通常出現在未經演練的社交場合或是和陌生人
見面、約會時，有別於準備了一篇演講稿要在眾人面前發表時的焦慮。

資料來源：林宗鴻譯（2006：273）

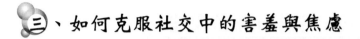
三、如何克服社交中的害羞與焦慮

　　我們面對人群時的焦慮或害怕，或多或少都是一種想像，只是這種想像太生動、太真實了，好像是真的一樣。你可以回想一下，有多少次你認為自己一定會被拒絕、被排斥、被討厭，之後你開始不斷地注意到別人在看自己，自己的缺點將會被發現，於是自己便先退縮了，最後證明了自己果然是失敗的。

　　如果想改善自己這樣的個性，我們就得先觀察到自己在面對人群時，都帶著什麼樣的假定，然後去質疑這些假定，用另一些話語來替代、轉變這個假定，最後讓自己有機會去接觸讓你害怕的情境，讓自己有機會能感受到所擔心的情況並不一定會發生、並沒有那麼糟糕；你會發現，真實的情形並不是你原來想像的那樣，其實你比想像中的更堅強。

四、自我練習：駁斥負面的內在語言

　　先寫下你的負面想法，接著駁斥你的負面想法，然後寫下你希望達到的結果，例如：

負面想法	駁斥負面想法	正面想法
待會要在大家面前報告，我一定會緊張到語無倫次。	這樣想，無助於我的表現，只會增加自己的緊張罷了！	多想想我能做到的事，不要老想著緊張的事。
如果沒辦法順利通過面試，我就是個失敗者。	沒有通過面試，是可能發生的事情，並不能代表我就是個失敗者。	萬一真的面試沒過，下次我再更努力準備。
因為害羞，我不知道該怎麼跟大家聊天，我應該不討人喜歡？	沒有任何證據證明大家不喜歡我，是我自己太緊張，想太多了。	只要我把握機會，經常主動和別人聊天互動，我一定會愈來愈進步。

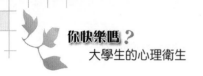

參、人際衝突與困境的處理

一、衝突的意義

（一）衝突是所有人際關係中必經的自然過程

我們都不喜歡與人衝突，但是衝突是人際關係中正常的部分，當我們開始與他人互動且相互影響時，彼此意見不合是無法避免的。衝突的出現不表示彼此的關係有問題，事實上衝突反而顯示個體彼此是有聯繫的，不然就不需要共同來解決問題。

（二）衝突可以是外顯的，也可是內隱的

大部分的人對衝突的處理方式都是從家庭中學習來的，瞭解你的衝突腳本是很重要的。有人可以冷靜地討論不同意見；有的人會強烈地爭執、大聲吼叫，甚至是肢體的攻擊。

然而，許多發生在人際間的衝突都是內隱的，內隱的衝突不會表達出來，而是刻意隱藏起來不想被人察覺，但是以消極攻擊的方式，間接地表達自己的不滿或憤怒。然而這些衝突是內隱的，表面上是看不出來的。通常表達內隱衝突的人，一方面否認或偽裝自己的憤怒，另一方面用間接的方式表達攻擊，例如：一個人假裝讚美別人，但事實上卻是想讓對方難堪。內隱攻擊是想要懲罰別人卻又不想要負懲罰的責任，這樣的行為將無法建立誠實且健康的人際關係。

（三）衝突能夠使我們思考與我們不同的觀點

無法處理衝突的一個很大的原因在於衝突的過程中，包含了許多不知道如何表達的緊張感覺，但這些情緒很難以合理的方式表達出來，因為我們擔心衝

突會破壞人際關係。但事實上衝突可以為自己及人際關係帶來一些好處，我們可以藉此拓展對自己的瞭解，因為我們在表達及回應的同時，我們將會更深入瞭解自己的想法和感受。

二、化解衝突的方法

不僅是大學生，幾乎我們許多的痛苦都與衝突息息相關，衝突的確可以說是人類各種痛苦的根源。當一個人遭受攻擊時，會想要與人爭執，更難說要改變自己的立場或是接受別人的想法。此時，不要批評或是指責自己的這些情緒反應，反而要鼓勵自己誠實地面對情緒、意識自己的情緒變化。處理衝突是一個困難的過程，因為過程中可能會有許多負面的情緒發生，下面的技巧建議你使用。

（一）避免直接爭吵或逃避衝突

面對衝突的反應通常有兩種：一是逃避，二是正面衝突，這二者都不是建設性的做法。逃避無法解決問題，反而會失去對自己的尊重；直覺式的回擊或挑釁，則可能會造成長期的衝突。

（二）暫停一下，聆聽對方的觀點

面對衝突時，先暫停一下，先讓你的腦子能理性的思考，花時間瞭解引起衝突的問題點，讓對方感受到你是個願意聆聽的聽眾，這將有助於對方坦白且誠實的溝通。

（三）保持肯定的態度

保持肯定的態度不是讓你委屈自己、附和對方的說法，而是讓自己積極且

有建設性地面對衝突，有以下幾點實際的做法：

1. 不以以牙還牙、以眼還眼的心態處理自己的憤怒。
2. 瞭解彼此的觀點和權利。
3. 讓涉入衝突的每個人都有發言的機會。
4. 找出衝突的原因與解決方法。

（四）學習與我們不合的人相處

我們都喜歡與我們行事作風、性格特質、興趣、價值觀合得來的人做朋友，可是我們不盡然都會遇到與我們合得來的人，很多與我們合不來的人，他們與我們的差距，正是我們可以成長的空間。

肆、增進人際關係的方法

我們和自己的關係同樣也會投射在自己與別人的關係上，所以如果我們希望自己擁有舒服自在的人際關係，那我們就要先學會多關愛自己、好好與自己相處。下面先簡單的分類，幫助你覺察自己是哪種類型的人（吳娟瑜，1999）；再說明擁有良好人際關係應有的心態。

一、你是哪種類型的的人際關係？

1. **拯救型**：這類型的人很容易答應別人的請託，結果造成自己在生活、工作上有過多的壓力。情緒上常出現自責及焦慮現象。
2. **迫害型**：這類型的人可能是自恃甚高或是習慣使然，因此對於周遭的人都採取高壓手段，常會破口大罵，造成他人心中的不舒服與人際關係的緊張。這種人自我覺察能力有限，常落入情緒的死胡同裡，認為別人能力

差、表現差而不停地「生氣」、「憤怒」。

3. **受害型**：這類型的人常覺得自己運氣不好、常表現出欲振乏力的樣子，提不起勁，情緒上常出現「自艾自憐」的情形。

4. **責任型**：這種類型的人抱著「要做就不要怨」的態度，因此不會接受過多不必要的請託，凡事先量力而為，再盡力而為。在情緒上出現的是心平氣和。

不論你的人際關係屬於哪種類型，要擁有良好人際關係的人，一定有寬廣的心胸，只要你願意向那些具有良好人際關係特質的人學習，你也會一步步改變你的人際關係。心胸寬廣的人有如下特質：

1. 不為小事情抓狂。

2. 不斤斤計較。

3. 不記仇。

4. 親切和藹。

5. 較有幽默感。

6. 較合群。

7. 較虛心。

8. 較積極主動。

 二、擁有良好人際關係必須要有的心態

在人際關係中，我們最致命的錯誤就是把自己的期望與行為看作是理所當然，我們既不積極也不持續努力去做些事情或說些話來讓別人瞭解我們、喜歡我們。因此我們無法在別人心中營造出想要與我們共事的願望，也就無法達成我們的目標和希望。以下是擁有良好人際關係的交友心態。

（一）人際關係是一點一滴累積

人際關係是從點點滴滴、日積月累，靠著恆久的關懷建立的。但常常我們因為課業忙、工作忙，或是懶、不習慣表達關懷而疏於問候，關係就變得愈來愈疏遠。

（二）積極地建立人際關係

若有機會，主動地介紹你的朋友讓他們互相認識，即使他們是你的三五好友，並不屬於同一群體。然而，只是維持既有的人際關係，是消極的；積極的人際關係是你可以把你的國小同學、大學同學或是打工認識的朋友，讓他們彼此認識、互相往來、打成一片，這將會擁有更親密的人際關係。

（三）隨時結交新朋友，珍惜人與人之間的繫絆

我們無法保證好朋友不會因為時間、空間而逐漸疏遠，因此我們需要打開心胸，離開自己的溫床，在任何地方與結交新朋友，當自己的人際公關。也許你因為害羞或是怕被拒絕而不想與人積極對話，這會讓我們太習慣處在自己覺得舒服的狀態中，而沒有勇氣與陌生人交談。我們有許多可以認識新朋友的機會，但常常因為我們總是處在舒服被動的狀態，而錯失機會。

伍、結語

過去在國中、高中階段，我們課堂上的同學永遠是固定的，不需要主動、積極，就可以與人認識、熟悉，與人相處的應對進退，到了大學卻不是這麼一回事。大學如同社會的縮影，身邊的人來來去去，如果在身心上沒有調整，是很難在短時間內與人互動；然而，大學正是讓你學習這些功夫的開端，讓你開

始認識自己、瞭解自己、塑造自己，希望本章可以讓大學中迷惘於人際關係的你，提供一些參考及看清楚的地方。

吳娟瑜（1999）。**吳娟瑜的溝通管理學**。台北市：里仁。

林宗鴻（譯）（2006）。J. M. Burger 著。**人格心理學**（Personality, 6e）。台北市：湯姆生。

游梓翔、劉文英、廖婉如（譯）（2003）。J. T. Wood 著。**人際關係與溝通技巧**（Interpersonal communication）。台北市：雙葉。

魏希聖、謝雅萍（譯）（2004）。S. Duck 著。**人際關係**（Human relationships, 3e）。台北縣：韋伯文化。

第三篇

親密關係篇

CHAPTER 12

話說愛情魔力——

親密關係的意義與內涵

陳詩潔

曉涵（化名）進入大學後，便希望可以遇到心中的 Mr. Right，談一場浪漫的戀情。德明（化名）是學校籃球校隊的一員，幽默、風趣，對女孩子更是體貼，在學校很受歡迎。曉涵從大一起就對德明頗有好感，覺得他就是自己的 Mr. Right，因此經常刻意製造跟德明獨處的機會，或是主動要求德明接她上下學，雖然德明沒有拒絕，但兩人也沒有進一步的發展。就在今年西洋情人節，曉涵鼓起勇氣跟德明告白後，兩人開始正式交往，除了交往初期的興奮，漸漸的曉涵覺得兩人的相處跟之前差不多，只是彼此多了男女朋友的頭銜，難道這就是愛情？曉涵不禁問自己，但她也無法回答。

「愛情是大學生的必修學分」，相信多數的大學生都聽過這句話，也都認真的修了這門學分，但成功過關的比率占多少呢？而你認為在這門學科中，你及格了嗎？或是你還在猶豫是否要修這門課呢？

 ## 壹、人為何需要親密關係？

「親密關係」是指相互依賴度高的人際關係，這可以是和父母、手足、情

183

侶、配偶、好友及同事之間的關係，其主要的特性：第一，通常有很長一段時間持續互動；第二，包括許多不同種類的活動或事件；第三，在親密關係中，彼此的影響是很強烈的（張滿玲譯，1999）。Erikson（1963）的心理社會發展階段理論指出，成年期的主要任務在於與他人建立良好的友誼關係、愛與伴侶感。如果無法和他人形成友誼或愛的親密關係，則會產生孤獨與疏離感（引自林翠湄、黃俊豪等譯，2002）。Erikson 更表示，如果青年人無法對他人做出深刻的個人承諾，他們可能會變得孤獨、專注於自我。然而隨著解決親密感與疏離感的衝突需求，會逐漸發展出一種倫理意識，這就是成年人的象徵。大學生處於成年前期，發展親密感乃是此時期的關鍵要務，而親密感包含了一種歸屬感——歸屬於某一個人的需求，亦即渴望擁有一個強固、穩定、緊密與蘊含愛意的關係（張慧芝譯，2002）。

在柏拉圖的《饗宴》（Symposium）中，記載著亞里斯多芬的一席話，說道：「人類原有男性、女性與中性，三種性別，因觸怒天神而被宙斯一剖為二，從此分裂的部分便在世上尋覓自己的另一半，期盼回復先前的整體。」這寓言反映了愛情的產生來自人類渴求完整。Lynch 和 Blinder（1983）則由需求的角度提出他們對愛情的看法，指出人會戀愛是出自於意識之外，幾乎人人都有此需求，包含與人親近的感覺、性的滿足以及對家庭的渴望，這與 Maslow 提出人有「愛與歸屬」的需求相呼應（卓紋君，1998）。這些似乎都在指出，戀愛是出自一種本能的需求，為滿足生命過程不可或缺的一個行為。人對愛情的追求受到本能的驅使，成為人生中不可或缺的一環。Leibowitz 在《愛的化學》一書中提到，愛情有三個要素——興奮、麻藥與幻覺效果，而魅力、念念不忘與恍惚狀態則是構成戀愛的三種重要現象，如同使用興奮劑對未來抱持一切美好的假象，而將自己獻給對方（引自彭懷真，1998）。就因愛情會令人產生這種暈暈然的感受，這種強烈的情緒經驗，散發出難以抵擋的吸引力。

無論是出自對完整的追求，或是對於需求的滿足，抑或是渴望強烈的情緒

感受，均傳達出愛情在生命中的重要性。人對愛情都有所期待，也因期待而奮力追尋，但愛情的內涵是什麼，似乎不是每個人都可以回答，或是說，每個人都有自己對愛情的定義。雖然愛情如此多變與捉摸不定，令人期待又怕受傷害，但人們卻不願放棄。

 貳、是愛情？還是友情？

愛情與友情間有許多相似的內涵，讓人在區分時，常處於模糊的地帶。愛情始祖 Rubin（1970）認為，「愛」是對某一特定他人持有的態度，這種態度使他以某種方式表現對該特定對象的思考、感覺和行為。他界定愛情包含「親和與依賴需求」、「幫助對方的傾向」、「排他性與獨占性」三個成分；「喜歡」的主要成分則是「給與對方好的評價」、「尊敬」及「倆人相似的知覺」，因而指出「愛情」與「喜歡」實質的差異。

Davis（1985）更詳細指出，友情含有平等位階、自主性、接納、尊重、相互信任與協助、享受彼此陪伴、瞭解對方與親密感等特質，而愛情關係除了上述幾點，還有想要為對方付出、擁護對方的權益、被對方所迷惑、想要獨占對方與性慾望等特徵。由此可見，愛情與友情有其相似的部分，但愛情比友情蘊含更多的因素，當然要區分兩者並非不可能，只是需要好好的問自己，在這段關係中，有哪些成分存在，以釐清自己的感情。

你想知道自己對他／她到底是友情還是愛情嗎？那就試做下頁的量表，或許對你有所幫助喔！

愛情？抑是友情？

下面這個測驗可以協助你釐清自己的情感：

請你鎖定一名你所心儀或正在交往的對象（他／她），依照你對題目真實的想法或情感反應來作答。

	Yes	No
1.當他（她）情緒低落時，我覺得自己有責任讓他（她）快樂起來。	□	□
2.在所有的事件上我可以信賴他（她）。	□	□
3.我覺得要忽略他（她）的過錯，是一件很容易的事。	□	□
4.我願意為他（她）做所有的事情。	□	□
5.對他（她）我有一種占有性。	□	□
6.若我不能和他（她）在一起，我會覺得非常不幸。	□	□
7.假如我孤寂，首先想到的就是去找他（她）。	□	□
8.在世界上也許我關心許多事，但有一件事就是他（她）幸不幸福。	□	□
9.他（她）不管做什麼，我都願意寬恕他（她）。	□	□
10.我覺得他（她）的幸福是我的責任。	□	□
11.當我和他（她）在一起時，我發現我什麼事都不做，只是看著他（她）。	□	□
12.沒有他（她）我覺得難以生活下去。	□	□
13.若我也能讓他（她）百分之百信任，我會覺得十分快樂。	□	□
14.當我和他（她）在一起時，我發覺好像兩人都有同樣的心情。	□	□
15.我認為他（她）非常好。	□	□
16.我願意推薦他（她）去做令人尊敬的事。	□	□
17.以我看來他（她）特別成熟。	□	□
18.我對他（她）有高度的信心。	□	□
19.我覺得什麼人和他（她）相處，大部分都會有很好的印象。	□	□
20 我覺得和他（她）很相似。	□	□
21.我願意在班上或團體做什麼事情都投他（她）一票。	□	□
22.我覺得他（她）是許多人中容易讓別人尊敬的一個。	□	□
23.我認為他（她）是十二萬分的聰明。	□	□
24.我覺得他（她）是所有認識的人中最討人喜歡的一個。	□	□
25.他（她）是我想學的那種人。	□	□
26.我覺得他（她）非常容易贏得別人的好感。	□	□

計分方式：
1. 分別統計第 1～13 題回答 YES 的題數，並記為 A；第 14～26 題回答 YES 的題數，並記為 B。
2. 第 1～13 題代表愛情的感覺，A 值越高，顯現你對對方「愛情」的成分居多。
3. 第 14～26 題代表喜歡的感覺，B 值越高，顯現你對對方「喜歡」的成分居多。

資料來源：柯淑敏（2007：54-55）

 參、大師眼中的愛情

　　早期心理學家認為愛情只是概念性的描述，無法運用科學的方法加以測量，直到 Rubin 將愛情視為一種態度，並以一般的測量方法研究愛情後，才開啟心理學家對愛情做科學實證研究的興趣。愛情依人、時、地的不同而有不同的感受與解釋，Lee 訪問了 120 名受試者，分析他們的戀愛經驗後，得到六種愛情類型，並命名為愛情色彩論（Color of Love）。當代愛情大師 Sternberg 以質量並重的分析，區分出愛情各元素的向度與特性，提出愛情三元論（Triangular Theory of Love）。Hazan 與 Shaver（1994）則套用幼兒依附照顧者的觀點，區分出三種愛情依附類型。以下分別介紹上述的愛情理論。

一、愛情色彩論

　　Lee 以色彩的觀點，將男女之間的愛情區分為六種類型（張滿玲譯，1999；維基百科，無日期；Hendrick & Hendrick, 1992）。

1. **情慾之愛（eros; passionate）**：這類型的人十分感官化，亦即重視外在美，相信一見鍾情，遇到心中理想的對象會狂熱追求。他們認為對方是唯一、無可取代的，並沉溺在這樣的幻想中。視婚姻為永無止息的蜜月時光，性則是極致美麗的事。這樣的愛充滿了激情，但卻常活在幻想的世界

中，且難以避免吸引力的衰退。這類型的人會說：「我的情人和我之間，產生身體上的化學作用。」

2. **遊戲之愛（ludus; game-playing love）**：以自我為中心，視獲得異性的青睞，為一種有趣的挑戰性遊戲，當事人會避免自我感情的投入，喜歡更換對象，即使分手也很快可以從中復原。視性為一種慾念發洩或是一種戰利品，婚姻則是會束縛他們的圈套。這是一種只享受過程，不一定要有結果的愛情類型。這類型的人會說：「我喜歡和許多不同的對象玩愛情遊戲。」

3. **友誼之愛（storge; friendship love）**：愛情的開始常源自於友情，由於長時間的交往與同甘共苦，而不自覺的產生感情。在交往過程中是信賴、平和與溫馨的，重視對彼此的承諾，視婚姻為合法的束縛，與其他類型相較，性則顯得較不重要。這是一種細水長流，寧靜無波的愛。這類型的人會說：「最令我滿意的愛情關係，是從良好友誼中發展出的。」

4. **現實之愛（pragame; practical love）**：兼具遊戲之愛與友誼之愛，以理性和實際的想法，選擇最符合條件的情人；只要他們認為與對方交往是划算的交易，就會保持這份關係，避免背叛只是為了減少不利自己的後果。將婚姻視為自己的責任與資產，性則是一種酬賞或只是生育的手段。這是一種理智、顧慮現實的愛情類型。這類型的人會說：「選擇伴侶的一個考量是，他／她對我的生涯發展是否有所助益。」

5. **依附之愛（manic; dependent love）**：兼具情慾之愛與遊戲之愛，有熱情的情慾，也有利用手段控制對方的遊戲。在愛情中顯現極端的占有，並強烈的感受需要對方。視婚姻是一種所有權，性則是愛情的再保證。這類型的人，常因戀愛而焦慮、緊張、患得患失、對自我缺乏信心、難以控制自己的情緒，對情人會有強烈的依賴感、占有慾與忌妒心。這類型的人會說：「當我的情人不注意我時，我就會全身不舒服。」

6. **利他之愛**（**agapa; altruistic love**）：兼具情慾之愛與友誼之愛，視愛為一種犧牲、奉獻，甚至不求回報，認為照顧對方是一種恩典的賦與。認為對方的快樂幸福優先於自己的一切，所以會忠實的對待伴侶，避免讓他們感到痛苦。婚姻是一種神聖的信任關係，性則是一種禮物，「無怨無悔」是此類型的最高境界。這類型的人會說：「唯獨將我的愛人的快樂置於我之前，我才會真正的感到快樂。」

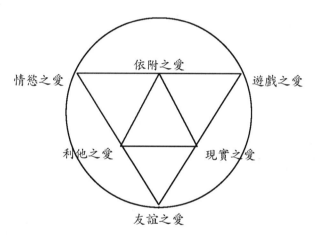

➤ 圖 12-1　**愛情類型關係圖**

資料來源：Lee (1976)

　　Lee 認為大部分人的愛情均含有這六種愛情類型的特質，只是比例不同，沒有人的愛情類型是絕對單一的，個人的人格特質也會影響其愛情類型。不同愛情類型有不同的語言，在愛情關係中對於關係的滿意是在雙方對愛的表達方式（即愛情類型）。他以圖 12-1 說明這六種愛情類型，位置愈接近的類型配對關係滿意度愈高，但兩個類型「完全相同的配對」之關係滿意度並不會高於「相似配對」，如果雙方的愛情類型完全相同，他們發現彼此對愛情的想法及表達方式非常類似，時間久會覺得了無新意。

每個人都有自己傾向的愛情類型，認識自己在愛情關係裡的特徵，有助於你與另一半的相處喔！想知道自己的愛情類型嗎？下面這個量表可以給你線索，讓你更瞭解自己。

愛情風貌心理量表

你知道自己的愛情類型嗎？
讓我們從下列的測驗中，來解析自己的愛情類型。

	從不	很少	常常	總是
1. 隨著時間的相處，愛便自然而然的產生。				
2. 當你第一次見到情人時，他外在的型態便強烈的吸引你。				
3. 你會妒忌且想占有對方。				
4. 只要他喜歡，再大的委屈辛苦，你也願意承受。				
5. 條件相近的兩個人，婚後獲得幸福的程度會愈高。				
6. 你喜歡戀愛，但不喜歡被約束。				
7. 你覺得彼此要有足夠的瞭解和信賴，才能愛得長久。				
8. 愛是一種強烈而無法控制的情緒。				
9. 當你一陷入情網，便渴望天天見到對方。				
10. 你相信真誠、不求回報的付出，一定會感動對方。				
11. 生活是實際的，所以沒有麵包的愛情，不會令人感動快樂。				
12. 當情人不在身邊時，會很快愛上周圍的某對象。				
13. 你能與情人坦承討論自己心裡的感受。				
14. 你會為他的一言一行，神魂顛倒，如癡如醉。				
15. 你很想控制愛情關係的發展，但總是失敗。				
16. 只要他覺得幸福快樂，就算離我而去，我也可以接受。				
17. 你會與所愛的人一起討論未來。				
18. 真愛不太容易發生，過於專情，常伴隨傷害。				

從　很　常　總
不　少　常　是

19. 就算和情人分手，我仍然可以維持朋友關係。

20. 我覺得愛情是生活中最重要的一部分。

21. 生活中常需要他對我表示更多的愛與肯定。

22. 在戀愛時，你會準備奉獻出自己的全部。

23. 你會分析彼此的愛情關係，並在心中衡量它的份量。

24. 當愛情新鮮感消失，覺得無聊時，便要尋求新的刺激。

25. 當兩人意見不同時，也能彼此支持、尊重對方發展自我的權力。

26. 與情人身體、感官上的接觸，對你十分重要。

27. 我無法想像沒有他的日子該怎麼過。

28. 當我戀愛時，我不會介意對方的所作所為，反正我就是愛他。

29. 結婚是戀愛的目的，應該是為了成就個人更大的幸福。

30. 你可以自在的控制與對方見面、接觸的次數。

計分方法：

答「總是」給 4 分；「常常」給 3 分；「很少」給 2 分；「從不」給 1 分。

上述題目共分為 6 組（如下所示），計算自己在各組的得分。

第 1、7、13、19、25 題，歸屬於「友誼之愛」；此類型你的得分為＿＿＿＿。

第 2、8、14、20、26 題，歸屬於「情慾之愛」；此類型你的得分為＿＿＿＿。

第 3、9、15、21、27 題，歸屬於「依附之愛」；此類型你的得分為＿＿＿＿。

第 4、10、16、22、28 題，歸屬於「利他之愛」；此類型你的得分為＿＿＿＿。

第 5、11、17、23、29 題，歸屬於「現實之愛」；此類型你的得分為＿＿＿＿。

第 6、12、18、24、30 題，歸屬於「遊戲之愛」；此類型你的得分為＿＿＿＿。

得分在 20～16 之間，屬該愛情類型之典型（主型）；得分在 15～11 分之間，屬傾向該愛情類型（副型）；得分在 10 以下者，則類型特質不明顯，較不具參考。

資料來源：柯淑敏（2007：21-23）

三、愛情三元論

Sternberg（1986）認為，愛情是由親密、激情、承諾組成，這三個要素分別代表愛情的感覺、動機與認知層面，形成一個三角形，任意改變三角形的一邊，就會形成不同的愛情三角，共可組成八種愛情風貌（引自黃方田譯，2001）。

Sternberg（1986）提出愛情的三個主要成分（引自黃方田譯，2001）如下：

1. **親密（intimacy）**：親近、相連相屬的感覺，這是愛情的情感成分，親密感常開始於表露自己，因為跟人產生親密感，首先需撤去人與人之間的藩籬。親密感是愛情的基礎，卻需要慢慢發展，矛盾的是，開始有了這個基礎，卻又因擔心太過親近而「耗掉」自己，開始漸漸遠離，產生的結果是親密感與自主之間的平衡行動。

2. **激情（passion）**：強烈渴望與對方結合，以及各種渴望與需求的表現——自尊、呵護、聯繫、支配、順從和性驅力占據心思，這些需求的強烈程度視個人、情況與愛的關係而有所差異，屬於愛情的動機成分。關係開始的階段，間歇強化（intermittent reinforcement）的激情，通常是最強烈的。亦即對方時有時無的反應，會引起自己患得患失的心情，而不斷激起熱情。

3. **承諾（commitment）**：包含短期與長期的部分，短期而言是指決定去愛一個人，長期則指承諾要維繫這份愛，這兩樣不一定會同時發生，決定要愛一個人，並不代表要對這份愛做出承諾，也有可能相反，如媒妁之言的愛情，雖有長期的承諾，卻沒有做出愛的決定；或如大學時期的戀情，雙方決定交往，卻沒有計畫步入婚姻，這部分屬於愛情的認知成分，當關係處於低潮時，這是維持關係的要素。

Sternberg認為這三要素可組成一個三角形，而三角形的面積代表愛情關係，即愛情三因論。由於三個成分於愛情中的程度不同，所組成的三角形亦有不同

形狀，代表不同型態的愛，此三要素亦會互相影響或混合，故呈現出下列八種不同的愛情風貌，如圖 12-2 所示。至於每一種愛情風貌的特色則分述如後（引自黃方田譯，2001）。

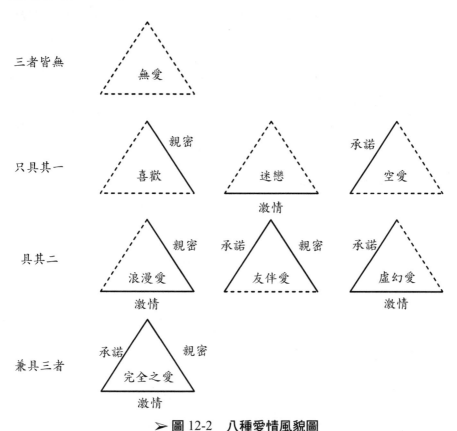

➤ 圖 12-2　八種愛情風貌圖

資料來源：柯淑敏（2007：59）

1. **無愛**（**nonlove**）：三者全無，如同陌生人。

2. **喜歡**（**liking**）：只有親密成分，如同在友誼關係中，彼此感到親近、溫馨，但卻不會有熾烈的激情與長期的承諾。

3. **迷戀**（**infatuated**）：在毫無親密感與承諾的愛情要素下所產生，只有激情

成分，這樣的意亂情迷可以是突然發生，或是很快消失。

4. **空愛（empty love）**：只有承諾成分，卻沒有親密或激情在內，這樣的愛可能在關係開始（如奉命成婚），或關係尾聲（如長期婚姻關係），當初的情投意合與吸引力已不存在。除非對這份愛有強烈的承諾，否則這樣的愛形同虛設。

5. **浪漫愛（romantic love）**：由親密與激情所組成，通常會由外在吸引力這個因素導致動心，這類的愛情雙方不僅因外表相互吸引，同時也有心心相印的感受。在許多古典文學中，常見到這類愛情的蹤影，如「羅密歐與茱麗葉」。

6. **友伴愛（companionate love）**：包含親密和承諾成分，雖然缺乏激情，但彼此都認為對方是自己最好的朋友，互相尊重並珍惜彼此。常見於當愛情關係中身體吸引力減弱，而產生一種深厚、具承諾的友情。

7. **虛幻愛（fatuous love）**：由激情與承諾組成的結果，其中缺乏需時間培養的親密感，常見於炫風式結婚的愛情關係，其互訂終身的基礎是建立於激情上，但未定下親密的共識，這樣的婚姻也較不容易長久維持。

8. **完全之愛（consummate love）**：包含親密、激情、承諾，且這三種成分是均等的。在這樣的愛情中，不僅感受到親密感，也可享受身體的親密接觸，甚至相信除了彼此，沒有其他人更適合共度一生。當然追求美滿的愛情並不能保證這樣的愛情可以天長地久，完全之愛仍是需要用心呵護的。

愛情關係中的親密、激情和承諾隨著時間，所占份量的比例也會隨著改變，在愛情初期「激情」具有莫大的作用，但隨著時間增加，「親密」必須不斷加強，再加入「承諾」，以促使關係穩定。「三角形的形狀」也會因三種元素的增減而跟著改變，「三角形的面積」即代表「愛的含量」，含量愈多愛情品質也愈高，兩人的愛情三角重疊的部分愈多，則情侶的關係滿意度也愈高。

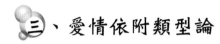

三、愛情依附類型論

依附理論（attachment theory）最早由Bowlby提出，其指嬰幼兒與其主要照顧者（通常是母親）所建立最原始的感情，並衍生於後來與依附對象的情感連結。Ainsworth 更進一步將依附關係區分為逃避依附（avoidant attachment style）、安全依附（secure attachment style），與焦慮／矛盾依附（anxious/ambivalent attachment style）三種類型，其差異則顯現於關係的互動中（Hendrick & Hendrick, 1992）。

Hazan 和 Shaver 發現愛情關係中的許多特徵與幼兒依附照顧者的行為非常相似，因此他們將Ainsworth的三種依附類型套用於愛情關係上，而分出三種類型（引自王慶福，1995；陳勤惠，2000；Hazan, 1990; Hendrick & Hendrick, 1992）：

1. **安全依附型（secure attachment）**：容易和他人親近，可以自在的依賴他人也願意讓他人依賴。對伴侶自我揭露程度高、與伴侶關係良好，相信伴侶對自己的愛與支持；在沮喪或生病時，也願意向伴侶求助。在愛情關係中，有較多的信任、親密、承諾與滿意的感受。

2. **逃避型（avoidant attachment）**：害怕自己的情緒反應與忌妒，不相信伴侶，傾向依賴自己，與伴侶保持距離，害怕並逃避親密。少有自我揭露，對他人的揭露亦感到不自在，對關係不信任、無法給與承諾，會盡量避免和他人建立深刻的愛情關係。

3. **焦慮／矛盾型（anxious/ambivalent attachment）**：常顯現極端的情緒反應，善忌妒，強烈的想親近伴侶，卻又擔心伴侶會離開自己，過度的自我揭露。沮喪或生病時，雖會求助於伴侶，但對伴侶的回應卻多不滿意，而讓伴侶感到他們太過依賴或嚴苛。在付出後，也期待對方給與相同的回饋，希望與伴侶是互惠關係。在愛情關係中容易感到害怕、寂寞與憤怒，

信任與滿意度皆低，其愛情關係傾向不穩定。

　　許多關於成人依附類型的相關研究發現，這三種愛情依附風格在成人中各占的比例為：安全依附約占 55%，逃避依附約占 25%，焦慮／矛盾依附約占 20%，與嬰兒依附類型的調查比例相當接近。而這些受試者的愛情依附風格可以由他們對父母關係的主觀知覺來加以預測，因此 Hazan 和 Shaver（1994）將嬰幼兒時期便開始發展的依附型態，視為個人的關係運作模式，且在人際互動中產生重大的影響。然而愛情依附類型並非固定不變的，可能會受到關係經驗的影響，如：焦慮依附型者與安全依附型者交往，將有助於焦慮依附型者在關係上的穩定。

肆、結語

　　愛情雖非人人皆有，卻是生命中不可或缺的一環。不同的年代與不同的人，對愛情的內涵有著不同的見解，從 Rubin 開始區分愛情與喜歡的差異，奠定了愛情在心理學中重要的角色；Lee 提出六種愛情類型的愛情色彩論，以不同的愛情態度做為分類，倒像是呈現不同的愛情觀；Sternberg 的愛情三因論，主要是探究愛情中所蘊含的元素，如同展現愛情的本質；Hazan 和 Shaver 就依附觀點而創的愛情依附類型論，則表現出不同的人際互動傾向。閱讀這些理論後，似乎愛情到底為何，仍沒有確切的定論，但如果我們可以先探究自己的愛情觀，並由日常的人際互動經驗中分析自己所傾向的依附類型，同時也瞭解愛情的本質，這些都會讓我們對愛情有更多的認識，避免盲愛的產生。

　　愛情關係像是一場雙人舞碼，想舞出美麗的戀曲，兩位主角的適配性是很重要的。首先，兩人均須對對方有愛的感受，方可開展一段有別於友誼的親密關係。就 Lee 的愛情色彩論而言，愛情類型相似的情侶，對此段關係的滿意度是最高的，因為彼此的愛情觀具有某種程度的相似，在相處的過程中，易有「心

有戚戚焉」的共鳴；而相異的部分，則讓彼此保持神祕與新奇感。Sternberg 也認為，兩人的愛情三角形大小與形狀愈像，則兩人愛情的品質愈高，當關係中兩人對彼此的激情、親密與承諾程度是相近的，這是多麼契合的感受啊！然而，愛情依附類型可不是類型相似者，關係愈好。試想兩個焦慮依附型的人相戀，對彼此充滿嫉妒與不信任，卻又想緊抓住對方，就好像走在鋼索上談戀愛，被不安、害怕與窒息的感受環繞；而兩個逃避型的人，在愛情關係裡，多是相敬如冰，難有心靈的交會。但這也不表示一定要雙方都屬於安全依附型，才有滿意的愛情關係，只要其中的一方傾向安全依附型，都有助於焦慮依附或逃避類型者建立較穩定的愛情關係，因為經驗是可以被矯正的，一段穩定與信任的親密關係，是可以改善焦慮與逃避者在關係上的負面感受。

由上看來，想談場心目中的戀愛，卻非認識愛情就可達成，在關係中的雙方，都具有關鍵性的影響。你瞭解自己的愛情觀嗎？你知道自己追求的愛情本質是什麼嗎？你想過自己在互動中的特質嗎？如果你連自己都不認識，那又如何期望可以找到與你適配的舞伴呢？相信大部分的人，都希望自己可與愛侶舞出美麗的戀曲，在這之前是否必須先知道愛情是什麼，有了舞譜才能練習舞技，進一步找到自己合適的舞伴，你說，是嗎？

中文部分

王慶福（1995）。**大學生愛情觀系徑路模式之分析研究**。國立彰化師範大學輔
　　導研究所博士論文，未出版，彰化市。

卓紋君（1998）。當今心理學界對愛情的研究與方向。**中華心理衛生學刊，11**
　　（3），87-107。

林翠湄、黃俊豪等（譯）（2002）。D. R. Shaffer 著。**發展心理學**（Developmen-
　　tal psychology: Childhood & adolescence, 5e）。台北市：學富

柯淑敏（2007）。**兩性關係學（第二版）**。台北市：揚智。

張滿玲（譯）（1999）。S. E. Taylor, L. A. Peplau & D. O. Sears 著。**社會心理學**
　　（Social psychology）。台北市：雙葉。

張慧芝（譯）（2002）。E. D. Papalia, S. W. Olds & R. D. Feld 著。**人類發展——
　　成人心理學**（Human development, 8e）。台北市：桂冠。

陳勤惠（2000）。**焦慮矛盾依附型的女大學生之情傷經驗研究**。國立屏東師範
　　學院教育心理與輔導研究所碩士論文，未出版，屏東市。

彭懷真（1998）。愛情的科學分析。**理論與政策，12**（47），183-202。

黃方田（譯）（2001）。R. J. Sterberg 著。**邱比特的箭**。台北市：遠流。

維基百科（無日期）。**Love style**。2008 年 3 月 29 日，取自 http://en.wikipedia.
　　org/wiki/love_styles

英文部分

Davis, K. E. (1985). Near and dear: Friendship and love. *Psychology Today, 19*(2),
　　22-30.

Hazan, C. (1990). Pattern of adult love. *Human Ecology, 18*(3), 1-3.

Hazan, C., & Shaver, P. R. (1994). Attachment as an organization framework for research on close relationship. *Psychological Inquiry, 5*(1), 1-22.

Hendrick, C., & Hendrick, S. S. (1992). *Romantic love.* Newbury Park, CA: Sage.

Lynch, C., & Blinder, M. (1983). The romantic relationship: Why and how people fall in love. *Journal of Social and Personal Relationship, 4,* 387-407.

Rubin, Z. (1970). Measure of romantic love. *Journal of Personality and Social Psychology, 47*(2), 265-273.

CHAPTER 13

我的愛人不一樣──

瞭解同性戀者

羅子琦

「同性戀是正常人嗎?」「我會被傳染?」「你好娘」……,這些聲音相信你一定不陌生,也許你曾在心底暗暗的擔憂,也許曾是校園中屢見不鮮的貶抑,也許你也曾深受其害,有苦不能言。的確,即使在如此現代化的社會,異性戀仍是屬於絕大多數的強勢文化,而「同性戀」的存在則相較顯得弱勢,而造成許多人的拒絕與誤解。

【好朋友?戀人?】

走廊傳來一陣陣吵架聲,伴隨著女孩的哭泣聲,同學們好奇的從教室探出頭來瞧個究竟,發現是兩個女孩在爭吵……。Ａ女大聲咆哮著:「妳不要這麼不可理喻!」Ｂ女則哭喊著:「妳不要不理我……」這樣的情節不但引來眾人的注目,也不免讓大家在心裡想著:「她們是好朋友吵架?還是情侶的爭吵?」

【喜歡同性別的人】

阿雄(化名)從青春期起,當同學們對於坊間女性裸露海報趨之若鶩時,自己總是遠遠的看著同學們的熱情討論,心裡想的卻是那些雄壯威武的男明星海報,他總是暗暗的欣賞著。隨著年紀的增長,阿雄逐漸知道自己喜歡的是男生,也開始發展幾段不為人知的戀情……;

而同學們總是好奇高帥挺拔的阿雄為何總是沒有女朋友？好奇阿雄喜歡哪種類型的女生？他總笑著說：「緣分未到！」

【你好娘！】

小強（化名）從小就喜歡玩芭比娃娃、辦家家酒，因此常常被同學們欺負，同學們總笑他：「哈哈！你好娘！」這些聲音在求學階段從未間斷過，他總是一個人躲在房間裡暗自哭泣，不敢跟父母說、不敢跟老師說，更沒辦法跟哪個同學訴苦。童年的成長歲月，對他而言，總是孤單又辛苦……。

這幾個例子，相信你們一定不會感到陌生，在異性戀為主流的文化裡，同性戀總容易讓人側目、不理解。然而，究竟是哪些原因令我們會感到害怕、排斥，或將其化作地下戀情？在此之前，讓我們先來顛覆一下：

【當異性戀是弱勢時……】

小德（化名）：老師，我有件事情想跟你說……

老師：你說啊！

小德：可是老師你要答應我，不能告訴任何人，保守祕密喔！

老師：嗯！你先說來聽聽看。

小德：我好像喜歡跟我不同性別的人耶！

老師：你當然是跟自己喜歡的人做朋友啊，沒有人會跟自己討厭的人做朋友……

小德：老師，我說的是比好朋友還多的喜歡。

老師：你說的是「異性戀」？

小德：（微微的點頭）

老師：（沉默約五秒）這樣不太好，當個異性戀者，見不了光的，你
　　　這麼優秀，不應該過這種生活，老師一定幫你，別擔心！

小德：（開始掉眼淚）老師你要怎麼幫我？

老師：我會幫你變回同性戀者的……

　　看完這個例子，不知道你的想法是什麼？你可能覺得可笑至極，無法理解有這樣的老師與對話，更無法想像當異性戀是弱勢的情景。然而，當我們把上面的例子轉換一下，把「異性戀」換做「同性戀」時，就是多數的同性戀最寫實的一面。所以，讓我們帶著這份同理，來一同理解這個難以言說的弱勢文化。

壹、「同」年紀事──同性戀的定義與形成原因

　　1973 年 12 月 15 日美國精神醫學會（American Psychiatric Association）宣布將同性戀從心理異常的名單中移除，1975 年美國心理學會（American Psychological Association）也發表聲明表示支持，同性戀在醫學史上得以擺脫「生病」、「心理異常」的標籤，將同性戀視為一種性傾向的不同而已，強調尊重與多元的價值（引自劉安真、程小蘋、劉淑慧，2002）。

　　然而，不論是同性戀者本身或你自己，難免會想要確認自己或對方「是不是同性戀者」，以及思考怎樣會變成同性戀者？為了回答這些問題，有些學者提出一些同性戀者的定義與演變的不同說法。

一、生物說

　　以生物學的觀點來看，同性戀是因為遺傳的染色體變異，其中，腦下垂體

異常導致男同性戀者的女性荷爾蒙分泌過多，女同性戀者的男性賀爾蒙分泌過多；或有另一說是認為腦傷所造成的，不過，關於生物因素究竟如何造成同性戀者的看法，始終未有定論。

二、早期經驗說

早期經驗最典型的說法是 Freud 的精神分析學派觀點。Freud 認為，同性戀是與「戀母情結」與「陽具妒羨」有關，男同性戀者固著於戀母情結、對母親認同，而以喜歡同性的男生來平息閹割焦慮，這也是一種討厭父親的結果，是一種防衛機制運作的結果、發展的固著狀態。不過，這樣的說法也招來許多的批評，原因是過於將性與陽具做為焦點，而忽略了個別特質與環境等其他因素。

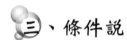三、條件說

條件說不去探討如何形成同性戀者，而是認為同性戀者須符合下述四項條件（張學善，1986）：

1.不可抑制的想要和同性別者發生性行為。

2.情感和情慾的對象僅限於同性別者。

3.是一種持續性的反應，不是因為情境限制而產生的同性行為。

4.對於異性的性反應有排斥或噁心的反應。

四、行為說

Kinsey（1948-1953）的性學報告中，將性取向依照其同性之間的性行為頻率為基準，從絕對的同性戀者到絕對的異性戀者畫分為七個等級（引自陳郁齡，1988）：

0：完全異性戀，無任何同性戀成分。

1：大部分為異性戀，只有偶然同性戀。

2：大部分為異性戀，多於偶然同性戀。

3：異性戀與同性戀程度相等。

4：大部分為同性戀，多於偶然異性戀。

5：大部分為同性戀，只是偶然異性戀。

6：完全同性戀。

這樣的分級，除了絕對的同性戀者或絕對的異性戀者之外，代表著一般人或多或少都有些同性戀的傾向，也試圖呈現出一些關於性別、性傾向的多元思維。因此，性取向不再只是絕對論，而是相對論的觀點，同時也認為剛柔並濟才是所謂健康的人。

五、光譜說

2005 年的《認識同志手冊》更將上述的觀點進一步的發展為光譜的概念，由性別屬性與性別傾向來討論同性戀的定義。

由圖 13-1 看來，傳統的男性得是絕對的黑色，傳統的女性得是絕對的白色；

我的特質		屬性	
(1)我生下來是……	公	光譜地帶	母
(2)我覺得我是……	男生	光譜地帶	女生
(3)我看起來像……	陽剛	光譜地帶	陰柔
(4)我喜歡的是……	女生	光譜地帶	男生

➤ 圖 13-1　**性別屬性圖**

資料來源：台北市政府民政局（2005）

男生一定得是陽剛的、有淚不輕彈的，女生一定得是溫柔的、多愁善感的。以光譜來看，就不止是絕對的兩端才是性別而已，天下人百百種，有陰道的女生不一定只能喜歡男生、不一定非得多愁善感，開始突破傳統的兩性思維，看見多元繽紛的樣貌，倡導人們不需要假扮自己，可以更真實的做自己。

從上述不同觀點的說法中，不難看出學界或社會對於同性戀，從一開始的試圖找出病因、試圖分類，到多元定義的層次，顯示出同性戀已能夠跳出絕對性別的視框，自然也逐漸發展出對於「不同」的包容與接納，明白同性戀與異性戀都是愛情，只是愛戀的性別不同而已。

貳、「同」年發展史──同志的認同發展歷程

性傾向的認同與整合，是個人在自我認同發展階段中很重要的一個部分。然而，多數的同性戀者，要能真正的確認、肯定，也就是所謂的「現身」或「出櫃」（come out），通常需要經過許多時間與走上一段不輕鬆的心路歷程。多數人一直到了成年，在經濟與情感上都較為脫離父母後，才能現身；但也有人只能將現身擺在心裡，終其一生，未曾出櫃。

對於許多同性戀者而言，認同發展歷程或多或少會有些困境需要面對與超越，像是家庭、感情與心理健康等，超越的歷程可以大致說明如下（Cass, 1979）。

一、認同混淆（identity confusion）

在此階段，意味者你可能開始覺察到自己好像和大多數人有所不同，可能是一些情感特質，可能是一些想法或行為等，你會發現到自己似乎有些與同性戀者相似的特質，而這樣的發現也將會影響你決定如何生活。當你發現自己的

內在覺察與外在決定開始呈現不一致時，就會開始進入下一個階段。然而，有些人也可能因為害怕而以壓抑的方式來結束認同的歷程。

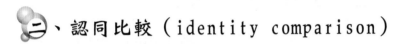 二、認同比較（identity comparison）

你可能會開始檢核每一個過去的想法、行為與感受，並將之與所謂同性戀者互相比較；也會蒐集許多與同性戀者相關的資訊，包括同性戀者的定義、輿論、社群等。在這些比較與蒐集的過程中，一方面會增加你對同性戀者的認同程度，另一方面也無形增加了你與他人（非同性戀者）的差距或衝突；主要是因為你雖然內心裡知道自己是同性戀者，但也明白自己不一定見容於強勢的異性戀文化中，於是有意無意的拉開自己與家庭、同儕間的距離，像是接受同性戀者的行為，卻迴避同性戀者的認同、減少與家人的接觸、和同儕間保持某種心理上的距離等。

三、認同容忍（identity tolerance）

接著，你可能會開始接受自己是一位同性戀者，但表面上卻仍表現得像個異性戀者；雖說是接受，還不如說是「容忍」來得貼切許多。你會開始尋求一些與同性戀者有關的次文化，包括同性戀者的網路家族等，倘若此階段的經驗是正向的，那麼將會帶領你進行真正的認同接納階段。

四、認同接納（identity acceptance）

這時候，你已經真正接受自己是位同性戀者，不一致的情況已經減少或消失，同時也會開始有選擇性的對於身邊的異性戀者揭露自己的身分，也就是所謂的「現身」。大部分的人到了此階段已經感到滿足，另外有些人則會往下一

個階段走。

五、認同驕傲（identity pride）

深深接納自己的你，會有一種優越的感受，同時會因為感受到異性戀者的強勢文化對於同性戀者的拒絕，而嘗試與之對抗。希望透過同性戀團體的發聲來強調自己的存在，希望透過更多的現身來讓自己與強勢文化分離，然而，除了讓更多人經驗你的認同接納與驕傲之外，也會伴隨者許多的衝突或負向經驗。

六、認同統合（identity synthesis）

最後，你不但能夠與一些異性戀者建立不錯的支持性關係，對於其他的異性戀者的拒絕或挑釁，會覺得生氣但不再有草木皆兵的感受。同時，自己內在與公開的形象不再呈現不一致的狀況，也瞭解到性傾向的認同只是個體自我認同中的一部分，於是，所謂的同性戀認同發展也算是完成了。

上述的六個認同發展階段，類似於Erikson的社會心理發展階段論觀點，每個階段都是一個發展的危機，若順利度過則會進入下一個階段，若卡住則會使發展停住，造成發展停滯的現象。另外，上述提及的發展階段，雖然並不特別區分男同性戀者與女同性戀者的認同發展歷程，但男性與女性在尋求同性戀認同的歷程中，的確有一些差異存在。

男性在尋求認同的過程中，多會需要尋求同伴、群體與更多的資訊來獲得一些安全感；女性則會先重新詮釋過去的行為事件，試圖將它們和性傾向做連結找出意義。而且，女性在青春期結交親密的同性朋友並不會受到太多的關注，這讓女性得以透過交往的歷程來確定同性戀這個身分。因此，男性與女性在認同發展歷程上的差異，通常也和傳統社會的性別角色期待有關，使得「做自己」、「尋求認同」變得更加煎熬，是一強烈且直逼而來的挑戰。

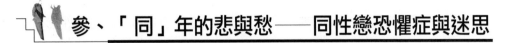
參、「同」年的悲與愁──同性戀恐懼症與迷思

　　「同性戀者是正常的嗎？」這個問題常讓許多因為不理解同性戀者的人感到恐懼，進而衍生出一種排拒的態度，造成許多不必要的誤解與傷心。分述如下。

一、同性戀恐懼症（Homophobia）

　　同性戀恐懼症一般簡稱為「恐同症」，指的是一種對於同性戀者的否定態度與信念，伴隨著一些害怕、生氣的情緒，內心裡其實是很害怕與同性戀者沾上邊的。恐同的情況不僅是異性戀者會有，許多同性戀者也會有此現象，大致可以區分為：

1. 同性戀者無法接受自己的性傾向，因而感到恐懼。
2. 異性戀者由於對同性戀者的偏見和誤解，產生對同性戀者的強烈排斥感。
3. 怕被同性戀者傳染愛滋病。

然而，究竟是哪些原因會造成恐同情況的存在，筆者歸納出幾個原因如下：

1. 不允許同中有異的存在：伴隨著許多的不瞭解，以道德的眼光來框架性傾向的不同，極力避免改變發生，不接受同性戀者的人格特質、性行為的方式等。
2. 陰陽有別的傳統觀念：在華人的世界裡，傳統的陰陽論就是男女有別的意思，是一種絕對的二分法，除了男生與女生、男生愛女生之外，並不涵蓋同性戀者的存在。
3. 美好家庭就是異性戀家庭：社會的期待包括「傳宗接代」與「成家立業」，但傳統多認為同性戀者無法履行此二者，自然不認為同性戀者的結合會是一個美好的家庭。

　　只是，即使是如此多元的現代社會，很多人在面對為數不少的同性戀相關資訊時，卻仍選擇充耳不聞，甚至極力打壓同性戀者的權益。在外界的壓力與態度下，使同性戀者得選擇性的隱藏身分以保護自己，對於號稱多元的社會而言，不知道是一個口號還是一種期許，不知道是否因為擔心自己被改變而拒絕理解，也許是反映出恐同者內心自我形象的脆弱而已。

二、迷思

（一）同性戀等於愛滋病

　　愛滋病的感染是經由人體體液（包括血液），將 HIV 病毒由帶原者傳染到非帶原者身上；所以，體液的交換是感染愛滋病的唯一途徑，包括：共同使用注射針頭的感染、性交過程未全程使用保險套，以及懷孕母親與胎兒的直接血液交換等，都有可能感染愛滋病。因此，異性戀者與同性戀者都可能因為輸血、不安全的性行為而遭到感染。

（二）同性戀可以矯正

　　從前述內容來看，我們可以發現性傾向是決定同性戀者的關鍵因素，這帶有某種程度的自然與天性，因此若認為同性戀者是可以在行為上加以矯正，則顯得不切實際，與其花費心思在矯正上頭，不如花些心思理解與接納，會使你較有收穫。

（三）同性戀都很異性化

　　同性戀是一種性傾向上的不同，行為或裝扮並不能當作判斷一個人是否為同性戀的依據，也就是說我們不能因為一個人的「娘娘腔」或「男人婆」來做

為判斷的依據。

（四）同性戀是變態

　　有些同性戀者的成長過程裡，都曾有被同儕嘲笑的經驗，甚至出現一些侮辱性的字眼，這些經驗都會讓他們覺得很受傷，卻又難以言說。事實上，早在1973 年起，醫界已不再將同性戀者視為一種疾病，這只是一種性傾向的不同而已，只要能自我接納和認同就不是變態，如果你還不能明白這點，你就落伍了！

　　其實，面對社會的恐同情緒與迷思，並不是誰的錯，畢竟，沒有一個父母從孩子出生就知道他是不是同性戀者，也沒有哪個人一生下來就知道自己會是同性戀者，社會上的多數人自然也就不會天生就明白同性戀者的存在。因此，只要我們保持者對人「尊重」的本質，那麼你的心裡自然能挪出空間來接納一些新的事物，你的人生也會因此而獲得更多。

肆、結語

　　同性戀者，在成長的早期，便開始試著理解自己的本性，去追尋自我生命的定位，即使得一個人躲在暗櫃裡，他們都得努力的去面對人生的每一個期許與方向的選擇，在每一個找尋的過程裡，無非也想尋得一個正確答案，卻都讓他們更加迷惘。因為，人生是沒有標準答案的，異性戀者如此，同性戀者亦然，人生的意義其實都是出於「愛」。

　　「愛」是神聖的，擁有一份令你感到滿足的愛情，才能讓你感到真實的滿足，而無關乎性別為何。也許，歷經這段生命追尋的歷程，即使過程中可能傷痕累累，卻更能懂得愛情的真諦、生命的意義，也因此擁有一顆懂得愛自己、愛人的心，學會許多人終其一生都沒機會懂得的功課。

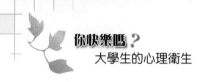
大學生的心理衛生

中文部分

台北市政府民政局（2005）。**認識同志手冊**。台北市：作者。

張學善（1986）。同性戀個案諮商的倫理議題。**輔導季刊**，**32**（3），51-58。

陳郁齡（1988）。談青少年同性戀。**輔導通訊**，**58**，46-54。

劉安真、程小蘋、劉淑慧（2002）。「我是雙性戀，但選擇做女同志！」——
兩位非異性戀女性的性認同形成歷程。**中華輔導學報**，**12**，153-182。

英文部分

Cass, V. (1979). Homosexual identity formation: A theoretical model. *Journal of Homosexuality, 4,* 219-235.

CHAPTER 14

我的「性」福在哪裡——

如何面對性關係

陳詩潔

【這是一則新聞】

桃園縣某科技大學一名女學生，指控同班一名男學生企圖性侵，男學生則指女學生倒追他，曾拉他的手碰觸她胸部，是「愛他不到、想把他毀掉」，後來還找新男友架住他，由她持刀殺傷他；桃園地檢署認定性侵不成立，反要追究女學生找友人報復的刑責。

【這是一件事實】

菁菁（化名）這幾天上課經常魂不守舍，連社團活動都很少參加，一下課就不見人影。因而引起老師與同學的關心，但菁菁總是眼眶泛紅卻又說自己沒事。室友則說菁菁最近晚上經常一個人流淚不止，好像一直作惡夢，對於手機鈴聲顯得緊張。菁菁的幾個好友覺得不對勁，因此決定晚上一起到她的寢室問清楚到底發生了什麼事。菁菁才說出，上個星期跟已經認識一個月的明仔（化名）一同出遊，但沒想到明仔卻在 KTV 的包廂裡，強行跟她發生性行為。過程中她雖然一直喊不要，可是明仔卻說：「是你自己要跟我出來的，你也知道會發生什麼事。」菁菁也不知道這算不算強暴，因為他們認識，而且相處的也很愉快，只是不知道為什麼會發生這種事。她常想如果自己不跟明仔出去，就什麼事都不會發生了，所以她也不敢告訴別人這件事，除了怕被責罵，自己也覺得很丟臉。

何謂性騷擾與性侵害，你瞭解嗎？是否只要提出告訴，就一定會成立？約會性行為是愛情的表現，或是涉及強暴事件呢？這些都是你必須知道的。

 # 壹、何謂性（性生理與性心理）

性行為泛指兩性在肉體上的接觸，狹義的性行為指性交行為，亦即男性將陰莖插入女性陰道的行為；廣義的性行為則包含接吻、擁抱、愛撫（輕度愛撫為腰部以上的觸摸、重度愛撫則是腰部以下生殖器官的撫摸）、性交等。性行為過程中的反應可以四階段說明如下。

 ## 一、性反應的四階段

Masters 和 Johnson（1966）研究結果將人類的性反應區分為四個階段，男女兩性不論在哪一個階段中的反應幾乎都是一致的，對此四階段描述如下（引自劉秀娟，1997）：

1. **興奮期（excitement phase）**：特徵是性刺激所引發的血管充血現象，這個充血現象會產生潤滑效果，在 5 至 15 秒之內會使女性的陰核勃起，而 3 至 8 秒之間便可以使男性的陰莖勃起。對兩性而言，不論是生理或心理的刺激，只要是有效的性刺激便會產生興奮的反應。

2. **停滯期（plateau phase）**：或稱「高原期」，假使有效的性刺激不斷持續，性興奮狀態便會一直增強。男女在此階段都會經驗到骨骼肌肉緊張、呼吸加快、心跳速率增加，對某些人而言，還會出現全身肌肉緊張的現象。在女性，若是持續刺激陰核頂部使其產生劇烈的收縮，陰道也會跟著緊縮，陰道內壁約有三分之二的部分會脹大增厚；在男性，則陰莖及龜頭的直徑會增大，而且睪丸會上提到陰囊頂部。

3. **高潮期（orgasmic phase）**：在每 0.8 秒產生一次的一系列有節奏的肌肉收縮後，因刺激而造成的充血現象也會明顯消褪，此時的呼吸次數至少是平常速率的三倍，血壓提高約三分之一，心跳速率也增為平常的兩倍以上。男性會有射精的現象，女性的肌肉節奏性收縮則持續較久，很多女性還可以很快的經由持續性的性刺激而再一次得到高潮，但這種重複性的高潮對男性來說很少見。

4. **消褪期（resolution phase）**：這是整個週期的完成階段，肌肉緊張狀態會趨於平靜，而身體也會逐漸回復到興奮期之前的狀態。消褪期發生的速度與產生興奮的速度有關——興奮狀態出現的愈慢，回復的情形也就愈慢。假如沒有達到高潮，消褪期便會延長，緊張也會跟著提高，並且產生不舒服的感受，男女皆是如此。男性在此期會產生倦怠感，而暫時對性的刺激失去反應；女性則較不會有倦怠感的經驗發生。

二、性生理與心理

1. **性生理**：性慾是與生俱來，會引起刺激、造成衝突，甚至是苦惱的情緒，但性是人天生的機能，是正常的生理反應，是生活中的一部分，使兩性可以接近，而產生受精的作用，以利生殖。男性性慾會引起器官的勃起，以便在性交時可以進入對方的生殖器官；至於女性則有充血現象，但不易用肉眼看出，但仍然可以觸覺到類似海綿的膨脹及彈力。當女性陰道發生充血時，為便於男性陰莖的插入，會分泌一種液體成無色無臭的黏液，散布並濕潤陰道的入口處；黏液的分泌，表示性的衝動已經達到腦神經中樞。當男女同時產生性需求，在性慾的帶領下，男方很自然地將陰莖插入女性的生殖器官，以達到性交的目的，包括射精等。而在心理層面，性交是將長時間蓄積的一股精神力量排出。性感帶則是指身體的某些部分在接受性

刺激時，產生的一種敏感，人的皮膚有某些區域，經由輕快的撫摸，可以得到一種快感而引發性慾，並會造成性慾的亢進。每個人的身體都會有幾個區域是屬於性感帶，但敏感的程度因人、時而異。性感帶是性生活中一個重要的部分，有助於性生活的健全與完滿（謝瀛華，1993）。

2. **性心理：**女性多半將性行為與感情和親密的感覺連結。性行為的主要樂趣來自可以和對方分享感覺，並獲得情緒上的滋潤溫暖，以及被渴望與需要的感覺，而不是生理上的快感；男性通常對性以及性的刺激表現出較多的興趣，傾向將性行為當作是一種權利、優勢、掌控與成就的表徵，有時純粹是生理上的發洩和追求快感、樂趣的途徑，較認為性不涉及關係的品質（劉秀娟，1997；謝瀛華，1993）。

性行為是一個自然的過程，在有利的情況下，對身體是有益無害的。對男性而言，可以解除性的激奮、肌肉鬆弛、血壓降低，獲得舒適安寧的情緒；在女性方面，則不若男性疲倦，但會有種寧靜與自信的感覺，通常可以增加愉快的活力。性慾的啟發與宣洩是一個過程的兩個段落，在此過程中，一方面可以維護個體的身心健康，另一方面也達到了傳宗接代的目的。

認識了性反應階段，也看完性生理與性心理，你覺得自己對性的態度是否正確呢？就讓下列的「性愛迷思測驗」，檢視你自己對性的態度囉！

性愛迷思測驗

　　對於性事你瞭解嗎？還是道聽塗說呢？藉由下列的題目，測試自己是否真的認識性。你覺得題目敘述是正確的勾選「是」；覺得題目敘述不正確則勾選「否」。

是　否

☐　☐　1. 女性和男性一樣，在心情壓抑、憂鬱時，還是非常有性慾的？

☐　☐　2. 女性跟男性一樣，性慾的激發主要是依靠視覺與對方的身體動態。

☐　☐　3. 在性行為邁入高潮時，男性與女性的語言表達與行為反應可以並行。

☐　☐　4. 性愛是與生俱來的能力，所以只要順著本能走，無需學習。

☐　☐　5. 性行為就只是性器官的接觸，其中不包含心理愛的感受。

☐　☐　6. 性行為只是一套呆板的公式，純粹在宣洩情慾罷了。

☐　☐　7. 男性時常是性慾勃勃，無時無刻都想著性。

☐　☐　8. 女性的性慾較低，通常有性慾週期的規律性。

☐　☐　9. 女人應該是嬌羞並須有迎合的矜持，所以在性行為中該由男性主導整個過程。

☐　☐　10. 喜愛性愛的女人是很淫蕩的，所以女人不能主動求愛。

☐　☐　11. 女人在性行為的過程中，呻吟是淫蕩的象徵。

☐　☐　12. 對男性而言，做愛的經驗愈多愈好，技巧愈多表示自己越厲害。

☐　☐　13. 女人喜歡性能力強的男人，所以做愛時要很用力，時間則是愈長愈好。

☐　☐　14. 男人那話的尺寸很重要，愈大愈有助於性關係的美妙。

☐　☐　15. 如果雙方有其中一方沒有達到高潮，就不算是成功的性愛過程。

計分結果：

　　在上面的題目中，你共答了幾個「是」和「否」呢？其實上述的問題答案都是「否」，你答對幾題啊？

資料來源：修改自伊甸園：男女性愛的差異與秘密（2002）；男和女的 20 個性愛迷思（2007）；楊詠晴（2007）

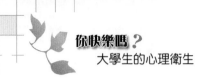

貳、安全性行為──該怎麼做

一、婚前可不可以有性關係

性行為是人類日常活動中的一般行為，如同運動，除了維護親密關係，同時也具有繁衍的功能。尤其在愛情關係中具有極為重要的位置，當兩人愛意正濃，氣氛合宜下，自然容易發生性關係，而婚前性行為更是一直被討論的，到底婚前可不可以有性關係？應先問問自己是否具備下列條件（謝瀛華，1993）：

1. 兩人具有深厚的感情，生理與心理機能也臻於成熟。
2. 具有承受感情失敗，撫平創傷的能力，不會因分手就一蹶不振，否定自己。
3. 知道避孕技巧，在歡愉的性行為中，有能力免除懷孕的可能，以免造成擔憂與恐懼。
4. 具有認識各種性病的能力，盡可能防止性病的感染。
5. 在新婚之際，若婚姻對象非先前性伴侶時，具有處理的能力。

婚前性行為若是在雙方兩情相悅的情況下，並願意以性關係做為表達自己情感的方式，對於未來不論會如何發展，兩人也都具有為自己行為負責的能力，婚前性行為並非不可以，性關係不僅是為了追求肉體的快樂，應該還包含相互的責任。性關係是憑藉個人的價值觀而決定，除非逾犯法律，並沒有所謂的對錯，但人畢竟還是生活在社會文化脈絡下，我們很難抽離社會規範與輿論的壓迫，因此當這段性關係的發生不符社會尺度時，總是須承擔許多的指責與壓力，而你是否準備去面對，也認為可以渡過呢？

二、常見各式避孕法

如上所述，婚前性行為是可能發生的，但更重要的是性行為的避孕考量，除了避免未預期的懷孕，還可以避免性病傳染。以下就常見的避孕方式，做一介紹（引自 KingNet 國家網路醫院）。

（一）自然避孕法

1. **基礎體溫法（Basal Temperature）**：需要婦女每天早晨量體溫並記載在體溫單上，此體溫單提供了月經週期中安全期及危險期的資料。體溫從最低溫開始上升那天和以後的三天內應避免性生活。

2. **情境避孕（性交中斷法）**：情境避孕不必事前準備，但須在射精入陰道前中斷性活動，此稱為性交中斷或抽回，但在射精前的液體中已有精子存在，所以這種方法並不可靠。

3. **月經週期表記載法（安全期計算法）**：首先需要記載六個月以上才能區分出月經最長與最短的週期，月經期間的第一天就是週期的第一天。「受孕期」的範圍是從月經最短週期結束前第 18 天（包括這一天）到最長週期結束前第 11 天。例如：某婦女月經週期維持 24 至 28 天，則其易受孕期將定為第 6 天（24 − 18 = 6）到第 17 天（28 − 11 = 17）。

（二）機械性避孕法

1. **保險套避孕法**：保險套避孕是較安全也是方便又快速的一種方式，而且保險套產生的副作用小，只要在正確的使用之下，不但可以避孕，還可以防治因為性行為而傳染的性病。此外，保險套還可以保護女性因為性行為而產生的子宮頸癌，所以保險套是最適合年輕人使用的避孕方式。
   ⑴男性保險套：薄橡膠或塑膠套，用以套住陰莖，避免射精時精液進入女

性體內。

(2)女性保險套（femidom）：女性保險套是相當新的產物，外觀就像大號的男性保險套，兩端皆有富彈性的環狀開口，是丟棄式不含香料且加了潤滑劑的保險套，貼於陰道壁上，以避免精子進入女性體內。

2. 子宮內避孕器（Intrauterine Devices, IUDs）：子宮內避孕器是由不起化學作用的塑膠或一些金屬所製成，裝在子宮內，加速輸卵管的收縮，使卵子快速通過而無法受孕，或能增加子宮內膜和子宮內液體的發炎細胞數目，干擾受精卵著床。

3. 口服避孕藥：口服動情激素（estrogen）和黃體素（prugesterone）的合成類固醇製劑。動情激素阻止濾泡刺激荷爾蒙（FSH）對卵巢的刺激，濾泡無法成熟，就無法排卵；而黃體素可以影響子宮頸黏液的製造，干擾受精卵著床，以達到避孕效果。

4. 殺精劑：具有殺滅精蟲作用的化學劑，如冷霜、凍膠、泡沫劑、氣溶膠、栓劑和錠劑等，在性交之前擠入陰道。其中以冷霜、凍膠、泡沫劑效果較佳。

（三）手術絕育法

1. 女性輸卵管結紮：將女性輸卵管紮起來並剪斷，或只紮起來使卵子無法與精子結合。

2. 男性輸精管結紮：將男性輸精管紮起來並剪斷，使射出的精液中不含有精蟲。

（四）緊急避孕法

即「性交後避孕法」，利用高劑量的動情激素與黃體素，達到預防排卵及改變自子宮內膜厚度。須在性交後 72 小時內服用第一次，再 12 小時服用第二

次，之後 5 天內，每天服用二次，服用完後會有月經來潮的情形。

 參、性不性，真的由你嗎？

性騷擾這個長久存在生活中的問題，已在 2005 年 2 月 5 日《性騷擾防治法》正式施行後，開始擁有更強而有力的處理方式。不論在職場、校園甚至是家庭中，這個問題都可能發生，也唯有對此有更多的認識與瞭解，才可以預防並減少性騷擾的事件發生。

 一、性騷擾與性侵害的定義

（一）性騷擾

1. **敵意型性騷擾：**以明示或暗示從事不受歡迎、帶有性意味或性別歧視之言詞或行為，致影響他人之人格尊嚴、學習或工作之機會或表現者。

2. **交換型性騷擾：**以性或性別有關之行為，做為自己或他人獲得、喪失或減損其學習或工作有關權益之條件者。

（二）性侵害

凡是違反個人意願的性交行為及利用個人從事色情表演、拍 A 片或裸照，即為個人性侵害。

Fritzgerald（1990）則以連續性的觀念定義性騷擾及性侵害行為，由程度輕微的性騷擾至最嚴重的性侵害，區分為五等級（引自王麗容，2007）：

1. **性別騷擾（gender harassment）：**騷擾行為（含語言和非語言）傳達侮辱、詆毀或性別歧視觀念的一般性性別歧視語言或行為。例如：調侃異性（或同性）、對異性（含同性）品頭論足，甚至帶有不友善的眼睛和訊

息，使對方不自在、不舒服，有一種因惡意而帶來的不安感受，都可能構成最輕微的性騷擾。

2. **性挑逗（seductive behavior）**：指騷擾行為（含語言或身體行為）帶有性暗示、性引誘。例如：摸當事人的身體、出示性意味的圖畫，以及要求一起觀賞某些性挑逗的影片等，使當事人覺得不被尊重，甚至有被侮辱的感覺，這些都是第二層次的性騷擾行為。

3. **性賄賂（sexual bribery）**：騷擾者對被騷擾者以明示或暗示，用利益承諾（例如：學校老師給學生及格、加分、推薦信，雇主或主管給與升遷機會、薪資調整等）的方式，要求與性有關的好處或行動。

4. **性要脅（sexual coercion）**：騷擾者對被騷擾者以威脅懲罰的明示、暗示手段，要求對方給與性接近或性意味有關的行為。例如：老師莫名不給學生好臉色看或威脅把學生「當掉」或「給低分」，以要求對方共同出遊、約會用餐等性意味的行為。

5. **性侵害（sexual assault）**：包括強暴及任何具傷害性或虐待性的性暴力及性行為，其不只違反了當事人的身體自主權，也威脅到當事人的身體、心理和社會層面的健康。

由上述定義間接可知，性騷擾防治蘊含著對性別差異與權力結構的規範，亦即制止以強權造成他人於性的「不受歡迎的行為」，有四種相當具體帶有性本質的語言和非語言行為，都有可能造成當事人不舒服的感受（王麗容，2006）：

1. **語言方面**：性方面的笑話、揶揄、嘲諷、就對方生活上或容貌上與性有關的評論或質問、邀約或性關係上之引誘等。

2. **視覺方面**：色情圖畫、照片或影片的寄送或出示等。

3. **文書方面**：色情書刊的閱讀，或於書信中做性方面的描述。

4. **動作方面**：不必要之身體上接觸、強制猥褻、性暴力等行為。

如何界定「不受歡迎的行為」影響性騷擾事件的判定，因此即時的抗議或抱怨，常是對「不受歡迎的行為」有利的申訴。因此在遭遇性騷擾後立即的反應，不僅可以制止此行為繼續，同時也可以給與騷擾者一個警惕。面對性騷擾的處理，可由不同的角色給與協助（引自清大小紅帽工作群，1993）。

1. **被騷擾者**：首先你要相信自己，如果感到不舒服，立即反應，可藉由大聲喊叫尋求周遭他人的協助，甚至是採取較攻擊性的行為，打罵騷擾者。如果你擔心引發報復，也可以理直氣壯的表現你的憤怒，記得在行動前後確認自己的安全，如周遭路人很多時；如果當下不是很確定被騷擾，你可以直接質問對方「你在做什麼」或「請不要一直擠」，由對方的反應，驗證自己的猜測；如果當下沒有逮到騷擾者也別太沮喪，記得公開說出來，除了讓你可以以健康的方式處理性騷擾，同時也可以制止熟人性騷擾。面對熟人性騷擾，通常是因雙方的權利不平等而被迫忍受，但如果不盡早處理，只會讓自己一直處於受支配的位置，記得！讓其他人知道自己的處境，避免孤立自己，或訴諸法律途徑等，都是很重要的處理策略。

2. **被控騷擾者**：當他人告知你，感到被你性騷擾時，若你無法確認自己是否已經騷擾對方，可以問自己幾個問題：

   (1)當你的伴侶在旁，你是否會做出相同的舉動？

   (2)你願意自己的配偶、子女或其他重要的人遭受相同的待遇嗎？

   (3)你是否也同意別人這樣對待你呢？

   如果上述問題皆是否定，那你的行為可能已構成性騷擾，而你需要立即面對這個問題並積極做出改變。

3. **被告知受騷擾者**：請相信對方並傾聽他的聲音與感受，讓他知道有人關心且支持他。如果你期望採取行動，也請尊重當事人的需要，不要讓貿然行動成為二度傷害。記住，不對當事人做出批判，如「你為什要到那種地方？」「你穿成這樣當然危險啊！」等，這些話只會讓他更不舒服。如果

當事人願意，可以陪伴他到可求助的機構，或尋找其他人的協助，此刻你的支持與陪伴，對他是很重要的。

二、約會強暴

「約會強暴」泛指約會行為中，一方在違反對方的自由意願／意志下，所從事的具有脅迫性與傷害性的性愛行為（羅燦煐，1999）。其歸屬為「熟識者強暴」，與一般認知的陌生人強暴不一樣，而是發生於約會中的強暴行為，雙方不僅認識，甚至具有某種程度的信任關係，對當事人的信任感與安全感產生強烈的傷害。「約會強暴」通常具有下列特徵（Warshaw, 1988）：(1)當事雙方事前認識，且可能建立良好甚或羅曼蒂克關係；(2)加害過程通常不需使用武器或暴力，而多憑藉口頭脅迫或其他壓力（Koss, 1988; Muehlenhard & Schrag, 1991）；(3)受害者缺乏「極力抵抗」的證據，如破裂衣物、身體傷痕等；(4)受害者可能延誤立即報案的時機（引自羅燦煐，1999）。

在約會活動蓬勃的大專校院中，約會強暴並非少見。Koss（1988）對美國6,159名大專校院學生的問卷調查結果發現，有四分之一的受訪者表示曾經被強暴或被意圖強暴；其中84%的施暴者是認識的人；在這些熟識的施暴者中，有57％是自己的男友（Barrie, 1998）。在國內，陳若璋（1993）調查全省9所大學，共2,146位大學生的性侵害經驗，發現女性受訪者約四分之一曾遭受性侵害，其中45%認識加害人，40%的加害人為受害人的男友或同儕。然而「約會強暴」的受害者提出告訴的，卻遠不及上述的數據。現代婦女基金會更整理出「約會強暴」事件中，影響受害人處理態度的四個特點（引自柯淑敏，2007）：

1. 因與加害人熟識的關係，會讓受害人有自己視人不深或自己有錯的自責傾向，對加害者難堅持採取法律訴訟。

2. 由於雙方熟識的關係，使得事件外的第三者和當事人容易模糊強暴案件就

是違法的本質。

3. 受害人老是陷入被質疑與誤解的二度傷害。

4. 一般人的錯誤觀念認為，既是約會中發生的事，多是誤解而已，不應該反應過度。

因此，「約會強暴」的受害者在面對被強暴事件時，同時也常經歷被質疑、誤解、不被重視，甚至自己都無法確認強暴事件的模糊感受，在這種缺乏強暴認知的情況下，當性暴力發生在約會或彼此相愛的雙方，受暴者多會選擇容忍或是自我辯解。Miller 和 Marshall（1987）研究更指出，有 17% 的女性受訪者相信，當男性產生性衝動時，自己是很難阻止的，甚至連男性自己都無法控制；27% 的女性更表示，曾經因為男友對她們施加壓力，同意與他們發生性行為，但這並不是強暴，而是「約會都會發生的事」（引自張淑茹、劉慧玉譯，1998）。然而就「身體自主權」而言，每個人對自己的身體有保護的義務，同時也有享受身體感覺的權利。所以即使是親密愛人，在未取得自己完全的同意，另一半是無權進行任何性行為的。

「約會強暴」的預防原則可由下列幾點著手（參考自柯淑敏，2007）：

1. **認識自己的「身體自主權」，畫出自己的「身體界線」**：每個人對自己的身體具有絕對的權力與義務，除非你願意，否則沒有人可以碰觸你。同時，也確知自己在這段關係中，目前準備開放的親密程度為何？底限在哪？或許有時會擔心對方感到不悅，但你是在確保自己的「自主權」，當你能尊重自己的身體時，別人也會跟著尊重你。

2. **明白和確實的表達意願，並直接與具體的進行溝通**：不僅自己知道界線為何，也需讓關係中的另一方瞭解。在互動過程中，如果對方出現違反自己意願的動作，直接的表達自己不舒服的感受並拒絕，例如：「我覺得你的行為讓我不舒服，請你停止！」而非「我不太喜歡這樣，你不要繼續好不好。」

3. **安全的約會時間、地點與活動**：簡而言之，就是以人多的時間、地點與活動為選擇方式。避開人少的深夜或清晨時刻；遠離偏僻的山區、海邊或無人公園，或旅館、車子、對方或自己的宿舍等密閉式的空間；減少從事 KTV、MTV 等僅兩人獨處或可能攝取酒精的活動。

4. **清楚交代自己的去向，必要時請旁人協助**：對於初次約會，要將自己的約會對象、時間、地點與返回時間，清楚的讓可信任的人知道，必要時可請他們同行或來電關切。

　　過去的性別意識，模糊大家對性騷擾與性侵害的瞭解，在閱讀過相關的文章之後，你對於性騷擾與性侵害的概念是否清楚許多？做做下列測驗，讓你知道自己的認知是否正確。

「性騷擾與性侵害」迷思測驗

你瞭解性騷擾與性侵害嗎？試做下列的題目，讓你更瞭解自己對性騷擾的認識有多少。你覺得題目敘述是正確的勾選「是」；覺得題目敘述不正確則勾選「否」。

是　否

☐　☐　1. 性侵害指的是男性加害者對女性受害者做出性方面的傷害或騷擾行為。

☐　☐　2. 在親密身體接觸上，女性拒絕多是嬌羞矜持，或不好意思過度興奮的意思，男伴需主動堅持。

☐　☐　3. 天下無不是的父母／兄姐／師長／親戚／上司。

☐　☐　4. 強暴才會造成傷害，摸一下胸部、屁股，開開黃色玩笑，沒什麼嚴重的。

☐　☐　5. 被性侵害會造成一輩子污點，同時會讓家人難堪。

☐　☐　6. 一個女人在聚會時與男人發生性關係，那麼其他男人也有權利和她發生關係。

☐　☐　7. 很多女人都有被強暴的幻想，表面上卻裝純潔。

☐　☐　8. 女人穿迷你裙或緊身露肩、露胸的衣服，過於性感、引人注意，而遭性侵害是自己不小心。

☐　☐　9. 會在 KTV、PUB、酒館、遊樂場或保齡球場……等場所玩太晚的女孩，多半不是什麼正經的女孩，若遭性侵害是自己行為不夠檢點。

☐　☐　10. 男人性慾本來就旺盛，有時受到性刺激難免偶爾會無法控制自己。

☐　☐　11. 加害者多是面目可憎、行為舉止怪異或社會階級較低的男人。

☐　☐　12. 性侵害是女人需要擔心的事，與男人無關。

☐　☐　13. 性侵害事件處理完後，最好的復原方法是不要再提起，盡量讓當事人忘記，時間會治療一切。

☐　☐　14. 一個不願被強暴的女人，男人無論如何都不會得逞的。

☐　☐　15. 受害者如果沒有受傷、紅腫或淤青，多半是自願的。

☐　☐　16. 被性侵害的人多半有強烈性慾或在不正經的家裡長大，否則好好的人怎會遇到這種事。

☐　☐　17. 妨害性自主權指的就是用暴力強迫對方發生性關係。

☐　☐　18. 只要兩情相悅，不論年紀都可以發生愛撫或性行為。

是　否

☐　☐ 19. 從事特種行業或伴遊小姐，甚至言論開放的網友，只要她願意出去，就表示她願與你發生性行為。

☐　☐ 20. 你的女友曾經與他人有過性經驗，就表示你也有權與她發生性關係。

☐　☐ 21. 男性受害者在過程中如果有勃起現象，就表示他是自願且渴望發生性行為。

☐　☐ 22. 如果他（她）在接吻愛撫時都接受且熱烈回應，表示他（她）一定也願意發生性行為。

☐　☐ 23. 約會時發生性侵害，往往是兩情相悅、一時克制不住，所以不應被視為強暴事件。

☐　☐ 24. 對方這樣深愛著我，若我不答應跟他（她）做愛，好像會破壞彼此的感情。

☐　☐ 25. 我們已經交往一段時間，對方卻說想分手，但我卻還是很愛對方，若對方沒有給我一個滿意的答覆，像這樣絕情的人應該要給他（她）一些教訓。

測驗結果：

上面的題目中，算算你總共答了幾個「是」和「否」呢？其實上述的問題答案都是「否」，你答對了嗎？

資料來源：呂嘉惠（2008）

肆、結語

　　性是人類生活的一部分，甚至擔負著繁衍生殖的重責；而在愛情關係中，也是一種親密的表現，有助於關係的維繫。隨著時代的演進，性不再是只能做不能說的禁忌話題，而婚前性行為更不能只是一味制止，取而代之的是成熟自主的性態度與安全性行為。一方面為自己的行為負責，另一方面則是預防性病與未預期懷孕。

　　性騷擾與性侵害，是個舊現象卻是新議題，社會建構中的性別與權力差異，往往令人忽略了這個最基本的「身體自主權」，我們需要去喚醒自己對於自己

身心管理的權利與義務，同時也要尊重他人的身體。即使是擁有親密關係的愛人，他／她仍然可以在任何時刻喊停，因為這是他／她的自由意志。總之，性是生命中一件美好的事物，是愛情中的一項誘人的藝術，擁有它不困難，但真正享受它才是生命的意義。

KingNet 國家網路醫院。各式避孕法比較。2008 年 5 月 3 日，取自 http://hospital. kingnet.com.tw/books/two-edu/method4.html

王麗容（2006）。校園性騷擾概念與防治。2008 年 5 月 3 日，取自 http://w3. yudah.tp.edu.tw/educ/educ4/educ4_9508.pdf

王麗容（2007）。何謂性騷擾：你我的解讀相同？2008 年 5 月 3 日，取自 http:/ /homepage.ntu.edu.tw/ersadm/960503sex.doc

伊甸園：男女性愛的差異與秘密（2002）。人民網 People。2008 年 5 月 18 日，取自 http://peopledaily.com.cn/BIG5/shenghuo/79/111/20020206/664162.html

呂嘉惠（2008）。長億高中性侵害防治常識測驗。2008 年 5 月 18 日，取自 http:/ /163.17.37.103/GUIDE/DocLib12

男和女的 20 個性愛迷思（2007）。尋醫問藥網。2008 年 5 月 19 日，取自 http:/ /www.xyxy.net/lxkj2/lxcs/xcs/20070611/35644.html

柯淑敏（2007）。兩性關係學（第二版）。台北市：揚智。

張淑茹、劉慧玉（譯）（1998）。B. Levy 著。約會暴力（Dating violence）。台 北市：遠流。

清大小紅帽工作群（1993）。校園反性騷擾行動手冊。台北市：張老師文化。

陳若璋（1993）。大學生性騷擾、侵害經驗特性之研究。台北市：教育部訓育 委員會。

楊詠晴（2007）。男女性迷思比一比。張老師月刊電子報。

劉秀娟（1997）。兩性關係與教育。台北市：揚智。

謝瀛華（1993）。性心理手冊。台北市：遠流。

羅燦煐（1999）。變調的約會：青少年約會強暴之防範。高中教育，**9**，12-16。

CHAPTER 15

能夠愛人與被愛──

愛情關係的經營

陳詩潔

【愛情故事之一：暗戀】

　　阿凱（化名）是個話不多、脾氣溫和的男孩，在同伴中多是被消遣的一方，但他認為如果這樣可以讓氣氛輕鬆，被大家當成娛樂的對象也不錯，所以大家都叫他「好人」。隨著升上大三，眼見大家都有女朋友，阿凱自己也期望身邊有個女孩相伴。其實阿凱一直「暗戀」社團裡有著甜美笑容的學姐，也是為了她才加入這個社團，希望透過活動可以增加跟學姐相處的機會，但一學期下來，跟學姐的關係卻始終停留在社團學姐弟，雖然很多次想試著跟學姐表白，卻擔心會收到「好人卡」，這樣他也沒臉繼續留在社團中，連學姐弟的關係都沒了。

【愛情故事之二：劈腿】

　　芬妮（化名）近來接到電話總是很緊張，尤其是男朋友的電話，有時卻又莫名的跟電話那頭發脾氣，情緒顯得不太穩定。原來芬妮有一個交往一年半的他校男友，但最近跟班上的阿賢（化名）走很近，兩人下課後經常一起去吃飯、唱歌，甚至阿賢也會接她上課。芬妮擔心被男友發現後，男友會很生氣，但卻又無法拒絕阿賢的陪伴。同時，也擔心班上同學認為自己「劈腿」，批評自己的關係很亂，阿賢有意無意也暗示自己是不是該做個決定；但一年半的感情實在很難說放下就放下，面對這種左右為難的狀況，心情更加煩躁。

231

談戀愛好像並非想像中的容易，尤其是遇到愛情的困境，如暗戀、單戀或劈腿，好像陷入漩渦，想走卻走不出來；即使只是單純的處在一段愛情關係中，難免會有意見不合的時候，偶而又遇上不安全感作祟，發生爭吵似乎難以避免。愛情就是這麼令人無法抗拒，卻又痛苦難受，不知你是否也有類似的經驗呢？

 壹、愛情關係的發展

愛情不是一個結果，而是一個發展的過程，這個過程由數個不同階段所組成，每個階段皆有其特色，所以我們才說愛情充滿「酸、甜、苦、辣」，而這也是愛情最令人津津樂道的部分。

愛情會如何發展？在不同階段，愛情呈現不同的面貌。一般而言，愛情會經歷浪漫期、權力爭奪期、整合期、承諾期與共同創造期，這五個階段說明如下（易之新譯，2005）。

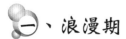 一、浪漫期

在關係歷程中，最令人感到快樂的應該是這個時期，陷入熱戀的人，感到世界變得明亮、對生命充滿熱情，每一刻都覺得新鮮，浪漫期就像生命的香料。在浪漫期中，彼此並不瞭解，許多感覺與想法多出於自己的想像，而對這段關係灌注了希望與期待。因為兩人相處的真實經驗不多，所以一開始都將自己的想像套在對方身上，各自沉迷在為對方建立的形象中。

二、權力爭奪期

因為對彼此的瞭解不足，所以浪漫期得以維持，但只要有足夠的相處時間與經驗，就會逐漸看清對方的本性與行為。在此階段，眼中的對方不再完美，

為了維持自己為對方建造的理想形象，開始嘗試控制對方，如溫和的建議對方，或強烈的責備對方，意圖將伴侶推入已設計好的角色，而形成衝突不斷的權力爭奪期。如果仍堅持己見，不願接受對方與自己理想的差異，同時也為避免更多的爭吵與失望，往往會選擇結束關係。反之，若能改變自己的態度，不再試圖控制、改變或責備對方，就會進入下一個階段——整合期。

三、整合期

當經歷了浪漫期的錯覺與迷失，又渡過了權力爭奪期的風暴後，會發現兩人的關係更穩定，想要更瞭解對方，接受彼此的差異。這個時期，彼此可以意見不合，但卻不會為此而爭執，即使觀念不同，仍可好好相處。全然進入整合期的關係並不常見，大部分的人會陷入權力爭奪期的衝突，或沉溺在浪漫期醉人的錯覺中。然而，在整合期的人已做好準備，願意分享自己更多的內心世界，而更強化彼此的親密感。雖然此期的刺激感可能不如浪漫期與權力爭奪期，但兩人能首度體驗對自己和對方真正的滿足，並準備邁入下個階段——承諾期。

四、承諾期

這個階段對伴侶已經非常瞭解，除接納兩人的差異，也樂於溝通自己的想法與感覺，愈來愈投入各自和共同的生活，而願意做出承諾。這個承諾並不是給對方的保證，而是對自己與生活做出的選擇，選擇與對方一起計畫雙方的期待和決定，並付諸行動。承諾會影響在關係中的付出，因為我是承諾自己所選擇的事，當你同樣做出承諾時，便可以在關係中擁有期望，這不是對彼此的要求，而是共同的協定。承諾是相互信任的根基，根基扎得愈深、愈強，關係則更朝著穩定與堅固的方向發展。

五、共同創造期

由於信任雙方的承諾，所以能投入關係中並真誠的合作，雙方的努力是和諧一致，彼此自然流暢的互動，就如同我們常說的「琴瑟和鳴」。此期，原在關係中屬於負面或具破壞性的部分，都成了可以運用的正向特質，如吝嗇的人負責財務管理、控制的人負責計畫與安排行程，因承認與接納自己與對方個性的特質，而靈活轉化原本的缺點，彼此都享有充分的自由，生命充滿可能性，兩人的力量強大到足以實現夢想與願望。

這五個時期不是直線進行，而是一種螺旋性的發展，如同在關係中活出生命階段，但並非每段關係都會經歷這五個階段，可能在其中一個階段便終止，也可能停滯於某個階段不再前進，兩人是否能成功處理各階段中的事件，並繼續往下一個階段前進，則依靠雙方投注的交會與分享。

貳、開啟愛情的捷徑

愛情發生的前提，需要「吸引力」，就像磁鐵，有股莫名的力量，引導你朝對方前進。「吸引」雖然是一個抽象的形容詞，但卻有幾個要素影響著雙方，陳述如下（林燕卿、楊明磊，1998；張滿玲譯，1999）。

一、情境因素

接近性和熟悉度都屬於情境因素，它們創造了吸引與被吸引的優勢機會。

1. **接近性**：指時間和空間的接近，這是創造認識機會的首要條件。你們同時出現在某一共同的空間裡，比如同一年在相同的學校或社團；你是網路上某個家族的成員，而他也加入這個家族，之後你們一起聊天、吃飯。古語所謂「近水樓台先得月」，當雙方共事的經歷愈多，許多共同的回憶與情

感讓彼此更易相互吸引。

2. **熟悉度**：指曝光率，除了時空的接近外，還要有互動，增加在彼此面前曝光的機率，以留下印象。亦即「日久生情」，兩人相處愈久，也愈習慣對方的存在，對彼此的瞭解更多更深。日漸增加的熟悉度，將促進兩人彼此吸引的機會。

 二、個人特性

為什麼我們會被一個人吸引勝於另一個人呢？每個人的答案都不一樣，有些人認為燦爛的笑容魅力無限；有些人卻覺得憂鬱的眼神惹人憐愛；有人喜歡幽默、溫和的個性；有人則會被聰明、才華所吸引。但人的吸引力，常受下列因素影響：

1. **外表吸引力**：人會被吸引常來自「第一印象」，而影響第一印象的重要因素，就是外表的吸引力，包含容貌、身材、穿著等。不可諱言，我們總是比較容易被「好看的人」所吸引，因此讓自己看起來容貌整潔、衣著合宜是人際吸引的基本功夫。

2. **人格特質**：當我們獲得對方的資訊愈多，外表吸引力的影響則愈少。這也說明相處的時間久，人格特質的影響力便逐漸增加。在互動過程中，幽默、體貼、開朗與得體的談吐，總是令人感到舒服愉悅的，但不可忘記，言談間的基本禮貌和尊重是最重要的。

3. **能力**：擁有樂器、運動、學業等專精的技能，總是令人印象深刻，可是能力好也不要過於完美。因為完美的人雖令人欣賞，但也可能引起他人自嘆不如的自卑感，而不願與你靠近。所以擁有一些無傷大雅的小缺點，如小跌跤、一點迷糊等，讓人有機會欣賞你的優點，但也因你的小缺點，覺得你也是平常人般的可親。

三、互動因素

1. **相似性**：人們對於態度、興趣、價值、背景與性格上與自己相似的人，較有好感。「志同道合」就說明了，相同的興趣，可以一同享受生活的樂趣；相似的生活習慣，讓兩人較好相處；相近的觀點，給彼此覓得知音的感受。由此可見，相似性增進倆人的親密感。

2. **互補性**：然而如果兩人各方面都具有高度的相似性，卻會滋生問題。如兩人都喜歡當決策者，那爭論可能不斷；彼此都渴望被呵護，可能會抱怨對方的體貼與照顧不足。因此兩個人優缺點互補，各有所長、相互照顧與依靠；個性上滿足彼此的需求，例如：一個人較成熟穩重，另一個人較活潑開朗，兩人互相欣賞彼此的個性，覺得擁有這樣的個性是很符合自己的理想。

因此多創造時間與空間的接近性，增加自己的曝光率，提昇個人的吸引力，保有自己的特色，為自己加分，樂於與人分享興趣與快樂，欣賞別人的特色，這些都是發展愛情的良方。

參、吵架的模式

在愛情關係互動過程中，爭吵總是難以避免的，而衝突的發生並非都具有破壞性，有時爭吵也是溝通的一種，有助於關係的發展。Rusbult 和 Zembrodt（1983）以「建設—破壞」及「主動—被動」兩個向度來區分四種衝突因應型態（引自王如芬，2004），說明如下。

一、表明

主動且具建設性的嘗試改善關係，可能的表現包括討論問題、尋求他人協

助、提供解決途徑、嘗試改變、尋求治療師的協助等。雙方會討論所遇到的問題，並尋求妥協以盡力維持親密關係。

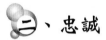 **二、忠誠**

被動但卻樂觀地等待情況變好。可能的行為包含等待、盼望事情會逐漸改善、默默支持伴侶、被動的彌補出現的裂痕。採用這種策略的人因害怕對方的拒絕行為，所以少說話，往往是耐心等待、支持而非吵架，希望自己最終能使對方回心轉意。

三、忽視

被動的讓關係惡化。可能的行為表現是忽略伴侶、花較少的時間在一起、避免討論問題、不再為彼此的關係盡力、拒絕處理問題等。當人們不想改善也不想終止關係時，常用此策略。

四、離開

主動的毀壞關係。可能的行為表現是分手、虐待對方、結交新的異性、搬離同居地等。當人們沒必要挽回關係時，常採用此方式。

在這四種方式中，忽視與離開對關係是屬於破壞性的影響，表明與忠誠則有助於關係的維持。因此爭吵不是壞事，重點是要讓這個爭吵是有意義與幫助的。

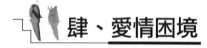

肆、愛情困境

一、暗戀與單戀

當一個人被另一個人吸引，且對其產生愛的感受，但未曾將自己的心意讓對方知道，選擇默默的愛戀，即所謂的「暗戀」；另一種則是採取行動向對方告白，但卻未獲得回應，而當事人又無法忘懷，則成為「單戀」。無論是暗戀或單戀，都只有單方有戀愛的感受，但實際上卻缺乏在愛情關係中，雙方會產生的接觸與互動，這也是暗戀或單戀令人困擾的部分。

單戀可用「獨自喜歡」做為核心，貫穿整個歷程，而個人單方面的想像、揣測主導了這段關係，實際上卻缺乏讓愛情關係持續的具體條件，如同是單戀者演出一場自導自演的愛情獨角戲（卓紋君、林芸欣，2003）。在這段關係中，因單戀者常沉浸在個人的想像中，對於被單戀者的善意回應易解讀為對自己也有意思，或是逕自揣測被單戀者的想法與感受，而投入更多的感情致無法自拔。

因為缺乏對被單戀者意向深入的瞭解，在這種不確定的關係下，單戀者的感受是矛盾與複雜的，例如：當被單戀者表現出主動的回應時，單戀者則會有興奮、愉悅，甚而是一種飄飄然的感受；相反的，當受到拒絕時，生氣、不滿、難過，或是難為情的感覺也接踵而來；但最常見的應是不確定感所引起的煩亂、落寞、無奈等鬱卒的感受了，有時還會出現易怒與衝動的情緒。單戀者的心情隨著被單戀者的反應，時起時落，就像洗三溫暖一樣，只是水溫並非自己控制。

單戀與暗戀的差異就在表白與否，單戀者此刻掙扎於「說」或「不說」的角力戰中，這種想確定卻又怕被拒絕的心情，是另一種矛盾心情。在鼓起勇氣表白後，如果得到期望中的答覆，那興奮的感覺是不可言喻的；若是被拒絕或沒有明確的回應時，接踵而來的是後悔、難過、沮喪的失望心情，甚至會有否認或是怨懟對方的想法，但終究單戀者須面對失落的感受。

　　如果你就是單戀者，或是身旁正有處於單戀中的朋友，你可以怎麼做呢？
需要謹記的一點是「獨自喜歡」是單戀的核心，因為缺乏真實的互動，所以許
多愛戀的想法與感覺多出於自己的想像，也易將對方理想化，忽略了現實情況。
所以可從下列幾點著手：

1. **真實**：探問自己對這段感情的真實性，自己是真的喜歡對方，還是只是希
   望有人關懷？自己是否願意對這段感情付出？

2. **客觀**：以客觀的態度去看待對方所有反應，而非選擇性的只注意對方的優
   點或是對自己善意回應的部分。

3. **評估**：先觀察並實際的瞭解對方，認識對方的性格、自己的特質、目前所
   處的情境等相關因素，評估雙方合適交往與否，或是該如何相處。

4. **澄清**：看清對方的優缺點、與自己的適合度，以及瞭解他對自己真實的情
   感與想法，同時也確認兩人互動的型態與品質，針對這些現實條件思考，
   釐清目前兩人的關係。

5. **求證**：在瞭解自己的想法與感受，適時的針對個人的臆測加以求證，確認
   對方對這段關係的定位，也避免自己一味的投入感情，到頭來只是自己的
   一廂情願。

二、劈腿

　　「劈腿」亦即一個人在愛情的領域中擁有「多重關係」。「劈腿族」是一
個新用法的舊詞，它是專門用來形容對愛情不專一、腳踏兩條船的人。「劈腿」
的狹義定義是，與一人以上的伴侶有明確的交往關係及行為，廣義的來說是泛
指對感情不忠的人，包括心靈與肉體都算在內（維基百科，無日期）。由上述
定義可見，「劈腿」一詞帶有負面的意義；而對於劈腿的負面觀感，許多來自
於多重關係即表示多重「性」關係的聯想，因此劈腿同時肩負了亂、隨便、不

負責的特性，甚至被標籤為一種不道德的行為，在崇尚一夫一妻的主流文化視框中，「劈腿」通常會被污名化。

對劈腿最常見的批判有：

1. **劈腿就是一種欺騙**：並非所有多重關係的主角都被隱瞞，如喧騰一時的清大王水案，三方均知對方的存在，而也以這樣的方式共同交往，但因兩位女主角爭奪男主角對自己愛意多寡引發殺機。

2. **劈腿戀中，會傷害同時被劈的那些人**：反觀在兩方的愛情關係中，因個性不合，其中一方決定提出分手，被分手的一方便可宣稱自己受到傷害，而指責對方不道德嗎？或許有些人反而覺得長痛不如短痛，一直拖下去對雙方都不好。因此，傷害與道德並不劃上等號，也不能就此認為所有的劈腿戀都是不道德的。

這些道德批判其實是以排他、忠誠、承諾與婚姻取向的文化視野看待劈腿，其實檢視現代人的愛情觀，劈腿並不少見，只是程度深淺與時間長短的差異。如同未婚男女可能有幾段約會關係同時進行，以便從中選擇適合自己的伴侶，這樣是否算是劈腿呢？或是已有固定交往對象，但仍未拒絕其他的追求者，而以友誼關係維持互動，未來一旦戀情有所變卦，還有其他選擇，這能稱為劈腿嗎？所以劈腿的定義隨人有所不同，也更難給與對錯的評價（參考卡維波，無日期）。

根據研究顯示（Fricker, 2006），容易劈腿的特質有：(1)逃避型依附風格；(2)遊戲型愛情風格；(3)比較容易知覺到有可替換的選擇者；(4)對關係有高層次投資者。前三項即指出，對關係較不滿意、較少投入和承諾及有其他可選擇對象者，較容易發展出多重關係，而這也符合一般對劈腿者的刻板印象；但第四項卻出人意料，這也代表劈腿雖有所謂的共通性，但其中還蘊含許多不同於刻板印象的內涵，如在關係中的需求、動機等，因此在面對多重關係時，無法簡約的以是非給與論斷或建議（引自李香盈，2007）。

在多重關係中，有兩個主要角色，一是劈腿者，另一則是被劈腿者。我們常以為劈腿者多是愉快的周旋在不同愛人中，但對某些劈腿者而言，無法避免的是社會評價所給與的拒絕與責備，同時也背負著既有價值觀所引發的罪惡感與愧疚感，所以對於劈腿戀多採取隱瞞與躲避的方式運作。當然也有以擁有多重關係而自滿者，劈腿顯示出其「很具吸引力」、「很有辦法」，在男性甚至是男子氣概與權威慾的表現上，劈腿成為一種自我彰顯的方式，也足以在朋友間炫耀自己的本領。

被劈腿者則易被冠上受害者的角色，尤其是被蒙在鼓裡，不知自己的愛之船尚有其他乘客者，產生了被欺騙與背叛的受傷心情，甚至質疑是不是自己不夠好，所以對方才劈腿；除了受傷也常伴隨著憤怒的情緒，指責對方對自己不忠，或許也生氣自己無法掌握對方的感情，甚而會萌生報復的念頭；當然也有自覺無能為力的被劈腿者，雖然內心受傷，也對劈腿者感到憤怒，但卻無法制止劈腿的行為，也無法讓自己離開對方，而陷入困頓的狀態。

不論是哪一個角色，談到劈腿時，總是傾向先釐清「劈腿」責任的承擔者，亦即「劈腿是誰的錯？」，接著是「為何劈腿？」等的問題，但這種「找出兇手」的態度對關係維繫的實質幫助並不多，問題還是需回到自己，才得以解決。可以問問自己：

1. **對於「劈腿」我的想法為何？**如前述每個人都有自己對於劈腿的定義，並不是以道德的觀點自我批判，而是澄清自己對於愛情關係的態度。

2. **為何我會「劈腿」？**是對舊有關係感到厭倦，所以想要營造新刺激的感受；或是出現更吸引自己的對象，而朝那方走去；還是不確定到底比較愛誰，當然也可能兩個都愛。

3. **我是否做得到「劈腿」？**同時經營兩段以上的關係，並非易事，而要神不知鬼不覺的進行，除了需較多時間、心思與行動的投入，還要避免失誤，導致事蹟敗露。因此先評估自己在愛情關係經營的能力，再決定該如何面

對吧！

4. **我該如何面對「被劈腿」？** 被劈腿者在傷心難過之餘，且慢急著找出原因，可以先問問自己對於這段愛情關係的期待為何？此次事件會如何影響這段關係的發展？

5. **我是否接受「被劈腿」？** 如果決定繼續留在關係中，那得先澄清是為了什麼？是真心想維繫這段關係，還是不願放手？如果這段感情成為多人行，你是否可以接受，而不陷入爭奪戰中？如果上述問題的答案都是否定的，那更應謹慎思考自己的抉擇。

愛情並非買賣，可以論斤秤兩的比較，誰愛誰多，或是要求投入等同付出，但你可以確定的是，去瞭解這段關係中，符合你的期待有多少？以及在關係經營中，還可以努力的方向。就讓下頁的量表，協助你探索你的愛情關係。

愛情關係測驗

　　這個量表主要是想瞭解您對此段愛情關係的感受，題目中的他（她），是指目前與您固定交往的男（女）朋友。請針對每一題項所敘述的情形，選出您認為最能反映您實際狀況的數字。

	完全不符合	大部分不符合	不符合	符合	大部分符合	完全符合
1. 我願意原諒他（她）的小過錯，因為我知道這就是我所認識的他（她）。	1	2	3	4	5	6
2. 他（她）令我失望。	1	2	3	4	5	6
3. 我尊重他（她）。	1	2	3	4	5	6
4. 他（她）能激發出我最好的一面。	1	2	3	4	5	6
5. 他（她）對我的理念和計畫能產生共鳴。	1	2	3	4	5	6
6. 我和他（她）可以坦然地討論私事。	1	2	3	4	5	6
7. 我會對他（她）吐露心事。	1	2	3	4	5	6
8. 我知道他（她）是哪一種類型的人。	1	2	3	4	5	6
9. 我知道他（她）的過去。	1	2	3	4	5	6
10. 我知道他（她）的過錯和缺點。	1	2	3	4	5	6
11. 僅是看著或注視著他（她），就會令我感到愉悅。	1	2	3	4	5	6
12. 即使他（她）不在身邊，我還是會想著他（她）。	1	2	3	4	5	6
13. 有某些事我只和他（她）一起做。	1	2	3	4	5	6
14. 我對他（她）的某些感覺是我對其他人所沒有的。	1	2	3	4	5	6
15. 我在他（她）身上發現性吸引力。	1	2	3	4	5	6
16. 我相信他（她）會站在我的立場給我最好的。	1	2	3	4	5	6
17. 我願意為他（她）付出重大的犧牲。	1	2	3	4	5	6
18. 當我的權益和其他人的權益相衝突時，我相信他（她）會捍衛我的權益。	1	2	3	4	5	6
19. 當我需要時，我可以依賴他（她）的幫助。	1	2	3	4	5	6

	完全不符合	大部分不符合	不符合	符合	大部分符合	完全符合
20.當他（她）需要時，他（她）可以依賴我的幫助。	1	2	3	4	5	6
21.我在我們的關係中感到快樂。	1	2	3	4	5	6
22.我和他（她）的關係可以滿足我的需求。	1	2	3	4	5	6
23.我和他（她）的關係是成功的。	1	2	3	4	5	6
24.他（她）真的關心我這個人。	1	2	3	4	5	6
25.他（她）令我覺得自己是有價值與特別的。	1	2	3	4	5	6
26.他（她）以不公平的方式對待我。	1	2	3	4	5	6
27.我跟他（她）的關係處於緊張狀態。	1	2	3	4	5	6

計分方式：

1. 完全不符合＝1分、大部分不符合＝2分、不符合＝3分、符合＝4分、大部分符合＝5分、完全符合＝6分。

2. 此量表共包含6個向度，分別將各向度題號的得分相加，得分愈高，則代表在你的愛情關係中，你對於此向度的評價愈高。

⑴接納／尊重（acceptance/respect）：接納對方並相互尊重。包含第1～5題，第2題為反向題（完全不符合給6分；大部分不符合給5分，以此類推）。

⑵親密（intimacy）：自覺深信與瞭解對方，包含第6～10題。

⑶激情（passion）：感到被對方迷惑、期望占有，與其有性親密，包含第11～15題。

⑷照顧（care）：相互給與、協助與擁護對方的權益，包含第16～20題。

⑸滿意（global satisfaction）：享受關係並感到成功，包含第21～25題。

⑹衝突／矛盾（conflict/ambivalence）：覺得受困在關係中，對關係的維持有不確定性，包含第26～30題。

資料來源：修改自陳詩潔（2006）

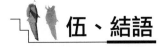

伍、結語

　　人們常說「談戀愛」，但愛情並不是只用嘴談即可，更需要心的投入，將愛情關係視為一門事業般經營。在愛情發展歷程中，隨著不同發展階段，會經歷不同的情緒起伏，由初期的甜蜜邁向中期的紛爭，克服後方可進入後期的穩定成長。雙方的吸引力也由最初的時間、空間與個人特質等因素，逐漸轉移到兩人在關係中的互動與調適，此時面對衝突的處理方式，對日後關係的維繫產生莫大的影響。

　　當愛情陷入困境，那種懸在半空中的感受，常是令人感到無力又煩躁的；而面對單戀或暗戀的模糊愛情，試著收回自己的主控權，或許有助於突破混沌不明的困境；若陷於劈腿戀中，與其固著於評定彼此的對錯或忙著尋找合理的原因，不如思考對於這段戀情自己的期待與可容忍的底限，因為懷著爭口氣或報復的心態，終究受傷的還是自己。

　　愛情是一場雙人舞蹈，因為融合兩人的能量，而呈現出和諧與美妙的舞姿，但也因為共舞，所以無法由一人決定該如何發展。人的成長過程中多是在尋求安全感，而握有控制權似乎也是安全感的來源，因此在愛情關係中，雙方嘗試著讓關係朝著自己期待的方向發展，也希望自己可以掌握對方，於是愛情關係就淪陷在這種追逐與捕捉的過程中；但必須接受的是，掌控一個人是很困難的，如果沉浸在控制關係的慾望中，真正投入與享受愛情將是有距離的。因此，知道自己在愛情關係中，到底追求的是什麼，才是最重要的。

王如芬（2004）。大學生知覺之父母婚姻關係、親子關係與愛情關係中衝突因應方式之相關研究。國立台中師範學院諮商與教育心理研究所碩士論文，未出版，台中市。

卡維波（無日期）。人人皆劈腿腳踏兩條船無罪？外遇事件簿。2008 年 4 月 5 日，取自 http://www.1story.com.tw/affairA09.htm

李香盈（2007）。一位未婚成年女性的多重戀情之敘說研究──「尋求被接納與允許自我存在的空間」。國立政治大學心理研究所碩士論文，未出版，台北市。

卓紋君、林芸欣（2003）。單戀者單戀歷程的分析研究。中華輔導學報，13，45-88。

易之新（譯）（2005）。J. Mckeen & B. Wong 著。關係花園（The relationship garden）。台北市：心靈工坊。

林燕卿、楊明磊（1998）。兩性關係。台北市：華騰。

張滿玲（譯）（1999）。E. T. Shelly, A. P. Letitia & O. S. David 著。社會心理學（Social psychology）（頁 363-397）。台北市：雙葉。

陳詩潔（2006）。大學生共依附特質、自我感受與愛情關係品質之相關研究。私立中國文化大學心理輔導研究所碩士論文，未出版，台北市。

維基百科（無日期）。劈腿族。2008 年 4 月 5 日，取自 http://zh.wikipedia.org/wiki

CHAPTER 16

當愛情不再來敲門——

分手的調適歷程

羅子琦

「分手吧！」看似簡潔有力的一句話，有多少的影響力、殺傷力？也許，你還年輕，尚未有開展愛情關係的經驗；也許，你不認為分手有多麼大不了的，自然很難體會許多人困在分手的陰霾中，獨自面對這份難以言說的悲與苦。

然而，在愛情關係戛然而止後，對於當事人而言，究竟會帶來哪些變化？是失去、還是成長？是失落、還是收穫？是解脫，抑或是墜入痛苦的深淵？他們是這麼說的：

【突然說分手】

阿國（化名）：「昨天明明還好好的，怎麼今天突然跟我說分手，我問她為什麼？她只是一直說著對不起、對不起……。當下我強裝鎮定，但是一回到家，我無法相信這一切是真的，第一次覺得自己失控了……」

【分手後的我】

小珍（化名）：「分手的時候，我告訴自己這沒什麼，也很快答應青梅竹馬的告白，和他交往……。可是，每當夜深人靜時，我就會想起和前男友的相處點滴，原本以為只要開展新的戀情就可以忘記舊的。哼！結果，只是在逃避罷了……」

【回首來時路】

　　婷婷（化名）：「起初，只是覺得和他見面時有些怪怪的感覺，剛開始我想是彼此比較忙的關係，但是我發現當熱戀期過了之後，彼此的差異愈來愈明顯，我曾經試著想要溝通，但他總是拒絕與我討論。這段關係中，我並不快樂，但想到要離開卻又覺得會讓對方傷心，好矛盾喔！不過，走過這歷程，我卻更加知道自己要的是什麼。」

　　上述三則故事，是愛情關係生變、分手時的心情寫照，你是否也有相似的經驗與心情呢？一段愛情關係的開始，總是美好與甜蜜，很少人一開始便預言關係將會轉變、終止，因此一段原本美好的愛情關係，是哪些因素導致關係走向分手、如何處理分手，以及分手後的調適與心理歷程為何，本章將逐一探究。

壹、愛情變調了——警訊

　　像是前述阿國的自白，好好的愛情怎麼會說變就變，一句話說散就散；只是，分手往往不是一個衝動、一個念頭即可促成的決定，通常是關係中長時間的、許多避而不談的問題累積而成，它們在分手前，可能早有徵兆，但我們可能視而不見（田鎔瑄、謝慧雯譯，2004）。

一、失衡的愛情

　　失衡的愛情關係即是兩人的付出不成比例，某一方對於愛情重視的程度遠遠大於另一方，包括：經營愛情比對方積極許多、努力討對方歡心而另一方無動於衷等。然而，我們都知道愛情之所以稱做愛情，是因為這當中有兩顆心的同在，少了任何一方，愛情都將搖搖欲墜。

二、企圖改變對方

也許，對方未必是盡如你所期待的理想對象，但你卻相信自己可以改變對方，就像是童話中青蛙可以變王子、電影史瑞克中的費歐納公主一般；或者，明知對方無法善待自己，卻總是為對方找藉口，試圖催眠自己。如果，你將愛情中的種種互動事實加以修飾並如此期待者，那麼問題可能就出在自己身上。

三、強烈控制的一方

不論是男性或是女性，都有可能透過操控，來保護自己，來給自己安全感。在此同時，一方的強勢操控也形同漠視對方的需求，像是「你應該……我是為了你好」、「都是為了你……我犧牲了……」，這些話語中充滿了責備以及缺乏尊重的態度。

四、「落跑客」（台語）

有些人無法真的讓自己處在親密關係中，只要關係需要更進一步，或是走向關係中的承諾時，他肯定會連走帶跑的閃開關係；或者，有些人在關係中總讓人感到有些距離，或是高喊「自由價更高」，總之，他們都努力於親密關係中閃躲。所以，自然無法真實的在關係中與你共譜戀曲。

五、走味的吸引力

時下的愛情關係，強調想愛就愛，以及性觀念的開放，以致於愛情很快的開始，關係很快的進展，在激情的催化下，少了彼此探索與瞭解的階段。因此，交往一段時間後，你可能會察覺怎麼你們之間總是以「性」為主，不免令你感

到有些空虛與不踏實。

　　一段和諧的愛情關係，會令你感到開心、對生活充滿期待，你會樂在其中。所以，一旦愛情關係變了調，只要你留心體會，都可以從雙方在關係中的角色、互動品質中，發現到關係變調的警訊。如果我們視而不見，這些警訊會隨著時間一一爆發。

貳、愛情停了──分手

　　愛情關係可以說是人際關係中的深度互動歷程，原本是獨立個體的雙方，會在關係中產生一種關係連結。Gilligan（1993）認為女性是在關係中建立自我的；國內則有劉麗娟（2002）依照Freud的伊底帕斯模式，來說明男女獲得自我的差異：男性是透過「離開」關係來獲得自我，而女性則是透過「進入」關係來獲得關係中的自我。但賴逸琳（2005）則認為東方人不論男性、女性，皆是強調關係中的自我。因此，在深度互動的愛情關係中，雙方都有某部分的自我是在互動中才顯出意義的，讓我們以此觀點來探究為何無法決定分手，以及如何決定分手。

一、無法決定分手的原因

1. **罪惡感**：當你正猶豫是否決定要分手時，常會想要避免傷害對方，或是難以面對主動提出分手的罪惡感，而一再拖延分手的決定。然而，愛情變調的事實，卻會因為一再拖延使得傷害的程度不斷累積加深。

2. **性需求**：Wright指出，有些情侶會因為關係中的性愛回憶，令自己無法自拔，受限於賀爾蒙的指揮，而非理智（引自田鎔瑄、謝慧雯譯，2004）。柯淑敏（2001）認為，兩性發生性行為的可能原因包含兩個方向：一是藉

由性行為來套住對方或示愛；二是滿足對愛情的幻想。所以，如果你的伴侶知道性可以牽制住你，那麼你也難以將自己輕易的抽離出來。

3. **害怕改變**：兩個人交往久了，不免易有「安於現狀」的想法，同時也害怕關係改變後的未來，而決定按兵不動。不過，這段因為害怕改變而持續的關係，可能也讓關係中的兩人持續的不快樂。

4. **旁人的意見**：感情觸礁的時候，不免令你感到徬徨無助，而關心你的家人與朋友肯定也會給你很多的建議，有些可以成為支持的力量，有些也可能成為你的壓力源，像是「你們很相配啊」、「他對你好好喔」、「不要浪費時間」、「不要不知足」等。可是，這些聲音都不該等於你心裡真正的決定，畢竟，你的決定影響你的人生，而不是他們的。

5. **拯救者自居**：試著觀察一下自己在關係中的行為，是否不斷的想要拯救對方脫離痛苦。習慣當拯救者的人，往往需要保有這段感情並不斷拯救對方，來證明自己的價值。通常，也容易在感情中出現第三者時，才會離開原有的關係。

的確，一段關係的開始是難得的緣分，要決心離開一段關係自然不容易。重新檢視一次你的愛情關係，評估自己在愛情關係中的狀態，如果分手已是必然的，那麼做出正確的決定就是最好的結果。

然而，面對愛情的困境，常會有「霧裡看花」、「當局者迷」的感受，在下頁，讓我們運用「實境思考」所提及的方式，來嘗試如何為自己撥雲見日！

實境思考（愛情關係總體檢）

　　當你檢視愛情關係，是否曾經感到「擁有卻空虛」，或是「欲走還留」的困境？讓我們一起來為自己的愛情關係進行一次總體檢吧！

　　在你為自己的愛情進行總體檢的時候，請記得以最真實的心情來面對自己，不需要與人討論，也不需要擔心別人如何看你的答案。此時，你只需要聽見自己的聲音……

◎愛情的理想圖

步驟一、列出十項你認為理想情人該有的優點

_____

_____

步驟二、列出十項你認為理想情人不該有的（最無法接受的）缺點

_____

_____

◎愛情的進行式

步驟三、檢視你目前情人擁有上述哪些優點和缺點

_____

_____

步驟四、盡量列出你們的愛情關係如何讓你不快樂？造成哪些影響？

_____

_____

◎愛情的未來面

步驟五、請列出十點你若繼續留在此段關係中的結果……

_____

_____

　　如果，這段愛情即將走到終點，那麼不論你中途想要停留多久，以延遲終點的到來，終點都將是必然的結果；延遲只會延長痛苦，對方不會因此更愛你，也延遲你追求幸福的腳步，對你們雙方都沒有好處。

二、準備結束關係——分手

分手的過程通常有五個階段（田鎔瑄、謝慧雯譯，2004）：

1. **警覺**：警覺階段通常在熱戀期過了之後，開始質疑兩人的未來，原先未被正視的問題、衝突與差異，在這時都開始明顯。

2. **懷疑與迷惑**：關係中的一方開始懷疑自己對另一方的感覺，起初可能只是對於對方顯得比較不在乎、不關心，但可能還有些不確定自己的感覺是什麼，因此這狀態會持續好一段時間。

3. **花時間等待**：在這段時間裡，關係會在此階段顯得停滯不前，雖然沒有明確的分手原因，但預知可能分手的一方（通常是主動分手的人），會因為瞭解分手將帶來的痛苦，傷心不已。

4. **試探**：決心分手的一方，可能會開始不著痕跡的拉開距離，將自己逐漸由關係中抽離，也許是以工作忙碌為藉口，或是拿朋友聚會來推辭與你相聚的約會。同時，也會開始思索該如何告訴對方，也做著未來沒有對方的心理預備。

5. **分手**：最後，決心分手的一方將意識到提出分手是必須的，否則將會令自己感到更加言不由衷與焦慮，因此正式提出分手。

所以，主動提出分手的人通常在提出分手決定之前，提早經驗關係結束的失落與痛苦情緒，也像是先做了一些心理上的預備來面對分手後的一切。被動接受分手的一方，分手對其而言往往是突然的、難以接受的，也就需要較長的調適與恢復時間。

參、心受傷了——如何走出分手陰霾

如果愛情中的相愛是生命中美妙的經驗，那麼還愛著對方，對方卻要離你

而去，肯定也是生命中最痛苦的經驗之一。筆者整理 Kuber-Ross（1969）、Parks（1970）、Worden （引自李開敏、林方皓、張玉仕、葛書倫譯，2004）及相關文獻，將走出分手陰霾的心理歷程整理如下（羅子琦，2005）。

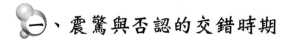 一、震驚與否認的交錯時期

　　這是分手的初期，指的是對於分手事件的震驚與否認分手事實的發生。在遭遇對方提出分手時，會先處於驚訝、震驚的狀態，然而否認也通常伴隨其中「為什麼要跟我分手？……」對於被提出分手的人來說，往往都還是會期待再度復合，帶著希望來期望分手會復合，也將期待付諸實際行動，想要試著喚回對方。內心對於遭到分手決定感到震驚，同時也與否認交錯著，同時也可能持續一段時間的身心症狀，像是食不下嚥、缺乏活力、悲傷、負面思考與睡眠狀況不佳等。

　　愛情分手存著失落可能逆轉的事實，也就是在愛情分手這部分，「事實」的確具有兩種可能：一是分手不可能再復合的事實；二是分手可能有復合機會。所以要接受分手的事實，是十分痛苦與不容易的過程。

二、承認分手的困頓時期

　　抱著希望卻似乎得不到對方的回應，「因為他（她）都不接我的電話，可能想要讓我完全放棄吧！」也可能因為無法挽回的事實而感到受傷，「覺得又被傷了一次」，在期盼復合卻沒有轉機之後，只好承認分手為不可逆轉的事實。這段「承認分手的困頓時期」是分手後最為困難的一段日子，Fisher（2000）認為自我價值感愈高的人也較能夠接受分手的事實；若在此時缺乏周遭朋友與家人的支持，也將增加悲傷的情緒。然而，也可能面臨同儕對其情緒的不理解，造成有不被認同的感覺，以及形成對於自己的負面看法，這時候最難的便是如

何和自己相處。

三、全然接受的涵容時期

當我們在接受自己目前的狀態之後，隨即成為另一新生的契機。屬於個體內在的正向特質或信念以及個人資源也開始發揮作用，包括一個人對於自己能力的相信、樂觀與否，以及身旁的支持系統等，例如：「我要讓自己的生活過得更好」、「家人的支持讓我明白我並不是失去所有」等。這時候，開始能夠接納因為分手產生的情緒與想法，同時也能夠開始學習面對分手後的生活。

四、再建構的行動時期

在真正接受分手事實以及分手後的自己時，我們開始能夠展開重新建構離開關係後的自我認同，重新省思關係中的自己、對於愛情的期待，以及所期待的自己樣貌為何，並將這些付諸行動。

因此，要走出分手的陰霾，你可能需要：

1. **時間**：有專家形容分手像是心理上的開大刀，因此如果以開刀做比喻，開完刀都需要先在恢復室觀察，確認恢復意識後，才能開始復原的歷程。這也就是為何需要先接受分手的事實，才能真正走向復原的道路，這歷程是需要時間的。究竟要多久時間，會視交往的時間與投入的深度、人格特質，以及人際支持資源等有所不同。

2. **投入生活**：同時，我們若能順著外在事件的發生，順勢將自我奮力再起（修慧蘭、孫頌賢，2003）。要再次建構自我、走出分手的陰霾，必須透過實際的行動來體驗，包括維持生活的正常運作，在允許自己悲傷的同時也尋找生活的重心；也許被動接受分手的你，無法改變這個事實，但分手後的生活以及未來的生命，是你可以選擇的。

3. **支持的關係**：戀愛中的兩人世界，時常導致自己由原有的人際圈中淡出。所以，分手後，也需要面對如何重拾人際關係，而且此時也非常需要朋友與家人的支持，他們的陪伴會讓你知道，自己仍是值得被好好珍愛的，是向下墜落時撐住你的力量。

4. **心情日誌**：對許多人來說，也許要面對面的敘說內在心情，有時並不是容易的事情。因此，你也可以試著寫日記、部落格，來紓發自己內在的情緒，透過書寫來細細經驗並接納心情點滴。

5. **尋求幫助的資源**：面臨分手的失落經驗，你也可以嘗試尋求校內學生輔導中心的資源來幫助自己，透過個別諮商，給自己一個安全的訴說空間；透過諮商師的引導與陪伴，一同經驗並覺察愛情與自己的關係。

　　生理上的開刀需要時間復原，心理上的開刀同樣也需要經歷復原的歷程。走出分手的陰霾意味者「改變」，在看似失去的分手事件中，允許自己悲傷與難過；在走出分手陰霾的歷程中，獲得重新建構自我的契機。

肆、愛的禮物——意義與成長

　　危機就是轉機，分手亦然。分手，是一段愛情關係的終止，但你的生命卻不止是這一段愛情關係；這段關係結束了，但生命依然隨著時間持續著，因此你可選擇拿回你生命的主導權，決定這段分手經驗如何存在於你的生命中。

一、痛苦的轉機

　　「痛苦」是為了讓我們知道內在的某些地方需要治療（Fisher, 2000）。因為，讓自己充分經驗走出分手陰霾的歷程、讓自己痛到看見自己還有某部分需要成長與學習，就像是由高處墜落再一步步爬起的過程，那些沒擊倒自己的，

讓自己變得更為堅強了。

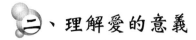 二、理解愛的意義

在愛情中，唯有看見自己的需要是什麼，學習去滿足自己內在的需求，才能真的開始自在做自己。同時，才能夠理解如何在愛情中尊重與保護彼此的需求，而不是在愛情中失去自己。

三、看見自己

前面曾提過愛情中的雙方會產生一種與自我有關的連結，隨著分手這部分的連結也跟著被斬斷。所以，分手後得由這被斬斷某部分的自我中，重新建構自我認同的來源——是來自於自己經驗到的自我，以及關係中所看到的自己。

伍、結語

分手的真正意涵，是我們必須明白我們究竟失去了哪些，在認清與接受失去才是本質之後，才會真正空出因分手而有的空間，獲得才有機會進入我們的生命之中。也許，最難之處，在於放下，電影《臥虎藏龍》有句話說得好：「握緊拳，什麼也抓不到；鬆開手，擁有一切。」不過，「放下」兩字說得容易，對當事人而言，卻是辛苦又難熬的，因此，對於經驗分手的當事人而言，就需要更多的耐心與等待來面對。

中文部分

田鎔瑄、謝慧雯（譯）（2004）。N. Wright 著。**戀人還是朋友：分手療傷手冊**（Let's just be friends: Recovering from a broken relationship）。台北市：宇宙光。

李開敏、林方皓、張玉仕、葛書倫（譯）（2004）。J. W. Worden 著。**悲傷輔導與悲傷治療**（Grief counseling and grief therapy: A handbook for the mental health practitioner）。台北市：心理。

柯淑敏（2001）。**兩性關係**。台北市：揚智。

修慧蘭、孫頌賢（2003）。大學生愛情關係分手歷程之研究。**中華心理衛生學刊，15**（4），71-92。

劉麗娟（2002）。**未婚女性關係中自我的移動**。國立高雄師範大學輔導研究所碩士論文，未出版，高雄市。

賴逸琳（2005）。**愛情發展與結束歷程中自我的發展**。國立高雄師範大學輔導與諮商研究所碩士論文，未出版，高雄市。

羅子琦（2005）。**大學生走出愛情分手困頓經驗之心理歷程研究**。私立中國文化大學心理輔導研究所碩士論文，未出版，台北市。

英文部分

Fisher, B. (2000). *Rebuilding: When your relationship ends* (3rd ed.). Atascadero, CA: Impact Publishers.

Gilligan, C. (1993). *In a different voice: Psychological therapy and women's development*. Cambridge, MA: Harvard University Press.

Kuber-Ross, E. (1969). *On death and dying.* New York: Macmillan.

Parks, C. M. (1970). The first year of bereavement: A longitudinal study of the reaction of London widows to death of husbands. *Psychiatry, 3,* 444-467.

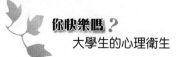

第四篇

心理疾病篇

CHAPTER 17

老師，他怪怪的——

大學生常見心理疾病的認識

黃政昌

想想？如果有一天，您的壓力大到一定程度，可能會出現什麼異常狀況呢？

☐ 1.不想講話、覺得很難過、很自卑，很容易感傷、掉眼淚……

☐ 2.突然心情變得很愉快、很有自信、充滿各種計畫，到處向人訴說自己的理念……

☐ 3.不敢上台報告、和人說話，過度害怕別人注意自己……

☐ 4.什麼大小事都擔心緊張，變得容易生氣、肌肉緊張、坐立不安……

☐ 5.過度怕髒，什麼都要清洗；害怕犯錯、發生危險，什麼都要重複確認與檢查……

☐ 6.什麼都想吃、吃個不停，吃完後，心情卻變得更沮喪……

☐ 7.總覺得旁邊的人在跟蹤我，會趁我不注意時陷害我……

☐ 8.開始過度喝酒、抽菸、服用安眠藥，或嘗試一些非法藥物……

上述異常狀況都可能是某一種心理疾病的徵兆或症狀？例如：憂鬱症、躁鬱症、社交焦慮症、泛焦慮症、強迫症、暴食症、妄想症、物質濫用等，它的出現提醒您需要立即注意和面對這些問題，以避免問題惡化或嚴重影響心理功能。

壹、何謂異常與心理疾病？

一、為何會異常或罹患心理疾病

根據「壓力─素質模式」（diathesis-stress model），個體若有傾向得某種心理疾病的素質，則特別容易受壓力的情境影響而產生相對應的偏差行為（Kring, Davison, Neale, & Johnson, 2006）。其中，「素質」包括：體質缺點、遺傳限制、易致病性等內在的因素，例如基因的缺損、家族遺傳、腦中神經傳導物質不平衡、生理疾病的影響、早年的成長陰影、特殊的氣質與人格特質等。而「壓力」則包括：身體病痛、課業壓力、情感困擾、父母管教、親子問題、人際關係、生涯規劃、身體外表，甚至居住空間、環境衛生、噪音污染、生活便利、生活瑣事等內外在壓力源。

因此，「素質」與「壓力」會同時影響個體是否出現心理異常的現象。如表 17-1 所示，如果個體在低素質、低壓力下，通常不會發病；若是高素質、高壓力，則通常會發病；若是低素質、高壓力，也有可能會發病；若是高素質、低壓力，則不一定會發病。

表 17-1　壓力和素質的互動關係

	低壓力	高壓力
低素質	通常不會發病	可能會發病
高素質	不一定會發病	通常會發病

二、「異常或偏態」的界定標準

生理會因適應不良，而出現一些不適徵兆，甚至罹患生理疾病；同樣的，心理也會有適應不良，而出現一些不適的徵兆，甚至衍生成一種心理疾病。首

先，我們經常會用「怪怪的」、「變態」、「偏態」、「偏差」等術語，來描述這些在認知、行為、情緒、生理等反應上和一般人明顯不一樣的情形，這就是「異常」（abnormality）的概念。

因此，常態（或正常）和偏態（或異常）之間是「相對概念」，而非「絕對標準」，猶如光譜的兩端，有些人比較偏向常態或正常，有些人則比較偏向偏態或異常。其次，還需同時考慮多種標準而非單獨一個標準來進行區別，如果多種標準都是偏向異常，則才有信心推斷個體的心理狀態的確屬於偏態或異常的情形。常見的判斷標準包括。

（一）常態分配（統計上）的標準

行為數量在平均數左右者為「常態」，兩極端者為「偏態」。例如：吃東西吃個不停、一直瘋狂花錢、重複檢查；或反過來，都不講話、不吃東西、都不洗澡、不出門等，這些都是行為數量不在正常範圍之內，因此被視為異常。

（二）社會規範的標準

順從社會規範者為「常態」，背道而馳者為「偏態」。例如：無故使用異性廁所、穿著花花綠綠參加喪禮、作弊被捉卻還不以為意、在公開場合裸露身體或私處等，這些都是行為本身遠離社會規範的正常標準，因此被視為異常。

（三）生活適應的標準

社會適應良好者為「常態」，適應不良者為「偏態」。例如：無法維持規律的生活作息、無法正常的上課出席或面對學校課業要求、無法與同學朋友師長保持和諧的互動關係等，這些都是生活適應不正常的情形，因此被視為異常。

（四）心理成熟的標準

身心二方面成熟度相當者為「常態」，差距過大者「偏態」。例如：大學生遇到課業壓力、感情困擾、人際困境等問題時，總是用逃避躲起來、指責怪罪別人、哭求別人原諒等方式面對，這都不合乎此年齡的正常處理方式，因此被視為異常。

（五）個人主觀感受的標準

主觀感受經常為正向情緒者為「常態」，經常負向情緒者為「偏態」。例如：經常異常的擔心、焦慮、悲苦、緊張、害怕、煩躁，或是極端的討厭自己與無法自我接納等，這些都是非常不正常的主觀感受，因此被視為異常。

三、如何辨識心理疾病

當心理疾病出現時，通常會伴隨一些明顯且異常的想法、情感、行為等跡象，讓我們覺得怪怪的、非常難以理解，這就是心理疾病的「症狀」（symptoms）。因此，學習分辨這些症狀，就是辨識心理疾病的第一步。常見症狀的評估類別與內容，筆者根據臨床實務經驗，整理如下頁表 17-2。

表 17-2　心理疾病常見症狀檢核表

類別	症狀內容
儀表障礙	□1.蓬頭垢面、衣著骯髒、言語不連貫。 □2.打扮化妝誇張、穿著花花綠綠、言談急促。 □3.表情愁苦、說話動作緩慢、衣著邋遢。 □4.表情冷酷、敵視眼光、墨鏡不易取下。
意識障礙	□1.混亂：意識不清，對時、地、人無法定向。 □2.朦朧：意識模糊、昏昏欲睡。 □3.譫妄：除混亂、朦朧外，尚有錯覺、幻覺等知覺障礙，呈現緊張不安。 □4.僵呆：對周圍刺激毫無反應，呈現發呆現象。
情感障礙	□1.興奮：過度得意、大膽、誇大，伴有活動量增加。 □2.憂鬱：過度的悲傷、愁苦。 □3.焦慮：對任何人、事、物，都廣泛性的長期擔心與緊張。 □4.恐懼：對特定的事物或情境，感到害怕。 □5.恐慌：極度的緊張害怕，擔心失控或死亡。 □6.冷漠：對外界漠不關心、缺乏情感表露。 □7.矛盾：同時存在有兩種極端的情緒，如又愛又恨。 □8.不當情感：內在情緒表現和外在談話內容不符合。 □9.情感遲鈍：情緒表達的強度顯著減少。 □10.情感平淡：情緒表達平直無變化。
行為障礙	□1.刻板動作：無意義的重複某些機械性的動作或言語。 □2.強迫行為：無法控制某些重複性的動作，如重複洗手、檢查等。 □3.怪異行為：特別奇怪、難以理解的行為，如當眾膜拜。 □4.退縮行為：很少與人互動，幾乎沒有社交行為。 □5.攻擊行為：明顯失控的攻擊或傷人的行為。 □6.過動行為：明顯的愛說、愛動、愛管閒事。
語言障礙	□1.意念飛躍：聯想力增加，想法一個接一個講出來，好像沒有終點。 □2.思考中斷：話說到一半忽然停頓，腦中一片空白，想不出原來思緒。 □3.說話繞圈：說話內容詳細但卻離題，最後才提到重點。 □4.語無倫次：語句內容缺乏連貫性，令人難以理解。 □5.字句拼盤：表達出來的言語就像一盤拼湊而無關的沙拉盤。 □6.不語症：一貫性地不說話或特定情境的不說話。 □7.貧語症：對問話簡短而遲滯，且自發性語言數量侷限。

表 17-2　心理疾病常見症狀檢核表（續）

類別	症狀內容
思考障礙	□1.魔術性思考：思考方式違反常理或因果定律，猶如魔術般思考。 □2.強迫意念：無法控制去思考某些不好的意念或想法。 □3.殺人意念：想要去殺人的意念或想法。 □4.慮病意念：過分擔心自己的身體健康。 □5.被迫害妄想：相信有人要用計謀陷害自己，甚至想殺害、毒死自己。 □6.誇大妄想：相信自己有非凡的能力、地位、成就等。 □7.嫉妒妄想：相信自己的配偶或異性伴侶有外遇或不貞的行為。 □8.宗教妄想：相信自己有能力與神溝通、有神附身或自己是神的化身。 □9.色情妄想：相信別人會愛上他（她），甚至想要和他（她）結婚。
知覺障礙	□1.聽幻覺：耳朵聽到聲音，別人卻聽不到。 □2.視幻覺：眼睛看到影像，別人卻看不到。 □3.味幻覺：舌頭舔到有異味，別人卻不覺得。 □4.嗅幻覺：鼻子聞到有異味，別人卻聞不到。 □5.觸幻覺：如感覺皮膚裡有蟲子在爬。 □6.體幻覺：如感覺體內的器官爛掉或流出來。 □7.自我感喪失：覺得自己不是自己，好像是另一個人。 □8.去現實感：覺得四周環境都不像是真實的，好像在夢境或演戲一般。
智能障礙	□1.判斷力障礙：無法判斷一些基本問題，如橘子和香蕉有何相同之處。 □2.時間定向障礙：嚴重的搞不清楚現在的時間。 □3.人物定向障礙：嚴重的搞不清楚周遭人物姓名。 □4.地點定向障礙：嚴重的搞不清所處的地點名稱。 □5.近事失憶症：近期發生的事情，無法記憶。 □6.遠事失憶症：過去發生的事情，無法記憶。 □7.順向失憶症：事件發生後的事情，無法記憶。 □8.逆向失憶症：事件發生前的事情，無法記憶。 □9.問題解決能力障礙：明顯失去解決問題能力，如看到失火不知如何處理？ □10.計算能力障礙：基本的計算能力出現障礙，如無法進行減法的過程。
病識感障礙	□1.病識感低：知道自己生病（有問題），但不願意接受治療。 □2.無病識感：完全不承認自己生病（有問題）的事實。

　　心理疾病的發生因人而異，有些人發展速度較緩慢，在不知不覺中進行；有的人則突然而迅速的進展，明顯導致生活或學習適應上的障礙。不過一旦發現上述的症狀時，應盡速向學生輔導中心或精神醫療院所尋求進一步診斷與治療。

貳、心理疾病的分類

　　目前心理疾病的分類診斷系統，主要為美國精神醫學會（APA）的《精神疾病的診斷與統計》（第四版）（DSM-IV）和世界衛生組織（WHO）的「國際疾病分類系統」（ICD-10）。筆者結合此二套系統，進行粗略分類，結果整理如表 17-3 所示。本表雖然不具有充分性與嚴謹性，但目的在幫助一般人對於心理疾病有快速的瞭解。首先，將心理疾病區先根據生物器質因素引發（如腦傷、腦部發炎、中毒、藥物引發、醫學狀況導致等），或是明顯功能上出現障礙（如思考異常、情感異常、行為異常、身體不適等），區分為「器質性心理疾病」與「功能性心理疾病」；其次，將「功能性心理疾病」，根據現實感的高低與症狀嚴重程度，區分為「精神病」（psychosis）與「精神官能症」（neurosis）二類：精神病是指精神分裂病、躁鬱症、嚴重憂鬱症等較嚴重的心理疾病；精神官能症則是指焦慮疾患、身體疾患、解離疾患等較輕微的心理疾病。

　　精神病和精神官能症是心理疾病中，最快速與簡單的二元劃分方法。筆者為了幫助一般人對此二類心理疾病有一個快速的認識和印象，特別將二者差異整理如表 17-4 所示。

表 17-3　常見心理疾病的分類大綱

器質性心理疾病	1. 譫妄症（delirium）、癡呆症（dementia）、失憶症（amnesia）。		
	2. 其他器質性心理疾病，如器質性妄想症、器質性幻覺症、器質性情感症、器質性焦慮症、器質性人格疾患等。		
心理疾病	功能性心理疾病	精神病（psychosis）	1. 精神分裂症	(1)妄想型；(2)混亂型；(3)僵直型；(4)未分化型；(5)殘餘型
			2. 情感性精神症	(1)嚴重憂鬱症；(2)躁鬱症
		精神官能症（neurosis）	1. 焦慮疾患	(1)恐慌症；(2)恐懼症；(3)強迫症；(4)創傷後壓力疾患；(5)急性壓力疾患；(6)廣泛性焦慮疾患
			2. 身體疾患	(1)體化症；(2)轉化症；(3)疼痛症；(4)慮病症
			3. 解離疾患	(1)心因性失憶症；(2)心因性漫遊症；(3)多重人格；(4)自我感喪失

表 17-4　精神病與精神官能症之比較

項目	精神病	精神官能症
現實感	低	高
人格	解組	統整
病識感	低	高
症狀	幻聽、妄想、語言與行為障礙	緊張、焦慮、失眠與身體不適
治療	藥物治療為主，心理治療為輔	心理治療為主，藥物治療為輔
住院	需要長期住院療養	危機時（自傷傷人）短期住院

 # 參、大學生常見心理疾病的認識

　　筆者根據大學心理衛生工作的實務經驗，將大學生最常出現的心理疾病類別與內容整理如表 17-5，並進一步介紹各類疾患中常見的心理疾病。

表 17-5　大學生常見心理疾病的分類與名稱

類別	疾病名稱
情感疾患	憂鬱症、躁鬱症
焦慮疾患	恐慌症、恐懼症、社交恐懼症、特定對象恐懼症、廣泛性焦慮症、強迫症、創傷後壓力疾患、急性壓力疾患
飲食疾患	厭食症、暴食症
思考疾患	精神分裂症、妄想症
人格疾患	A 群人格異常、B 群人格異常、C 群人格異常
其他	物質濫用、網路成癮

一、情感疾患

（一）憂鬱症（Major Depressive Disorder）

　　憂鬱發作時，病情會嚴重影響日常生活及工作或學習能力，常伴有自殺意念或自殺企圖，嚴重時甚至產生罪惡妄想、虛無妄想或呈現出精神病狀態，故又稱「重鬱症」。鬱態（depressive state）或鬱期、憂鬱發作（depressive episode），是指其情緒極度低落、憂愁不樂的狀態，至少持續二週。包括下列症狀：

1. **情緒**：情緒低落、心情鬱悶，總是無精打采、悲傷愁苦，眼睛有時閃著淚光。

2. **態度**：悲觀、消極，對任何事都提不起興趣來，做事缺乏決心和勇氣，優柔寡斷，過度考慮、無法下決定；做了決定，又後悔不已；對自己能力、將來毫無自信。

3. **動作**：行動遲緩、減少，經常靜坐發呆，有時整天臥床不動。

4. **講話**：沉默寡言、甚至無語；非必要不開口，即使開口亦是緩慢、停頓，但思緒仍能連貫；講話聲音小且低沉，難以聽懂。

5. **思考**：遲鈍簡單內容貧乏、缺乏動力；富有悲觀、消極、虛無、憂愁的色彩；有時無價值感或罪惡感而導致「自殺意念」或「自殺嘗試」。

6. **身體**：胃口減低、食慾不振；勉強進食，亦是覺得淡而無味；出現便秘、性慾減低，甚至陽痿現象，女性則導致月經停止；身體常疲憊或四肢無力；失眠或睡眠過度。

7. **行為**：鬱態的表現常因年齡而不同，如兒童患者，常引起「分離焦慮」、「學校恐懼」；青少年則出現反抗行為，想離家或拒絕與家人接觸；老人則是記憶、注意力與定向感欠佳，類似失智。

（二）躁鬱症（Manic-Depressive Psychosis）

假如患者呈現躁期，則不管是否曾有過鬱期，即歸於雙極疾患（有躁必有鬱，有鬱不一定有躁）。此類患者會週期性呈現躁期及鬱期（俗稱躁鬱症），其情緒會有兩極端的變化與擺動，故稱為雙極疾患（bipolar disorders）。一般而言，先呈現躁症，大多 30 歲前發病；常常在數日內興奮升高、急速發作，連續維持數日至數月。發生過躁症的患者遲早會患有鬱症，鬱期之發生較為緩慢，經數日至數週而漸成憂鬱。在躁期與鬱期之間，通常患者會完全恢復其正常情況，但 20～30% 會有殘餘症狀，無法恢復原來的社會適應能力。躁態（manic state）或躁期、狂躁發作（manic episode），指其情緒呈現極端的高興、興奮或易怒，至少持續一週。包括下列症狀：

1. **情緒**：自覺非常高興、興奮、輕鬆、愉快，常樂不可支，有時則脾氣暴躁、情緒失控。

2. **態度**：興趣廣泛、愛管閒事、膽大；過分自信、對人慷慨大方，對事當機立斷，敢作敢當。

3. **動作**：動作增加、整天到處走動、馬不停蹄，做事沒完沒了，一刻也停不下來。

4. **講話**：非常喜歡講話，滔滔不絕，有時嗓子說啞了也不肯休息（pressure to keep talking）。

5. **思考**：思潮澎湃，聯想力增快，常有「意念飛躍」（flight of ideas）；有時「誇大妄想」，自以為易於常人、有超人的能力、財富和地位。

6. **身體**：食慾增加、性慾亢進、睡眠需求減少、過度熱情。

7. **行為**：從事事後會帶來痛苦的享樂性活動，如拚命花錢買東西、刷爆信用卡、輕率的性活動、亂捐款、投資等。

 **二、焦慮疾患**

根據 DSM-IV 中「焦慮疾患」的疾病類別，筆者將經常出現的焦慮徵兆與可能診斷，摘要整理如表 17-6 所示，供讀者快速參考使用。

表 17-6　常見焦慮疾患的類別

焦慮徵兆	可能診斷
一再發生未預期的恐慌發作，每次發作時有強烈害怕或不適感受，包括：心悸、出汗、發抖、呼吸困難、哽塞、噁心、頭暈、失去現實感、怕發瘋、怕死去等症狀，並在 10 分鐘內達到最嚴重程度。	恐慌症（Panic disorder）
害怕處於人多的地方或公共場合，擔心發生非預期的恐慌時，出現生命危險或無法獲得立即的醫療處置，因而不敢前去這些地方，如處在百貨公司、捷運站的群眾或隊伍中。	懼曠症（Agoraphobia）
害怕在一種或多種社交場合中表現自己，如說話、表演、唱歌等，害怕因行為失當而招致羞辱或困窘。通常伴隨害羞、臉紅、發抖、說話結巴等症狀。	社交恐懼症（Social phobia）
對特定的情況或物體產生過度不合理的害怕，常急於逃離躲避，且已經影響到生活、社交、職業、學習等功能。如：恐懼狗、蟑螂、蛇、昆蟲、高度、水、暴風雨、血、打針、隧道、橋樑、飛行等。	特定對象恐懼症（Specific phobia）

📖 表 17-6 常見焦慮疾患的類別（續）

焦慮徵兆	可能診斷
連續 6 個月以上，幾乎對任何事件都存有病態性的過度焦慮，且擔心的對象或理由並不特殊。焦慮時伴隨坐立不安、容易疲累、注意力不專心、易怒、肌肉緊張、睡眠障礙等症狀。	廣泛性焦慮疾患（Generalized Anxiety Disorder, GAD）
強迫思考，指腦海中反覆出現各種不合理的思考（如怕髒、怕危險），造成當事人莫大的焦慮或痛苦；而強迫行為，則是為避免或減少強迫思考帶來的焦慮而採取的重覆行為（如重複洗手、檢查等）。	強迫症（Obsessive-Compulsive Disorder, OCD）
遭遇重大災難（戰爭、地震、水災、強暴、兇殺等）一個月後，患者仍出現極端的害怕、無助感或驚慌之反應。包括：重複回想、夢魘、人際退縮、生存罪惡感、反應性麻木、經驗再現（flashback）、悲觀、易怒、哭泣、失眠、食慾降低等身心症狀。	創傷後壓力疾患（Post Traumatic Stress Disorder, PTSD）
同「創傷後壓力疾患」，即遭遇重大災難（戰爭、地震、水災、強暴、兇殺等）後，患者出現極端的害怕、無助感或驚慌之反應；但是強調在重大事件發生的 4 週內發生，且症狀延續至少 2 天，最多不超過 4 週。	急性壓力疾患（Acute Stress Disorder, ASD）

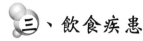

三、飲食疾患

（一）厭食症（Anorexia Nervosa）

在心理上很關心自己的體重，縱使體重過輕，仍強烈害怕體重增加或肥胖，因而少吃或不吃，較常出現於青少年階段的女生，甚至導致沒有月經來的現象。診斷準則如下：

1. 體重減少至正常體重的 85% 以下。
2. 縱使體重過輕，仍強烈害怕體重增加或肥胖。
3. 對自己的體重與身材的經驗方式有障礙，否認過低體重的嚴重性。
4. 女性患者導致無月經症。

95%以上的患者都是女性，也發生在 25 歲以前，其中有 50%因而罹患憂鬱症；嚴重時導致過度消瘦，而變成「皮包骨」，約有 15～21%患者死於挨餓；雖然怕胖，其實患者並不胖卻自認為過胖，而拚命地以飢餓或強迫性運動來減輕體重。

（二）暴食症（Bulimia Nervosa）

在一段時間內吃下的食物量明顯過量，當下無法控制自己的飲食行為（停止吃或吃多少）。但因害怕體重會增加，而禁食、過度運動，甚至自我催吐，較常出現於青少年階段。診斷準則如下：

1. 一段時間內吃下的食物量明顯大於一般人所能吃的食物量。
2. 無法控制自己的飲食行為，如停止吃或吃多少。
3. 一再出現不當的補償行為以避免體重增加，諸如自我催吐、使用瀉藥、利尿劑、灌腸、其他藥物、禁食、過度運動。
4. 暴食及不當的補償行為同時發生的頻率，每週至少 2 次，共達 3 個月。
5. 自我評價的高低被體重及身材所不當影響。

90%以上的患者都是年輕女性，其中有 23～70%因而罹患憂鬱症，其次如酒癮、藥物濫用或邊緣人格；通常對身材的意像扭曲，個性屬於完美主義者，47%的厭食症者也是暴食症者；暴食症者也怕胖，但是減肥方式與厭食症不同，通常是在大吃之後，再想辦法讓自己吐出來。

四、思考疾患

（一）精神分裂症（Schizophrenia）

所謂精神分裂症，最早是由瑞士精神科醫師 Bleuler 在 1911 年以 Schizo-

phrenia（split mind；分裂的心靈）一詞，來加以描述患者在思考、知覺、情感等多方面與現實（reality）產生明顯脫節，呈現人格崩潰的狀態。它屬於「精神病」（psychosis）的一種，診斷準則如下：

1. 妄想（delusion）：對於事情做錯誤的解釋，卻深信不疑。

2. 幻覺（hallucination）：常見如聽幻覺、視幻覺等。

3. 解構語言（disorganized speech）：如語無倫次、答非所問等。

4. 混亂行為（disorganized behavior）：如跪地膜拜、特殊儀式、作息顛倒等。

5. 負性症狀（negative symptom）：如人際退縮、不愛活動、行動緩慢等。

6. 患病期間，至少 6 個月以上；明顯對於社會、職業／學習、生活等功能造成明顯障礙。

7. 上述情形，並非由物質濫用或一般醫學（用藥、身體疾患）狀況引起。

　　精神分裂症，根據發作時的主要症狀內容，又可區分為五種亞型：(1)妄想型（Paranoid type）：多種妄想（迫害、誇大、嫉妒）或附帶出現聽幻覺等；(2)混亂型（Disorganized type）：顯著出現解構語言、混亂或緊張行為、負性症狀等；(3)僵直型（Catatonic type）：顯著的運動行為障礙，如僵呆、拒絕症、緘語症、擺姿勢、臘狀動作等；(4)未分化型（Undifferentiated type）：其症狀符合精神分裂症，但不符合妄想型、混亂型或僵直型準則；(5)殘餘型（Residual type）：至少發作過一次，但目前並無明顯的精神症狀，但仍有情感流露較少、冷漠、聯想鬆弛、社交退縮、怪異行為等殘餘現象。至於影響精神分裂症預後好壞的相關因素，筆者根據臨床經驗與相關文獻，整理如表 17-7 所列。

■ 表 17-7　影響精神分裂症預後好壞的因素一覽表

預後好（Good prognosis）	預後差（Poor prognosis）
急性短期發作	慢性長期發作
明顯誘因	無明顯誘因
正常病前人格	異常病前人格
無家族疾病史	有家族疾病史
正性症狀	負性症狀
能維持工作及婚姻	無法維持工作及婚姻
晚年發病	早年發病
藥物療效佳	藥物反應差
家屬是低度情緒表現 （Low emotional expression, LEE）	家屬是高度情緒表現 （High emotional expression, HEE）

備註：經過治療後，約有四分之一的患者可以完全恢復；約有二分之一的患者可以得到改善；約有四分之一的患者慢性化，甚至惡化成癡呆狀態。

（二）妄想症（Delusional disorder）

乃是統覺（apperception）上的障礙，對於事情作錯誤的解釋，並且深信之。雖然無知覺上的障礙，但對事情的因果關係，憑其心理狀態來做主觀和非事實的解釋，而且深信不疑。常見的類別包括：

1. 關係妄想（**delusion of reference**）：相信周圍發生的事都和自己有關。
2. 誇大妄想（**delusion of grandeur**）：相信自己具有特殊的能力、身分或是偉大人物。
3. 宗教妄想（**delusion of religion**）：相信自己有能力與神溝通、有神附身或自己是神的化身。
4. 被控制妄想（**delusion of control**）：相信自己的思想行為都受外力所控制，自己只是傀儡。
5. 被迫害妄想（**delusion of persecution**）：深信有人要陷害自己、甚至想殺

害或毒死自己。

6.嫉妒妄想（delusion of jealous）：相信自己的配偶或性伴侶有外遇或不貞的行為。

7.色情妄想（erotic delusion）：深信對方深愛著自己，甚至要和自己結婚。

8.身體妄想（somatic delusion）：相信自己的身體已罹患某種疾病或絕症。

9.罪惡妄想（delusion of guilt）：相信自己做了對不起別人的事、犯下滔天大罪、罪該萬死。

10.虛無妄想（delusion of nihilism）：認為自己身上的某些器官，甚至自己、他人或這個世界都已經不存在。

五、人格疾患

大部分成人的個性或行為模式都能符合社會的要求或期待，相對的有些人的行為雖然沒有明顯的心理疾患症狀，卻因為行為經常呈現固定型態且沒有彈性的異常反應，進而干擾個人的生活功能與人際適應，這種長期難以改變的性格，就稱為「人格疾患」（personality disorder）。人格疾患患者，通常以不適當的方式去知覺、思考與建立自己和他人、世界的關係，而導致無法符合社會期待的角色或行為，經常被同學、朋友、同事或親戚描述為麻煩的、怪怪的、很難相處的，因而敬而遠之，甚至有時自己主觀上也覺得很痛苦。

DSM-IV 根據人格疾患的相似性，再將人格疾患分成三大類：A 群人格疾患，共有特性為「怪異特質」，包括妄想型、分裂型、分裂病型；B 群人格疾患，共有特性為「戲劇特質」（情感豐富但不穩定），包括：反社會型、邊緣型、做作型、自戀型；C 群人格疾患：共有特性為「憂慮特質」，包括：逃避型、依賴型、強迫型。筆者參考 DSM-IV 中的診斷準則，將各種人格疾患的主要人格特徵摘錄如表 17-8，供評估者先進行快速瀏覽參考，如需進一步確立診斷，則需詳細參考各種人格疾患的診斷標準。

表 17-8　成人常見的人格特徵與可能診斷

類別	人格特徵	可能診斷
A 群 人格疾患	懷疑別人、對事情過度敏感；容易與人發生摩擦；工作上常與上司或同事不和；多見於男性，別人敬而遠之。	妄想型
	社交孤獨、無需親密關係、情感冷漠無情、不喜歡人多熱鬧的地方；適合於孤單的工作環境，如圖書館、天文台、實驗室、山林農場等。	分裂型
	古怪信念、魔術性思考、語言與行為怪異，比分裂型更類似精神分裂症；家屬常罹患慢性精神分裂症，因此可能有遺傳上的關係。	分裂病型
B 群 人格疾患	道德發展低落、自私自利、不負責任、容易衝動犯罪、缺乏羞恥感與罪惡感；敢衝冒險又有機智，在危難時比正常人更能冷靜面對。	反社會型
	自我認同障礙、情緒不穩定、人際關係差；容易有衝動行為與作態性自傷；狀況好時類似精神官能症，不好時就像精神病發作一般。	邊緣型
	喜歡誇大、自我表演，以引起別人注意（特別是身體、外貌、說話、動作）；情緒反應強烈，易有性誘惑或性挑逗傾向，多見於女性。	做作型
	自我中心、自我誇大、欠缺同理心、沉溺在自我完美的幻想中；總覺得自己是獨一無二最特別的人，喜歡得到別人的崇拜與羨慕。	自戀型
C 群 人格疾患	自卑、害羞、逃避，想與人交往，又害怕被拒絕，因而逃避人際社交活動；除非別人拖著且保護著，否則不敢到公眾地方或與人互動。	逃避型
	缺乏自信心，自覺無法獨立自主與解決問題，因而害怕失去、處處依賴別人；獨處情況下，過分害怕焦慮，甚至有恐慌發作的可能。	依賴型
	固執不變、講求完美、律己甚嚴、責任感重、重視次序規律、花錢吝嗇、工作重於休閒；總是嚴格要求別人需按照自己的方式做事才行。	強迫型

六、其他──藥物濫用

其他部分僅介紹物質濫用一項，至於網路成癮在第 10 章中已有詳細說明，不再贅述。物質濫用者，通常是具有二大心理特質：「憂鬱」或「反社會人格」；其次，則缺乏安全感、挫折容忍度低、自我控制力差。他們傾向遇到情緒困擾時，使用「中樞神經藥物」來麻痺或改變自己的知覺、想法和感覺，以逃避這些外在現實壓力所帶來的焦慮或痛苦。

何謂中樞神經藥物呢？乃指人體攝取後會引起精神狀態變化的化學物質，因此也稱為「精神作用物質」（psychoactive drugs）。而且為了避免這些藥物所帶來的成癮傷害與社會犯罪問題，他們大部分是屬於管制藥物。常見的中樞神經藥物的作用、類別與管制等級，如表 17-9 所示。

表 17-9　中樞神經藥物的常見類別

屬性	作用	常見類別
鎮靜劑 （depressants）	減低感覺，降低生理反應與心理緊張，使人進入鬆弛狀態。	酒精、抗焦慮劑、安眠藥，如：Valum（煩寧）（四級毒品）、Nimeta-zepam（一粒眠）（四級毒品）、FM2（三級毒品）、K 他命（四級毒品）
麻醉劑 （narcotics）	抑制感覺，放鬆肌肉、解除焦慮及止痛之用，可使人進入睡眠狀態。	鴉片、嗎啡、海洛英（一級毒品）；可待因、美沙酮、速賜康（二級毒品）
興奮劑 （stimulants）	增加感覺，使人精神亢奮，或進入爽快狀態。	咖啡因、尼古丁；古柯鹼（一級毒品）；安非他命、MDMA（搖頭丸）（二級毒品）
幻覺劑 （hallucinogens）	扭曲感覺，使人進入迷幻狀態，產生感官知覺的改變。	大麻（二級毒品）；LSD（搖腳丸、一粒沙）（二級毒品）

資料來源：整理自「行政院衛生署管制藥品管理局」網頁

其次，要瞭解攝取這些中樞神經藥物到什麼樣的狀態時，才是一種異常行為或心理疾病，最常見的問題包括物質依賴（substance dependence）與物質濫用（substance abuse），二者的比較如表 17-10 所示。當發現周遭的人已經出現這些診斷標準時，應該儘速協助轉介至相關治療單位進行勒戒或治療。

■ 表 17-10　物質依賴與物質濫用的診斷標準

物質依賴	物質濫用
指某種藥物使用的不良適應模式，而導致臨床上重大的損害或痛苦，在一年內至少出現下列三項以上：	則是比物質依賴更嚴重的情形，指一年內至少出現下列一項以上：
1. 耐藥性（tolerance）：需要明顯的增加物質劑量，才能達到預期的效果，即稱為「耐藥性」。	1. 一再使用物質，造成無法實踐其工作、學業或家庭的主要角色責任。
2. 戒斷現象（withdrawal state）：如果明顯的減少或停止使用該物質，則會發生一連串生理或精神病態反應。	2. 在使用物質對身體有害的情況下（如酒醉駕車），仍繼續使用此物質。
3. 物質需更大量或長期使用，個人無法控制此物質的持續使用。	3. 一再捲入與物質使用有關連的法律糾紛（如購買或販賣毒品被逮補）。
4. 花費許多時間去取得物質、使用物質與恢復物質使用前狀態。	4. 縱然物質使用的結果已持續或重複造成或加重個人的社會或人際問題（如家人爭執、與人鬥毆），仍繼續使用此物質。
5. 因物質使用而放棄或減少重要的社會、職業或休閒活動。	
6. 明知物質的使用會造成身心問題，仍繼續使用。	

資料來源：修改自孔繁鐘、孔繁錦譯（1996：112-116）

大學生的心理衛生

肆、如何面對與治療心理疾病

一、面對態度

（一）校園中遇到罹患心理疾病的同學，該如何面對？

　　沒有人願意生病，特別是心理的疾病，透過密集的藥物治療與心理治療，這些症狀都可以獲得一定程度的改善。然而，他人的異樣眼光與拒絕排斥，卻往往是造成患者自暴自棄、人際退縮的主要成因，有時甚至會導致個案情緒失控、病情惡化。因此，適時向班上學生澄清說明，藉機教育學生正確的認識心理疾病，避免因為心理疾病的污名化，而對個案或家屬造成二次傷害。如果教師與同學能夠真正瞭解個案生病的無奈與痛苦，這樣的覺察與態度就已經非常不容易，因為當我們真正瞭解時，我們就知道該怎麼去關心他們、協助他們了。

（二）同學在醫療系統接受治療期間，該如何協助？

　　患者急性發作時，需要密集的接受藥物治療與症狀控制，台灣地區大部分的醫院都是在白天看診，特別是需要在每週特定時間複診，因此經常需要每週請同一天的假，而擔誤該科目的上課進度，這實在是情非得已！所以，患者在向學校請假的過程中務必給與體諒、切勿冷言冷語。其次，由於藥物副作用，通常會「頭暈、噁心、腹脹、嗜睡」等，因此記憶、反應等認知能力，通常會變差，往往成績或出席狀況也有可能會日漸退步，請師長同學盡量給與協助、鼓勵。

　　其次，由於罹患心理疾病、曾經服用精神科藥物，甚至住院過等因素，都可能影響到個案如何重新看待自己，間接影響自我價值感與自尊心。而且常常覺得自己是異類而無法接納當下的自己，因而缺乏自信和同學互動，導致人際

退縮與適應困難。有時，個性逐漸會變得更敏感，容易過度在乎別人的用詞與評價，而導致言語衝突或人際困境，這些情形都需要更多的體諒與包容。

（三）學生「住院治療或在家休養」返校後，如何繼續幫忙？

導師可以藉機宣導澄清正確的心理衛生概念，進一步讓全班同學瞭解生病是不得已的，你我都不願生病或住院，進而邀請全班同學一起來幫助個案重新適應學校環境、早日康復。切不可消極因應或置之不理，而讓個案在班上自生自滅。導師也可以主動安排 2～3 位熱心助人的同學擔任小老師，主動帶領個案參與人際活動、協助個案補救落後的課業與教導學習困難之處。

其次，課業上的適應將是個案返回學校中最直接面對的重要課題，由於請假住院（或休學靜養）、病情干擾及藥物副作用等因素影響，使得個案在學習速度與效果上，大不如前，因此若繼續以一般學生的成績標準要求，則終將導致學生學習上的挫敗。因此面對此類學生個案，的確需要提供「個別化教育方案」（IEP），亦即制訂學生不同的學習目標與成績考核標準，以幫助學生獲得適當的成就水準，並順利通過各科的成績考核。

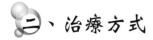二、治療方式

（一）藥物治療

嚴重的心理疾病，通常比較多可能是來自於生物因素，因此主要以藥物治療為主，心理治療為輔。精神科常用的藥物種類、主作用、主要原理、副作用，以及常見藥物，筆者簡單整理如表 17-11 所示。

表 17-11　精神科常用的藥物種類一覽表

種類	主作用	主要原理	副作用	常見藥物
抗精神病藥	精神分裂症（躁動、幻覺）、妄想症。	多巴胺拮抗劑。	斜頸、眼睛上吊、牙關緊閉、舌頭收縮、靜坐不能、假巴金森氏症。	脫蒙治（Dogmatyl）好度（Haldol）可致律（Cclozaril）理斯必妥（Risperdal）金菩薩（Zyprexa）思樂康（Seroquel）
抗憂鬱劑	憂鬱症、社交恐懼症、強迫症、厭食症、暴食症、衝動攻擊。	增加正腎上腺素和血清素。	嗜睡、頭暈、拉肚子、煩躁、手抖、姿勢性低血壓、心跳加快、口乾、便秘、殘尿。	百憂解（Prozac）樂復得（Zoloft）無鬱寧（Luvox）美舒鬱（Mesyrel）克憂果（Seroxat）希普能（Cipram）
抗躁劑	躁鬱症、癲癇（痙攣、抽動）。	減少正腎上腺素和血清素。	噁心、嘔吐腹痛、膝便、尿多、手抖、四肢無力、甲狀腺種大。	康可利（Camcolit）顛通（Tegretal）
抗焦慮劑	恐懼症、各種焦慮症、肌肉鬆弛。	加強GABA，以減少正腎上腺素及血清素。	容易出現嗜睡、頭暈、走路不穩等副作用，故應避免服藥期間開車或操縱危險機具。	煩寧（Valium）安定文（Ativan）贊安諾（Xanax）癒利舒盼（Erispan）
安眠藥	短效誘導助眠或長效安眠使用。	作用於大腦皮質，減低細胞活化，進入鬆弛或睡眠狀態。	會抑制呼吸中樞，容易有成癮作用。	史蒂諾斯（Stilnox）宜眠安（Imovane）戀多眠（Lendormin）悠樂丁（Eurodin）Rohypnol（俗稱FM2）

資料來源：整理自「KingNet 國家網路藥典」網頁

（二）心理治療

　　透過心理師和個案所建立的專業性與治療性的人際關係，運用心理學的原理和方法，來改善患者認知、情緒和行為上的問題，以協助個案瞭解自己，達

成自我成長，或是減除臨床症狀、增進人格統整。常見的心理治療方式，如：

1. **分析性治療**：分析潛意識的衝突、焦慮與行為模式的關係。

2. **支持性治療**：鼓勵以宣洩情緒的方式，表達內心的壓力與挫折。

3. **行為治療**：自我肯定與社交技巧訓練，以及相關的行為改變技術。

4. **認知治療**：矯正不合理的信念，增進合理思考的邏輯。

5. **人際治療**：培養人際互動與衝突解決的能力。

6. **家族治療**：透過家庭支持系統的介入，幫助患者積極改善心理問題。

（三）環境治療

透過有目的、有計畫的結構，組織個案患者周圍環境中有密切關係的人、事、物，以幫助患者瞭解及控制其問題行為，學習及發展適當的心理社會調適技巧，以增進患者應付日常生活的能力。在硬體環境治療方面，包括：環境設計、空間規劃、色彩裝潢、音樂燈光、療育花園等；在軟體環境治療方面，則包括：溫暖氣氛、治療活動、體能運動、職能治療、休閒娛樂等。

（四）身體治療

1. **電氣痙攣療法（Electroconvulsion, ECT）**：這是精神科治療中，長期對於藥物治療或心理治療都沒有改善的情況下，所不得已採取的侵入性療法，主要治療嚴重憂鬱症、僵直型精神分裂症。它是透過電流瞬間通過腦部產生昏迷和痙攣的作用，讓大腦神經電位重組，類似重新開機的原理。但是容易有一些併發症：如暫時性記憶障礙、骨折脫臼、頭痛、噁心、嘔吐、腦壓升高等，因此需要非常小心的評估與進行。

2. **光照療法（Light therapy, LT）**：有些憂鬱症患者容易在陽光不足的季節發病，即所謂「季節情感障礙症」（seasonal affective disorders）或「冬季憂鬱症」（winter depression）。針對此類患者，可以使用光線照射方式替

代陽光不足，通常可以產生一定的治療效果。

3. **精神外科手術**：精神科治療中，如果藥物治療或心理治療都沒有任何改善，甚至連電療也無法進行或改善，而患者又會產生嚴重的生活障礙或危險的情形下，所不得已採取的破壞性療法，如「額葉切割術」、「腦部燒灼術」、「腦部深層電擊術」等。但由於精神外科手術會伴隨併發症與人格改變的後遺症，通常會有較多質疑與爭議。

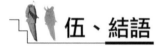 伍、結語

沒有人喜歡那種「不喜歡自己」的感覺？沒有人願意長期處在不快樂的狀態？更沒有人想要生病、生心理的病？那是一種無奈、無助與忿忿不平的感覺。然而，由於生物、心理、社會等因素的影響，很不幸地，有些人在特定的人生週期或是遇到壓力時可能會病發各種心理疾病。然而，生病絕對不是他們的錯，也不是任何家人的錯，更不是罪有應得的懲罰，但是他們與家屬卻是要長期備受身心煎熬。因此，早期發現、早期治療，才是面對心理疾病的最佳策略；除了專業的藥物與心理治療外，你我他等周遭人們，長期給與的接納、支持、關懷、鼓勵與協助，更是患者真正邁向復原的最佳長效劑。

參考文獻

中文部分

KingNet 國家網路藥典。取自 http://hospital.kingnet.com.tw/medicine

孔繁鐘、孔繁錦（譯）（1996）。**DSM-IV 精神疾病診斷準則手冊**。台北市：合記。

行政院衛生署管制藥品管理局。取自 http://www.nbcd.gov.tw

英文部分

Kring, A. M., Davison, G. C., Neale, J. M., & Johnson, S. L. (2006). *Abnormal psychology* (10th ed.). NY: John Wiley & Sons.

CHAPTER 18

怎麼辦，它又來了——

焦慮疾患的認識與治療

古芸妮

> 「為了準備期末考，這三天我才睡了二個小時；一直坐在書桌前三個小時，還在同一頁，書本上的內容都裝不進我的腦袋，今天一早就起床準備八點的考試，結果一看到考卷，我腦海中都一片空白，手一直抖不停⋯⋯」

　　這是在大學校園中常聽到的例子，焦慮是種極普遍的情緒感受，是每個人由小到老都會有的經驗。所以說，焦慮不一定就是不正常的反應，適當的焦慮不僅無需避免，反而可以促使我們表現得超出平常的水準。例如：在緊急狀態下可以很有效率的完成工作，或在緊急時跑得更快、力氣更大的情形，所謂「狗急跳牆」正式如此；因此，不是所有的焦慮表現都是病態的，也不是所有會焦慮的人都是有焦慮疾患的。

壹、焦慮的面貌——簡介焦慮疾患

一、焦慮疾患的特點

　　偶爾焦慮是一種正常的情緒反應，因為適度的焦慮可以讓人做事變得更有

效率，但若焦慮反應的程度過強或持續的時間太久，甚至造成以下情形時，你可能得了焦慮疾患。其次，不同焦慮的程度，將伴隨不同程度的身、心反應，整理如表 18-1：

　　1.就算沒有實際的危險，也會覺得焦慮、緊張與害怕。

　　2.焦慮的症狀已經影響了你日常工作、學習及職業，讓你覺得很困擾。

　　3.對於令你感到焦慮的人、事、物、情況或場合，你會急切地想逃離。

　　4.出現生理症狀，如肌肉緊繃、心悸、胸悶、頭痛、拉肚子、睡眠障礙等。

表 18-1　焦慮程度與身心反應

焦慮程度	身心反應
輕度焦慮 （mild anxiety）	具有正面意義，可使個體專注於眼前的事件，處事具有能量及動力，可以促進學習能力與效率，並激發個人的創造力。
中度焦慮 （moderate anxiety）	會呈現交感神經興奮、瞳孔輕微擴大、脈搏及呼吸速率增加、血壓上升，且會輕微出汗，會只注意特定的外在刺激，逐漸失去耐心、易怒、脾氣暴躁，說話速度不自主加快，聲調亦相對提高，如參加演講比賽。
重度焦慮 （severe anxiety）	會呈現較嚴重的交感神經興奮現象，如腎上腺分泌會增加、心悸、血糖上升、換氣過度或冒冷汗等，對於環境中的人、事、物可能會有忽略的現象，只在意其所注意的事情，知覺範圍明顯變小，注意力無法集中，亦可能出現對時間或地方的定向感障礙。
恐慌（極度焦慮） （panic）	已達到極度焦慮的情形，可能呈現頭痛、頭暈或臉色蒼白，對外在刺激無動於衷，無法對事件做出適當的思考及處理，缺乏臨場的解決問題能力，情緒的表現可能會尖叫、哭泣、退縮或目光呆滯等。

資料來源：賴倩瑜等（2000）

　　以上的反應說明尚未到達焦慮疾患診斷下的一般焦慮情形，也可以說焦慮情緒人人都會有，但有焦慮的情緒不一定就是焦慮疾患，適度的焦慮可以幫助我們做事更有動力、處理事情更有效率；但如果到重度焦慮或極度焦慮（恐慌）

的狀況時，就要多留意自己，學習調整自己的步調，放鬆自己的情緒。若因為焦慮的狀況已經影響到你的學習、工作及一般的生活適應，那很可能需要進行焦慮疾患的診斷了。

二、焦慮疾患的臨床表現

焦慮疾患包含了生理、心理、行為和認知等層面之症狀，焦慮症引起的各種身心症狀分為五大方面，包括：⑴生理症狀：呼吸困難、出汗、心悸、發抖、肚子不舒服、肌肉緊張等；⑵情緒症狀：緊張、不安、恐懼、擔心、煩躁、易怒、痛苦感等；⑶認知思考症狀：過度擔心、難集中注意力、腦中一片空白、害怕失去控制、失去現實感等；⑷動作能力症狀：易於激動或坐立難安；⑸行為反應：急躁、過度敏感、逃避行為等。

而依不同的焦慮對象與症狀表現，焦慮症共分為六種類別（孔繁鐘編譯，2007），包括：⑴恐慌症：突然的身心反應，害怕自己會瘋了或死掉；⑵恐懼症：害怕人群或特定場所與事物，如懼曠症、社交恐懼症、特定對象恐懼症；⑶廣泛性焦慮疾患：什麼事情都會莫名其妙的擔心與緊張；⑷強迫症：怕髒、怕危險，不斷的清洗與檢查；⑸創傷後壓力疾患：重大壓力事件後，持續的身心症狀反應；⑹急性壓力疾患：重大壓力事件當下，立即的身心症狀反應（第17章表17-6針對各種焦慮疾患已有清楚的比較與說明，本章不再贅述）。

總之，焦慮疾患的重要診斷指標就是：主觀焦慮表現（強度、長度），已經超過客觀情境刺激的程度；而且明顯影響到個體的生活、社交、工作、學習、人際等功能，進一步依不同的焦慮對象與特徵將做出不同焦慮類別的診斷。焦慮疾患並不是不可治之疾病，焦慮疾患患者除了自己要勇於面對焦慮之外，周遭家人、朋友的支持更是幫助患者治癒的重要關鍵；治療過程或許漫長，或許無助，但雨過天晴之後的燦爛笑容更值得期待與珍惜！

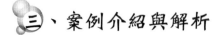

三、案例介紹與解析

君儀（化名）目前是心理學系的大二學生，她的課業表現一直都是班上前幾名，書面報告分數總是全班最高分。但只要上台報告，就會覺得全身不自在，聲音都像卡在喉嚨出不來，通常一上台不到幾秒，就會全身發熱，從脖子開始漲紅到全臉，看到台下一片黑壓壓的人群，腦袋就一片空白，總覺得大家都在看她的表現，等著評價她，君儀自己一直為這樣的狀況苦惱不已，但卻不知道怎麼辦才好？

解析

君儀在平常的表現都很優秀，但一上台面對人群就會顯現出焦慮的症狀，是典型的社交恐懼症。社交恐懼症通常發病於青少年期，男女都可能出現，形成原因分為兩種情況：一是「直接經驗」，就是所謂「一朝被蛇咬，十年怕草繩」。在成長過程中曾經在面對人群中屢遭挫折、失敗，就會形成一種心裡上的打擊或「威脅」，在情緒上產生種種不愉快的甚至痛苦的體驗，自然而然，就會不自覺地形成一種緊張、不安、焦急、憂慮、恐懼等情緒狀態。這種狀態定型下來，形成固定心理結構，於是在以後遇到新的類似刺激情境時，便會舊病發作，心生恐懼；二是「間接經驗」，即「社會學習」，如看到別人或聽到別人在人群前或講台上遭受挫折，陷入窘境，或受到難堪的譏笑、拒絕，自己就會感到痛苦、羞恥、害怕。甚至透過電影、電視、小說、廣播、報刊等途徑也可以學到這種經驗。他們會不自覺地依據間接經驗，來預測自己會在特定社交場合遭受令人難堪的對待，於是緊張不安，焦慮恐懼，這種情緒狀態的泛恐化，導致了社交恐懼症。總之，社交恐懼症是一種因心理過度緊張造成的心因性疾病，只要積極治療和訓練是可以治癒的。

焦慮症是大學校園中普遍常見的問題，而「焦慮」和「憂鬱」是不同的，焦慮是擔心害怕、草木皆兵、坐立不安的感覺，焦慮的人是擔心以後的、還沒發生的事。憂鬱是萬念俱灰、沒有情緒、悲傷絕望、沒有感覺的感覺，自責、有罪惡感、後悔過去的事。不過由於焦慮跟憂鬱常常並存，有時很難分辨，若覺得自己或身旁的人有本章所介紹的症狀，主動尋求學校輔導中心或精神科的協助才是明智之舉。

貳、焦慮症的原因與治療

一、焦慮症的原因

造成焦慮症的起因，從不同觀點解釋，有不同的說法，以下從生理、心理、環境、遺傳等四方面分析。

1. **生理因素**：唯一不會引起焦慮症的原因是生體疾病、生物功能障礙。除非在有些特殊情況之下，例如：甲狀腺亢進、腎上腺腫瘤。研究發現病人處於焦慮狀態時，他們大腦內的正腎上腺素和血清素的水準急劇變化。

2. **心理因素**：認知思考過程在焦慮症狀中有著重要的作用。研究發現，憂鬱症病人比常人更容易把模稜兩可或是良性的事件解釋成危機的先兆，更傾向於認為壞事情將會發生在他們身上，認為失敗在等待著他們，並認為自己會對事情失去控制。

3. **環境因素**：在壓力事件刺激下更容易出現焦慮症，例如：接近期末考或參加國家考試前，坐在書桌前都會有坐立難安的情況即是。

4. **遺傳**：焦慮症具有遺傳上的特性，焦慮疾患在親屬間的分布是相當常見的。若一等親有焦慮症者，則子女罹患的機率較他人高，其病源可能是在

遺傳上具有特殊的自主神經系統的易感性。

醫療科技到目前為止，沒有任何一種心理疾病能確切被診斷是某單一原因造成的，而大部分心理疾病的根源都來自「壓力」，因此，除了「生理」及「遺傳」因素是天生的之外，由壓力造成的心理問題，可經由自我調整和控制得以改善；當然，更重要的是，發現異狀之後能及時主動尋求心理諮商或精神科醫師專業協助，才是擁有良好癒後生活的重要途徑。

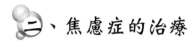

二、焦慮症的治療

每一種焦慮症都有其特別的治療方法，通常治療焦慮症的主要方法有藥物治療和心理治療二大類。

（一）藥物治療

焦慮症治療時，可用抗焦慮劑，使自主神經的功能下降一些，抗焦慮劑是最常用的治療焦慮症的藥物，但是抗焦慮劑有不少副作用，例如嗜睡、抑鬱等，所以一定要按醫生的指示來服用，尤其是患者需要較長期的治療時；嚴重者如恐慌症等，可以再加上抗憂鬱的藥物。此外，抗憂鬱劑除了可以改善情緒之外，對強迫性的思考可以有些調整，因為一開始焦慮，就可能會有些強迫行為出現。

（二）心理治療

焦慮疾患的常見治療方式包括：放鬆訓練、認知治療及系統減敏感法，分別介紹如下。當你自己或你身邊的人有焦慮的症狀時，可試著根據以下介紹的原理與步驟試試看；當然，除了自我學習、自我控制之外，尋求諮商心理專家的幫助也是很重要的！

1. 放鬆訓練

(1)放鬆訓練的原則

A.找一個不會有任何干擾的隱私空間、不接電話、不看時間。

B.讓腦袋完全放空。

C.衣著輕鬆沒負擔，不帶任何飾品。

(2)放鬆訓練的方式

A.舒適地坐下或躺下，若舒適地坐下，則雙手自然地垂放在大腿兩側。

B.輕輕地閉上眼睛，放鬆肌肉，平靜下來，做個深呼吸。深沉、平穩、緩慢，以肚子（橫膈膜）呼吸，然後正常的呼吸，鼻吸鼻吐，不要用嘴巴呼吸，體驗每個呼吸，隨著緩慢而自然的呼吸節奏。

C.集中精神於一句話或一系列聲音。選擇一句正向積極鼓勵自己的話（如平常心面對事情、事情並不是我想的那麼糟糕等），或輕柔聲調的一系列聲音（如大自然輕音樂、輕柔的鋼琴音樂等），確定之後就不要再改變，漸漸地將這句話或這系列聲音和放鬆聯想在一起。

D.接下來，慢慢的讓自己由上而下一一放鬆，從頭部、眼球、臉部肌肉、頸部、肩部、雙臂、背腰、小腹、腿部一一放鬆，甚至皮膚都要完全放鬆。

E.讓自己停留在放鬆的狀態中約 5 至 10 分鐘。

F.肌肉放鬆結束，眼睛張開。

G.肌肉放鬆結束後，身體及每個關節慢慢動起來；最好能花個 10 至 15 分鐘，按摩臉部、額頭、雙眼、後頸、兩耳、雙肩、兩臂、胸部、腹部、背部、腰部等。

2. 認知治療

(1)認知治療的原理

Beck、Emery 和 Greenberg（1985）的認知治療理念認為，當事人的焦慮來

自於對情境認知的扭曲評估和長期錯誤的知覺因果論，所以當當事人感到焦慮時，要注意當事人對事件、情境的解釋是否有扭曲。有些人認為焦慮是自己造成的，可自行控制；有些人則常常對自己的焦慮感到迷惑和困擾。在治療過程中，心理師必須清楚反覆地讓當事人瞭解：焦慮是由錯誤解釋所造成的。在當事人體認到誇張的思考會導致焦慮時，症狀通常會減輕。

為了能順利矯正當事人誇張的誤解，心理師評估問題後，要將當事人的抱怨概念化，建立明確的架構，同時向當事人解釋清楚，以降低其心中的疑惑和焦慮。有時，當事人的焦慮往往會惡化他的害怕，而他害怕的是自己的感受與感覺（feelings and sensations）。心理師必須向當事人解釋害怕有二種層次：其一是具體的害怕，如怕癌症、車禍等；其二是對焦慮所引發身心症狀的害怕。當當事人無法克服第一層次的害怕時，往往會導致第二層次害怕的加劇；心理師應教導當事人處理第二層次的害怕，那麼即使當事人無法馬上克服第一層次的害怕，也不會導致第二層次的害怕更加嚴重。

(2)常見的扭曲形式

Beck 的認知治療是依據「認知是決定我們如何感受與如何表現的主因」為治療的假設基礎。認知治療是以矯正錯誤觀念與錯誤自我暗示來減輕心理壓力的治療法；改變導致失功能的情緒與行為之最直接方法，就是改變錯誤且失功能的思考。而在焦慮疾患當事人的思維中，也常看到許多扭曲和誇大的想法，希望透過對扭曲形式的瞭解，幫助當事人的思考有更多的澄清，常見的認知扭曲形式如下：

A.武斷性推論（arbitrary inference）：指沒有充足與相關的證據便驟下結論。例如：老師昨天上課都沒有注意我，老師一定很討厭我。

B.選擇性偏差（selective abstraction）：指以整個事件中的單一細節下結論，而失去整個內容的重要性。這個假定是「真正重要的事件是那些與失敗、損失有關的事」。例如：自己每次考試都在 95 分以上，但最近一次小考

只考了 68 分，一直耿耿於懷，總覺得自己是個數學白痴。

C.過度類化（overgeneralization）：指把某件意外事件產生的極端信念，不恰當地應用在不相似的事件或環境中；亦是指根據一些負面事件，就亂下通則。例如：因為我這次經濟學考不好，就認為我以後的所有經濟學相關科目一定都完蛋了。

D.擴大與誇張（magnification and exaggeration）：指過度強調負向事件的重要性。例如：我電腦打字這麼慢，我根本不可能找到工作的，我的人生毀了。

E.個人化（personalization）：過度把責任都歸到自己身上，常常以為事情都與自己有關，自己對所有事情都應該負責。例如：看到室友一副很不開心的樣子，就直覺認為是不是自己今天做錯什麼事，而惹了室友不高興。

F.極端化的思考（polarized thinking）：指思考或解釋事情時用「全有或全無」（all or none）或「不是……就是……」（either/or）的方式，將事情都做極端二分化的思考。例如：我如果沒有拿書卷獎，那我就是一個失敗的人。

G.標籤化（labeling）：根據某些過失或錯誤，經由自我標示而製造了對自己的負面觀點。例如：今晚同學生日宴會上，自己不小心走路滑倒把碗打破，也把熱湯灑了一地板，從此以後就認為自己是個連小事都做不好的人。

以上是 Beck 認知治療中常見扭曲、僵化的想法，要克服焦慮、解除焦慮，就要透過對思考錯誤進行澄清，才能幫助自己從負向的情緒泥沼中跳脫出來。

3. 系統減敏感法

系統減敏感法就是將你所感到恐懼的事物有系統的分成很多階層，然後由淺入深逐一去面對，面對的方式可以透過想像，也可以身歷其境。而在處理焦慮之前，先讓情緒放輕鬆，可參考前項的放鬆訓練技巧。例如，在期末考前對

有機化學這個科目總會感到非常焦慮，焦慮到吃不下、睡不著，甚至一直想要轉系；而實際上當事人的有機化學這個科目在班上的成績其實也還不錯。這時候，系統減敏感法就非常適用。首先，將焦慮的階層區分出來，分數愈高表示焦慮愈強烈。例如：

10 分 想像在教室寫有機化學考卷（治療後 10→9）

9 分 想像看到老師在講台上正要發考卷（治療後 9→8）

8 分 想像站在教室門口等候進場（治療後 8→7）

7 分 想像考試的前一天晚上（治療後 7→6）

6 分 想像距離考試還有一天（治療後 6→5）

5 分 想像距離考試還有兩天（治療後 5→4）

4 分 想像距離考試還有三天（治療後 4→3）

3 分 想像距離考試還有四天（治療後 3→2）

2 分 想像距離考試還有七天（治療後 2→1）

1 分 想像距離考試前十天 （治療後 1→0）

焦慮階層設立的標準因人而異，每個人的評分都不同，因此，沒有任何一個共通的版本。要建立適合的焦慮階層，最好的方式就是讓當事人自己評分。當焦慮階層建立之後，我們選擇 1 分的焦慮情境開始練習。

1.一開始讓自己保持一個放鬆的姿勢，或坐或躺都可以。先讓自己情緒呈現完全放鬆的狀態，或先做一段自我放鬆訓練。

2.接著開始真實的想像，讓自己感到焦慮的事件情境來引發焦慮，想像焦慮事件約 15 秒，然後中止想像。

3.如果你感覺到身體有輕度的焦慮反應，就讓自己的身體放鬆直到完全沒有焦慮反應（如果身體在此階段已經完全沒有焦慮的反應和感受了，就進行更高一階層的焦慮情境練習）。

4.重複上述 2 至 3 的步驟（想像焦慮情境→放鬆→焦慮解除→更高一階層的

焦慮想像）。

當焦慮階層由 1 分降到 0 分時，你就像爬樓梯一樣，往上進步一階了，原本 2 分降到 1 分，原本 3 分到 2 分，以此類推。這時候，不斷的往更高的焦慮階層挑戰邁進，重複上述的練習了，最終讓當事人對感到焦慮情境的焦慮得以解除。其中，要從 1 分的焦慮情境開始練習，主要是因為如果你所選擇的焦慮階層強度太強，一下子就要面對高度的焦慮，即使一再實施放鬆訓練，當事人的焦慮也難以消失。因為系統減敏感法的核心精神是：個體一直重複地處在適度的焦慮事件中，個體將會習慣該焦慮事件，而習慣之後，就不會再因此焦慮情境而引發焦慮情緒了。例如：面對考試容易焦慮的學生，如果老師每堂課都進行隨堂考試，讓考試成為生活中的一部分，久而久之，學生對考試的焦慮度就會降低；因為，學生已經習慣生活中有考試這件事了，也就比較不會因考試而感到焦慮了。這也是為什麼高中學校總是對大學入學考試做很多模擬考試的原因了。

要解決問題，就先要能面對問題，要克服焦慮，唯一的途徑就是勇敢面對焦慮。系統減敏感法幫助焦慮疾患患者循序漸進的面對焦慮，只要按步就班練習，漸漸地就會發現原本擔心、害怕的事，其實並沒有如想像中的那樣嚇人，原來只是自己在嚇自己罷了。

參、結語

在傳統社會中常有「家醜不可外揚」的心態，認為家中如果有人患有心理疾病是一件丟臉的事，因此，常持著駝鳥心態不願去治療，也因此錯過了病發初期可以有較佳治療效果的時期，因而造成更嚴重的病況。因此，任何一種心理疾病都是及早發現、及早治療，才是最佳之道。其實，焦慮症就像感冒一樣，每一個人都有發生的可能，情況有輕重，不一定每一個人都需要求醫治療，有

些人可以靠自己紓解壓力、生活作息正常化、運動，或解除生活中的壓力源，讓焦慮的原因消失，讓自己的情緒恢復和緩、平靜；而在臨床治療上約有半數的患者會痊癒，其餘的病人症狀起伏不定，時好時壞，僅有五分之一的患者，會演變成慢性化。

焦慮症檢核表

請檢查看看現在的你是否有焦慮的狀況呢？將符合你情形的描述打✔，最後統計一下你有幾個✔呢？

生理上的反應	認知上的反應	情緒上的反應
□感覺身體發熱	□我做不來	□害怕
□心悸	□我覺得自己很傻	□激動
□心跳加快	□人們常注視著我	□恐慌
□胸部緊	□我可能會昏倒	□過度擔心
□胃不舒服	□我得了心臟病	□不安
□過度換氣	□讓我離開這裡	□感覺世界毀滅或是
□常覺得很虛弱	□沒有人會幫我	□幽暗、悲哀的
□發抖	□我沒辦法獨自出門	□被困陷住，無處可躲
□暈眩	□我沒辦法呼吸	□被孤立
□口乾	□我快要死了	□失去控制
□思想混亂	□我會發瘋	□難堪
□無法專心	□我陷入困境了	□罪惡感
□肌肉緊張／痛	□我不願意出門	□抗拒
□疲倦	□假使有人受傷、生病	□生氣
	□或是有火災怎麼辦？	□憂鬱

檢核解析：

假如你有上述超過三個以上的狀況，請問自己下列問題：

1. 擔心焦慮症發作是否會影響我現在／未來的生活嗎？
2. 我是否每天在逃避這些反應呢？
3. 我是否常常感到緊張不安？

【如果上述三題有任何一題答案為「是」的話，請好好照顧自己喔！找人談談或讓你的情緒壓力找個出口喔！】

資料來源：取自「向日葵線上輔導系統」

你快樂嗎？
大學生的心理衛生

中文部分

孔繁鐘（編譯）（2007）。**DSM-IV-TR** 精神疾病診斷準則手冊（Quick reference to the diagnostic criteria from DSM-IV-TR）。台北市：合記。

賴倩瑜等著（2000）。**心理衛生**。台北市：揚智。

向日葵線上輔導系統。取自 http://guidance.ylc.edu.tw

英文部分

Beck A. T., Emery, G., & Greenberg, R. L. (1985). *Anxiety disorders and phobias: A cognitive perspective*. New York: Basic Books.

CHAPTER 19

側拍藍色的世界——

憂鬱疾患的認識與治療

羅子琦

　　「你憂鬱了嗎？」似乎已成為心情不好的代名詞。依據董氏基金會（2007）「大學生憂鬱情緒與求助行為調查」的研究發現，25.7%的大學生認為自己的情緒低落嚴重到需要求助或進一步治療，以全台灣地區 132 萬大學生推估，可能有 33 萬大學生感到「很憂鬱」，結果與過去二年相較之下，憂鬱人數的比率有逐步上升的趨勢。

　　然而，憂鬱情緒是否等同於憂鬱症，是亟待澄清的。以下有幾個例子，提供我們思考方向：

　　曉君（化名）最近常常心情不好、容易生氣，對於自己的成績不甚滿意，但說不出還有什麼不對勁。某天，她看見便利商店免費索取的憂鬱量表，索性拿了一份回宿舍做做看，量表結果令她開始對自己的狀況感到擔憂……

　　阿明（化名）一直是同學心目中的開心果，成績優秀、個性開朗。直到半年前，父親離開人世後，他開始出現成績滑落、不再參與社團、睡不著、整個人消瘦許多，獨處時會不自覺一直掉淚、一直疲倦沒有活力的樣子，就連在課堂上也無法集中注意力，生活似乎全變了樣……

　　凡事力求完美的庭庭（化名），最近容易因為一件小事感到憤怒，對於許多人、事、物都有不同的抱怨與生氣，覺得自己沒有價值、常常大哭，也不太想吃東西。她原本覺得只是比較不順心而已，直到某天夜裡居然心情低落到想要傷害自己……

　　看完曉君、阿明與庭庭的案例，相信你不會感到陌生，他們的經驗也可能發生在自己或身旁的家人、朋友、同學身上。不過，你是否能夠分辨憂鬱情緒、憂鬱症的差別？究竟什麼是憂鬱症？為什麼會得到憂鬱症？又要如何揮別憂鬱症的陰霾呢？本章將一一分別說明。

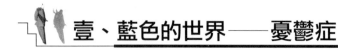

壹、藍色的世界——憂鬱症

　　首先，我們必須先明白憂鬱症不僅會影響一個人的情緒，還會影響其思考、行為與生活。在我們的一生中，多少也會遭遇到人生的低潮、心情低落的時期，然而要確定是否為憂鬱症，則需要一些明確的特徵與症狀，以及維持一段時間以上，才能判定為憂鬱症。

　　目前，大多數的心理衛生從業人員，均依照 1994 年美國精神醫學協會出版的《DSM-IV 精神疾病的診斷與統計》（孔繁鐘譯，1997），來做為評估診斷的依據，分別說明如下。

一、憂鬱症

　　要達到憂鬱症的診斷標準，必須在二星期內持續符合下述至少五項以上的症狀描述。這些症狀將影響個人原有的生活步調，也會因此影響既有的人際關

係、學習與工作等，造成明顯的困難與障礙。

（一）以下兩者擇一

1. 自己主觀覺得總是感到悲傷或難過，或是旁人的觀察認為你幾乎整天都處於低落的狀態中。

2. 在多數時候，對於原本感到有興趣的人、事、物，不再感到興趣、提不起勁或意興闌珊。

（二）具有以下其中四項以上的症狀

1. 在沒有刻意調整飲食或體重的狀況下，幾乎每天都沒有胃口或食慾增加，且體重可能出現明顯的變化（一個月內體重增加或減少超過 5%）。

2. 出現睡眠困擾，如失眠、難以入睡或嗜睡。

3. 幾乎每天都變得坐立不安或行動遲緩。

4. 幾乎每天都覺得疲倦或沒有活力。

5. 幾乎每天都感到無價值或過度的罪惡感。

6. 幾乎每天都有注意力不集中、記憶力減退或難以做出決定的狀況。

7. 不斷的出現想死的念頭、自我傷害的行為、企圖自殺的計畫或行動。

　　然而，上述這些症狀必須先排除是因為服藥或其他生理疾病所引起的，也不包括因為失去某個重要所愛的人；因為，當我們失去某個所愛的人，會因為悲傷而出現與憂鬱症狀相似的情況，這些反應在二個月內，都屬於非常時期下的正常哀傷反應。

實境思考（憂鬱症篩檢）

經由上述的診斷準則，你是否也開始能夠對自己或身旁他人的狀況，做出一些評估呢？讓我們來為曉君、阿明與庭庭的狀況做個憂鬱症篩檢：

◎以下兩者擇一
- □自己主觀覺得總是感到悲傷或難過，或是旁人的觀察認為你幾乎整天都處於低落的狀態中。
- □在多數時候，對於原本感到有興趣的人、事、物，不再感到興趣、提不起勁或意興闌珊。

◎至少具有以下四項以上的症狀
- □在沒有刻意調整飲食或體重的狀況下，幾乎每天都沒有胃口或食慾增加，且體重可能出現明顯的變化（一個月內體重增加或減少超過5%）。
- □出現睡眠困擾，如失眠、難以入睡或嗜睡。
- □幾乎每天都變得坐立不安或行動遲緩。
- □幾乎每天都覺得疲倦或沒有活力。
- □幾乎每天都感到無價值或過度的罪惡感。
- □幾乎每天都有注意力不集中、記憶力減退或難以做出決定的狀況。
- □不斷的出現想死的念頭、自我傷害的行為、企圖自殺的計畫或行動。

◎是否持續二週以上？ □是 □否

你覺得誰需要接受進一步的協助？ □曉君 □阿明 □庭庭

由上述的說明看來，我們不難發現經由明確的診斷準則來判斷自己或身旁他人是否正經歷憂鬱症的侵襲，一旦發現可能遭受憂鬱症的侵襲，便需要尋求專業的幫助，例如：學校的學生輔導中心、醫院精神科或身心科就診等。當然，你可能還是會問：「我不太符合憂鬱症的診斷標準，但我仍然對我的生活感到不快樂，難道我真的沒有問題嗎？」下面將提到「輕鬱症」的診斷準則與說明，幫助我們來進一步區別憂鬱情緒與輕鬱症的差異。

二、輕鬱症（低落性情感疾患）

> 阿哲（化名）是一名年輕的設計 SOHO 族，平日多埋首於設計工作，將案子一件件的完成，數年來，日復一日；朋友常形容他是個 HIGH 不太起來的人……。阿哲則形容自己：「長期心情不佳，生命中似乎沒有值得興奮與期待的事物……」

阿哲是否也得了憂鬱症呢？他符合憂鬱症的某些診斷，又不全然符合，時間卻持續很長。阿哲可能是罹患一種長期性的、輕微的憂鬱症——「輕鬱症」：

1. 持續的憂鬱情緒，至少持續二年以上，且未曾擺脫憂鬱情緒超過二個月。

2. 至少出現以下二種症狀：

　(1)胃口不好或吃過多。

　(2)睡眠困擾，包括失眠或嗜睡。

　(3)注意力不易集中。

　(4)低自我價值感。

　(5)活力低落或疲累。

　(6)困難做出決定。

　(7)無望感。

正確來說，憂鬱情緒的定義為「一種感到低落、不愉快或沮喪的情緒」。一般人都會在生命中經歷憂鬱情緒，多數人也都能透過自我調適、周遭資源與時間來度過。但是，的確也有許多憂鬱情緒未能順利度過，由輕鬱症逐漸演變為憂鬱症，顯示出心情溫度的高低變化，不容我們輕忽。

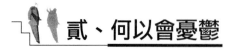

貳、何以會憂鬱

　　憂鬱症，和許多生理疾病一樣，沒有絕對的病因，也不一定是單一症狀。以發燒為例，可能是感冒引起，可能是傷口發炎引起，也可能是某種免疫系統問題引起。總之，發燒是一種身體上的警訊；憂鬱症也是某種不對勁的警訊，可能是生理方面，可能是精神方面或情緒方面的警訊。以下將分為幾個部分，來試圖探究憂鬱症的成因（廣梅芳譯，2001；魏嘉瑩譯，2003）。

你關心的人得了憂鬱症嗎？

請依照過去二星期以來，你關心的人的情形，來回答下列問題：

是　否
☐　☐　1. 他幾乎每天大多數時候都抱怨情緒低落、沮喪、難過或憂鬱嗎？
☐　☐　2. 他對日常活動明顯的失去興致嗎？
☐　☐　3. 他對平日喜歡的活動感到沒有樂趣嗎？
☐　☐　4. 他雖然沒有飲食控制，可是體重卻明顯的上升或下降；食慾變佳或不振？
☐　☐　5. 他是否失眠、睡不好或嗜睡？
☐　☐　6. 他是否看起來比平日焦躁不安或反應遲鈍？
☐　☐　7. 他是否看來比較疲憊或無精打采？
☐　☐　8. 他是否覺得自己沒有價值或過度罪惡感？
☐　☐　9. 他是否無法思考、集中注意力或無法做出決定？
☐　☐ 10. 他是否重複表達死亡或自殺的想法、計畫自殺或真的有自殺行為？

計分方式：
答「是」計 1 分，請將 4～10 題你回答「是」的分數加總起來。
◎假如你在 1～3 題任一題中答「是」，請用下面的計分說明：
6 或 7 分　　你所關心的人極有可能得了嚴重的憂鬱症。
4 或 5 分　　你所關心的人可能得了憂鬱症，符合大部分的症狀。
3 分以下　　你所關心的人可能有輕微的憂鬱症，也可能是憂鬱的初期。

◎假如你在 1～3 題都回答「否」，請使用下面的計分說明：

4～7 分　你所關心的人可能處於憂鬱症的早期發展階段。

2～3 分　你注意到你所關心的人有憂鬱症狀，但可能是其他原因造成；
　　　　　但如果第 10 題答「是」，則應保持警覺。

0 或 1 分　沒有憂鬱症的跡象。

資料來源：引自魏嘉瑩譯（2003）

一、生物因素

（一）基因

　　如果你得了憂鬱症，回溯你的家族史，包括手足、父母或祖父母，你會發現你不是家中唯一得了憂鬱症的人。然而，光憑憂鬱症的家族病史並不能說明一定是基因造成的，也有可能是家庭成了憂鬱症的溫床，例如：一個被憂鬱沮喪侵襲的父母，在傳達正向的愛與關懷給子女是有困難的，因此子女自然也比較容易受到憂鬱症的侵襲。

　　雙胞胎的研究是最有意思的，像是同卵雙生的雙胞胎得憂鬱症的比例，依照研究成果，發病率約在 33%到 70%之間，大體而言是 40%至 44%之間。換句話說，有一半的同卵雙胞胎，當其中一位得憂鬱症時，同一個家庭的另外一位也會得到。

　　因此，正確而言，是我們自父母那遺傳了面對壓力的耐受性、對於快樂的感知能力、對於情緒的敏感程度等，並不是因為基因將憂鬱症給帶來了。只是，這些自基因遺傳而來的特質，將使我們腦中的化學物質產生變化，使我們較具有容易罹患憂鬱症的特質。

（二）腦中化學物質

　　腦神經學者認為罹患憂鬱症的人，腦中的兩種神經傳導物質（neurotransmitters）較一般人的活動性低，其一是血清素（serotonin），另一則是正腎上腺素（norepinephrine）。這兩種神經傳導物質分泌過低，會削弱我們對於快樂的感受力，導致憂鬱症。目前在精神科藥物治療方面，也主要是針對此兩種神經傳導物質的促進來改善憂鬱的症狀。

（三）生物循環

　　「睡眠，為健康之本。」這句話可是有科學依據的，每個人所需要的睡眠時間，將深深影響著身體的循環，例如：我們每天至少需要 7 小時的睡眠，當你 11 點入睡與凌晨 1 點入睡，都會使你白天的精神狀態有所不同。

　　研究發現，大多數的憂鬱症患者真正沉睡的時間少，然而，也有某些研究認為不規律的睡眠才是憂鬱症的成因之一。可以解釋的方向是不規律的睡眠，會影響白天的精神狀態，導致心情不佳、沒有耐性，也可能會影響學業或工作表現與人際關係，惡性循環之下，容易導致罹患憂鬱症。所以，規律與足夠的睡眠乃是健康之本。

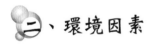二、環境因素

（一）痛苦的童年

　　每個孩童都是透過經驗來瞭解自己所處的世界，特別是早期重要關係的經驗——親子關係，孩童在親子互動的關係中去經驗如何信任他人、去感受被愛，去學習如何期待他人以及自己是否有價值，不斷地，在成長的過程中去學習成

為內心真正的自己。

如果某些經驗與之相反，如遭受家暴或父母情緒不穩等，那麼他將可能無法在成長中經驗到正向的撫育經驗，可能因此無法信任他人，或缺乏安全感，或是不覺得自己值得被愛。當人們不認為自己值得被愛，或不知道如何愛自己與建立愛的關係時，孤獨、低自我價值都可能是憂鬱症的成因。

（二）肉體、性和精神虐待

不論是肉體、性或精神方面的虐待，都會深深影響一個人的成長與心理狀態。比方說在幼時曾遭受亂倫經驗，無疑是破壞原本的信任世界與個人價值，這些通常是極為痛苦的記憶與情緒，即使事情是發生在很早以前，然而，一個原本應是自己信任的人卻傷害了自己，仍會令當事人感到萬分絕望。

（三）失落經驗

人們在其一生中，經常面對許多變化，他們可能建立一個新的角色，同時也失去另一個角色，在這過程中，難免會失去某些東西。只要活著，我們就難免在轉換的過程中遭逢失落，小到丟掉一個心愛的東西，大到失去父母、配偶（龔慧珠，1992）。失落（loss）是個人經驗到了屬於某部分被剝奪，而這些部分是具有重要意義或是個人所熟悉的（D'Amdrea, 1990）。

比方說，若人們經歷重大失落，如生離死別，也有可能因此成為憂鬱症患者。擁有所愛的人是重要的，但失去所愛的人卻是無法控制的。當人承受一個接著一個的失落時，便有可能形成憂鬱症。

（四）習得無助

在成長過程中，若能經驗到理想與現實的距離相近或總能實現自己的目標，這將讓我們學會相信自己是有能力的。然而，若總是經驗到「我不論如何努力

還是做不好」或「我永遠覺得自己不夠好」，而得不到愛或自我滿足感，便會開始覺得無助與無望，演變為憂鬱症。

綜合上述各項成因說法，任何一項單一的理由都不足以構成憂鬱症的成因，也都無法單一的排除。瞭解可能導致憂鬱症的各項因素，更重要的意義在於提醒我們為自己創造更為健康的生活，例如：規律的睡眠、保持運動，以及尋求治療以面對過去的創傷經驗，引導自己走出更美好的未來。

參、如何走出藍色世界

當我們對於憂鬱症的成因有所瞭解後，不免心中會浮現一個疑問是：「憂鬱症會好嗎？要如何做才能康復呢？」不容懷疑的是，憂鬱症是會康復的，憂鬱症就和發燒一樣，不論病因為何，都是一種警訊，提醒我們找出問題、面對問題並做出改變，讓自己盡早走出藍色世界。

一、心理諮商有效嗎？

「心理諮商有效嗎？」是大多數人普遍會問的問題。首先，我們先來談談什麼是心理諮商，心理諮商是用談話來進行治療的，也許你還會想問：「用談的就有效？」然而，心理諮商並不是漫無目的漫談：

1. **說明諮商歷程與澄清期待**：不論你是否曾經接受過心理諮商，專業合格的諮商心理師都會先瞭解你為何前來，澄清你對於諮商的期待並說明諮商的歷程，和你一同在共同的期待之下面對問題，陪伴你走出陰霾。

2. **評估**：剛開始，你的諮商心理師可能會問你很多關於你狀況的問題，很多問題都與前面提到的診斷準則有關，以用來評估你是否有憂鬱的情緒、憂鬱症的嚴重程度，同時做出評估與是否需要轉介精神醫療單位。

3. **童年與家庭經驗**：你會如何描述自己的童年經驗呢？你的童年快樂嗎？你的家庭有哪些人？他們其中是否曾經有人罹患憂鬱症？你是否曾遭受重大的創傷經驗？它如何影響你看待生活與人生？你如何看待你自己？等等，這些都是很重要的經驗。

4. **過去與目前的關係經驗**：在你的生命經驗中，有沒有支持你的關係與力量？過去到現在和人相處的經驗又是如何？都將影響你的身心狀態。同時，也透過關切這些議題來瞭解你內在的孤單、茫然或絕望感受，或從中找出正向經驗。

5. **重大失落經驗**：在你的生命中，是否有什麼重大經驗令你感到被剝奪、失落？像是和所愛的人分離、天災、意外事件等。當時，你是怎麼面對的？有誰陪伴你嗎？你是如何走過來的？這些事件如何影響你？以瞭解你是否有足夠的時間與資源來走過傷痛。

6. **壓力**：目前你的生活中，有哪些壓力是時時存在的？又有哪些是可以逐漸排除的呢？

透過幾次的晤談後，諮商心理師將會在談話過程中回應你的心情，反映你的行為模式與思考，促使你進一步覺察自己的模式哪些部分有益身心？哪些部分則是亟待改變的。因為，人們總是不自覺重複自己的思考或行為模式，讓自己不斷陷於困境中，最後導致憂鬱。當我們看清這些模式後，我們將學會相信是這些不良模式導致憂鬱症；同樣地，諮商心理師將陪伴你，和你一起相信自己有能力改變這些模式，和你共同走出憂鬱的藍色世界。

所以，心理諮商可以有效幫助人們找出哪些部分需要改變，至於有效與否，則需要時間以及你是否決心做出改變。總之，你可以透過心理諮商的過程，學會如何幫助自己。

二、藥物治療會成癮嗎？

到醫院的精神科或身心科求診，總令人卻步，然而，接受抗憂鬱藥物的治療，卻可以使腦內的神經傳導物質加以平衡。雖然，藥物可能無法完全解決憂鬱症的所有問題，但透過藥物提昇血清素與正腎上腺素的分泌，卻可以使你提昇面對問題的勇氣與能力。

對於使用藥物來協助自己面對憂鬱症的人，有一些準則可以提供你參考（廣梅芳譯，2001）：

1. 藥物只是你克服憂鬱症歷程中的一部分而已，不需要將藥物擴大到比你的生活還重要。
2. 你必須試著相信你的醫生，盡量將你心中的疑問提出來詢問，以增加你對他的信心。
3. 許多抗憂鬱藥物多少都有副作用，給藥物一些時間，也讓你的醫生知道你的不舒服狀況，並和醫生討論藥物的劑量是否需要調整。
4. 至少服用 4～6 星期，未和醫生做詳細的討論前，不要擅自停藥。
5. 並無任何研究顯示抗憂鬱藥物會使人上癮。

臨床上，並不是每一位憂鬱症的當事人都需要接受藥物治療，如果你心中對於是否要接受藥物治療有疑問，最適合的處理方式是和你的心理師討論。如果你的情況已無法為自己做出最好的決定，那麼尋求專業的協助，包括心理諮商、精神科治療，將會成為你決心對抗憂鬱症最有力的支柱。

三、如何自我幫助？

多數得到憂鬱症的人，會認為自己的生活過得一團糟，睡眠嚴重失調，生活壓力很大。然而，實際情況常常不如你所想的糟糕，因為這時候憂鬱可能像

個放大鏡，將你的困境都放大了。只要你真心想要做出改變，有很多自我幫助的原則，是值得你為自己做的：

1. **讓自己維持規律的生活**：找出每天必須做的事情，像是盡量準時上課，維持生活的重心與規律性，讓感到混亂的生活逐漸回穩。

2. **創造安頓身心的方式**：找出可以讓自己轉移注意力，或讓自己穩定身心或快樂的事情——即使只是一秒鐘，有些人是聽音樂來讓自己平靜，有些人則是點精油或泡澡。

3. **讓朋友瞭解你的需要**：要說出自己真正的狀態，對許多憂鬱症的人而言這是相當不容易的事情；同時，可能也會覺得身旁多數人只會要自己好起來卻無法真正理解。所以，適當的讓他們知道自己的需要，瞭解自己需要的陪伴方式與心理空間，以擴大自己的心理舒適區。

4. **給自己一些動起來的活動**：常有人說憂鬱就是提不起勁，怎麼可能還有力氣活動、運動。但是，我們都忘了花力氣也可以長出力氣的，給自己一些小運動，也許只是散步，都可以為自己創造力氣。

5. **不要添加太多的目標**：別一次給自己太多的工作目標，走出憂鬱的歷程，是需要時間，一次只做一部分，如滾雪球般慢慢的漸入佳境。

四、朋友可以做什麼？

如果你身邊有關心的人，正遭受憂鬱症的侵襲，有些事情是你可以做的：

1. **傾聽就是陪伴**：面對朋友遭逢困境，都會忍不住想要替對方解決問題。但是，他們真正需要的是你的傾聽，讓他們知道你聽到他們的感受了。

2. **鼓勵他說出感覺**：詢問他的感受，嘗試瞭解他為何這麼覺得，對於說出感覺有困難的人，可以試著用選擇題的方式來引導他，讓他們有機會說出自己內心的話。

3. **表達你的理解與同理**：努力去瞭解他的問題與感受，試著設身處地去理解他，他會從你的回應中感受到你陪伴的心意。

4. **自我揭露**：在適當的時候可以分享你曾經歷過的情緒低潮，重點不在於你如何解決問題，而是讓他充分明白你瞭解他現在所經歷的痛苦。

5. **不要太快給與建議與忠告**：前提是尊重每個人的個別差異，也尊重他正努力找出解決方法的心情，而不要太快的給與建議；假如他正想和你討論如何達成目標，那麼你可以和他討論他的想法與解決方案的利弊得失，並適時提出他未想到的部分。

肆、結語

憂鬱症不是無解的疾病，它是一種警訊，提醒我們正視自己的身心狀態。只要我們願意花些時間，接受專業的協助，願意面對問題與做出改變，走出藍色世界並非遙不可及。想要停止憂鬱之舞，只需要改變舞步。長遠來看，我們可以有兩種選擇：一種是站在原地，困境仍是困境；二是再給自己一次機會，試試看，總有突破的地方，透過療傷止痛，為自己的生命再創新機。

參考文獻

中文部分

孔繁鐘（譯）（1997）。**DSM-IV** 精神疾病的診斷與統計。台北市：合記。

董氏基金會（2007）。大學生憂鬱情緒與求助行為調查。2008 年 6 月 26 日，取自 http://news.yam.com/cna/healthy/200710/20071001806754.html

廣梅芳（譯）（2001）。P. L. Owen 著。憂鬱心靈地圖——如何與憂鬱症共處（I can see tomorrow: A guide for living with depression）。台北市：張老師文化。

魏嘉瑩（譯）（2003）。L. E. Rosen & X. F. Amador 著。當所愛的人有憂鬱症——照顧他，也照顧好自己（When someone you love is depressed: How to help your loved one without losing yourself）。台北市：張老師文化。

龔慧珠（1992）。面對轉換與失落。學生輔導通訊，**22**，56-510。

英文部分

D'Amdrea, M. (1990). *Testing the validity for a four-factor model of personal loss.* (ERIC Document Reproduction Service No. ED 322488)

CHAPTER 20

活著好痛苦——

自傷與自殺的認識與處遇

賴佑華

你有想過要傷害自己嗎？你有朋友考慮過要自殺嗎？或是，自殺聽起來非常遙遠呢？到底什麼東西這麼痛苦以致讓人想自殺？傷害自己真的會有快感嗎？

教育部校安中心（教育部電子報小組，2005）統計，平均每週都有學生自殺成功；研究顯示，每 1,000 人就有 3 個人過去或未來可能企圖自殺；每天有 6 個各級學校學生想自殺，這算多還是少呢？

如果生活周遭，有朋友好像想不開，該怎麼辦？如果偶而也會覺得生活好累，好想逃開，我是不是也想傷害自己、也有危機呢？關於自殺有許多的迷思，我有哪些錯誤認識呢？

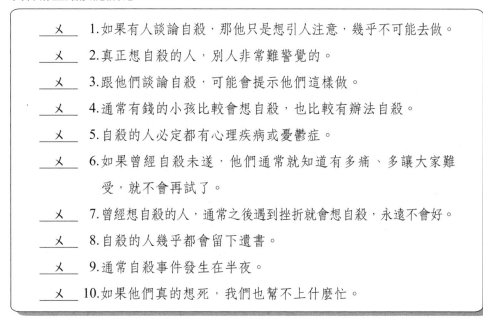

ㄨ	1. 如果有人談論自殺，那他只是想引人注意，幾乎不可能去做。
ㄨ	2. 真正想自殺的人，別人非常難警覺的。
ㄨ	3. 跟他們談論自殺，可能會提示他們這樣做。
ㄨ	4. 通常有錢的小孩比較會想自殺，也比較有辦法自殺。
ㄨ	5. 自殺的人必定都有心理疾病或憂鬱症。
ㄨ	6. 如果曾經自殺未遂，他們通常就知道有多痛、多讓大家難受，就不會再試了。
ㄨ	7. 曾經想自殺的人，通常之後遇到挫折就會想自殺，永遠不會好。
ㄨ	8. 自殺的人幾乎都會留下遺書。
ㄨ	9. 通常自殺事件發生在半夜。
ㄨ	10. 如果他們真的想死，我們也幫不上什麼忙。

許多人害怕是否會因為詢問對於自殺的態度，可能讓本來沒想過自殺的人反而採取行動；也有人覺得如果別人真的想死，根本無從得知、無從預防。其實絕望的人會釋放出許多訊息向週遭親友、師長、同學、朋友求助，有許多明顯的徵兆和警訊，因此自殺是可以預防的，而且首要就是直接與危機當事人澄清自殺想法，一段關心、婉轉的談話不可能讓本來沒有考慮過自殺的人出現自殺想法；自殺是一種衝動，與財力、學歷、學業表現，甚至心理疾病雖然有關但並非絕對的因果關係；曾經想自殺的人幾年內的確是自殺危機的高危險群，但不表示會永遠想自殺。

壹、認識「自傷行為」與「自殺」

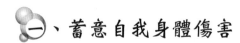一、蓄意自我身體傷害

2006 年調查顯示，有將近半數的青少年承認，在過去幾年之中，曾經有過或多或少不同形式的自傷行為，像咬傷自己、割傷皮膚、捶打自己，或企圖燒傷自己（Whitlock, Eckenrode, & Silverman, 2006）。在實務經驗裡，比較常見的是以刀片割傷手臂；較輕微的有放任自己流血、拉扯頭髮、槌打自己、胡亂服藥、咬傷自己等；嚴重的有割傷、燒傷、以刀片切下皮膚、自己紋身、撞擊牆壁等。讀國中的時候，或是在高中，是否曾聽說這樣的故事？

在青少年期，自傷行為的原因非常複雜，有很多可能性，例如：家庭失和、與重要他人（家長、老師或同學）的緊張關係、課業壓力、戀愛壓力、同儕關係（小團體壓力、被排擠、背叛），都有可能造成自傷問題。

另外，特殊原因，如遭受性侵害、過度思考人生的哲學意義也有可能造成這樣的結果。少數身心沒有得到建全環境培養的青少年，會因為特殊身心特質，例如：過度依賴、過度衝動、過度激動的情緒表現，而在自傷行為中得到滿足。

也有受早發性精神疾病所苦的同學，例如：強迫症、憂鬱症、躁鬱症或精神分裂症等，都可能引起自傷行為。

二、無自殺意圖下的自傷行為

但是這些自我傷害行為，並不等於自殺。自傷，指的是沒有自殺意圖的自我傷害行為（Non-Suicidal Self-Injury, NSSI）。引發自傷行為的內在原因，最常見的就是希望能夠藉由自傷行為「**控制自己的狀況**」，或是這樣的動作能夠「**暫時停止不好的感覺**」，並試圖得到別人的回應；多數採取自我傷害的人，都是沒有更適當的方式處理情感、情緒上的壓力，希望能夠**轉移自己注意力、暫時**的「**休息**」。這與自殺意圖中逃避、控制別人的反應、追尋已逝者、最後的解脫方法等動機，其實不同。自傷行為與自殺意圖的區分，就在於自傷的人，並沒有打算結束生命。

心理學研究讓我們瞭解，自傷行為的疼痛感，可能使腦內某些化學物質如因多芬（endorphin）、麻啡（morphine）分泌增加，這些物質會引發愉快的感覺，或減輕不舒服的感覺。也可能與個體的覺醒調節（arousal modulation）有關：當環境中的刺激不足時，會有「無感」的焦慮，身體對感覺的需求會增加，透過自傷行為能夠獲得感官的滿足；相反的當環境中的刺激太多時，個體會透過自傷行為，降低覺醒的狀態。覺醒調節的就是個體希望獲得生理上的均衡狀態，自我傷害是其中一個可以達到效果，但卻是非常不適當的方法。

自傷行為的確有可能是學習而來，尤其是當自傷行為得到環境**正增強**（獲得注意）、環境**負增強**（得以逃避），或是因疼痛而轉移了自己的焦慮憂鬱情緒，或因改變腦內化學物質的分泌反而有愉悅感，而產生的**自動增強**時，自傷行為就會在環境中被滋養、增加。自傷的青少年，有些也不吝告訴同學，令成人無法理解，更害怕同儕間相互影響而造成學習效應，甚至因為同儕壓力而開

始自我傷害。

　　自我傷害的嚴重程度有著不同程度的警示作用，重度的自我傷害，自然預示更嚴重的後果。自傷當事人，通常可以控制自傷的程度，但如果控制不當，很可能因此意外身亡，絕對要小心。更何況，自我傷害本是一種不適當的情緒管理方式，需要學習其他更適合的策略來調整自己的情緒，或是解決眼前的困境。如果持續使用這個不適當的策略，當事人可能因為長時間和經常性的自我傷害，導致對死亡恐懼的門檻降低，甚至連自傷都無法得到抒發，使得自殺及死亡更具吸引力。

三、接納自我傷害行為

　　這樣的標題看起來很嚇人，其實接納這個行為，是設法停止它的第一個步驟。我們已經知道自我傷害行為的原因，是因為沒有更適合的情緒管理、壓力因應技巧，顯然這些情緒、壓力的負擔已經讓選擇自傷的人無法承受。這時候責罵、驚慌等方式，可能會形成正增強，因為責罵和驚慌打破了個體無法承受的不平衡狀態，讓個體得到注意或是改變環境互動的狀態，例如讓失和的家庭共同關注青少年的健康；也可能形成負增強，例如因此直接去除壓力源，或因此降低對個體的期待（由期待學業成就改為期待身心健康）；這些增強的應對方式，反而會增加自傷行為的動機。

　　想要有效減少自傷行為，就需要瞭解自傷行為真正的動機，協助個體建立更合適的情緒紓解方式，培養更有效的問題解決技能，練習與自己的情緒和平相處。

　　第一步必須先接納自我傷害行為，瞭解這種強烈的情緒或痛苦，理解他們想要休息的心情。保持冷靜，「明顯的」表達包容的態度，協助他們以語言表達內在情緒，提供強烈的支持，這樣才能夠進入理性的討論，真正協助他們用

其他方式取代自傷行為。

貳、認識「自殺」

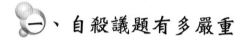

一、自殺議題有多嚴重

自殺早就進入中華民國十大死因排行榜，自殺防治中心早已成立，2006 年起所有大專校院便陸續研擬憂鬱與自殺防治實施計畫，近九成大專校院並建立自我傷害危機應變機制，八成以上規劃生命教育課程，五成以上評鑑為有效宣導，並定期演練 24 小時危機應變機制之啟動與實作，但是自殺率還是不停攀升。

有趣的是，大部分人都表示接受過愛滋病防治宣導教育，卻沒有印象受過自殺或心理疾病防治教育。自殺在 2002 年就成為青少年十大死因第二名，僅次於意外事故，人數還逐年升高。教育部校安中心（教育部電子報小組，2005）統計，2005 年 1 至 11 月，平均每 4 天就有 1 名學生自殺死亡，這還不包含歸類為意外死亡的自殺個案。2006 年平均每天有 6 個學生企圖自殺，以大專生為多數，又大專學生自傷或自殺嘗試並非全數都會被通報，可以想見有自傷、自殺企圖的學生遠高於這個數字。研究顯示，每一萬名學生便有 30 名曾經考慮或可能企圖自殺。這個人數比率，便可以推算出生活周遭的親友，出現自傷傾向或自殺危機的機率是高還是低。

二、自殺是一種衝動

現代的醫學及研究，積極研究與自殺相關的基因、大腦圖像、血清素或是神經傳導路徑，從社會學、文化、價值或是個別心理案例探討自殺動機，但是基本上我們對於人為什麼會自殺，仍然無法得到一個確切的結論。

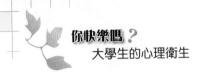

我們只知道，**沒有單一的心理疾病或事件會導致自殺**，許多因素的結合，才會讓個體感到痛苦無法承受。生命縱然非常脆弱易逝，但是自殺仍然是一種非常可怕的死亡方式，選擇這種方式的人，有著旁人無法理解的、隱密而難以表達的痛苦，內在情緒產生的痛苦無法以止痛藥緩解，無法逃脫，導致產生自殺衝動。

少數自殺身亡的學生會留下隻字片語暗示自殺原因，但是大部分在這樣的衝動下自殺身亡的青少年，並不會留下遺書。產生自殺衝動的心理動機可能有以下幾種：

1. 避免無法忍受的痛苦情境，例如：懲罰、罪惡感、痛苦、絕望等。
2. 藉由自殺行為確定自己仍掌有控制權，或藉此控制別人的情緒與反應。
3. 追隨、找尋某個已經死去的人。
4. 自殺是最後一個引人注意、宣告痛苦以及嘗試溝通的方式。

教育部校安中心指出，大學生自殺死亡主要原因前五名，包含：感情因素、心理疾病、家庭關係、情緒困擾及重要他人死亡等。這些令人心碎的事件或災禍，的確可能會引燃潛在的自殺意圖，但不是每個人都會想自殺，因為每個學生能承受的心理壓力底限是不一樣的，主要根據個人的生活經驗習得的情緒反應方式、心理疾病嚴重程度、心中絕望感的強度，以及取得自殺工具的便利程度而定。

三、如何預防自殺衝動

自殺行為所帶來的混亂、傷害和惶恐，對自殺倖存者、同學、家屬、老師都是難以言喻的，既然自殺是一種衝動，沒有簡單的原因，該如何預防呢？經驗告訴我們，大多數人如果心靈原來很健康，不論令人心碎的事件多可怕，都不足以直接導致自殺，也不易因為暗示、學習效應而產生自殺衝動。心靈健康

的人有下列特徵，這些特徵是值得我們來努力與學習的。

（一）有人際支援系統

當自己的困擾無法解決時，能夠向支援的系統或是重要他人尋求建議與支持，能夠讓自己的心靈健康，避免感覺無助、無望、孤獨。例如：找朋友訴苦、共同從事休閒活動，或是與家人商量等，有些同學也會願意向師長、同學尋求協助。較為敏感貼心的同學或是懂得利用資源的親人，有些也會為了當事人，向老師或其他專業人員談好朋友、親人的困境。因此，如果能主動尋求專業協助，更會減少走投無路的情境。

（二）情緒管理模式能夠協助自我復原

每個人都有低潮的時候，這時候的情緒反應模式、壓力因應方式以及挫折忍受力等都是影響復原的關鍵，積極的能夠自我復原，消極的會自我否定，通常可以有效預測當個人面對重大危機事件時的反應。能夠在情緒非常困擾的時候，以較為健康正面的方式紓解壓力、重新出發的學生，較不容易將自己裝在密封的盒子裡，獨自面對情緒壓力，或找不到其他的資源與生活方式。

表 20-1　大學生情緒困擾時的反應方式

較能夠自我復原的方式	自我否定的反應方式
· 運動	· 飲食習慣改變，如暴食或少食
· 與朋友、家人、老師討論或抱怨	· 睡眠習慣改變，如失眠或嗜睡
· 自我勉勵	· 哭泣、恍神
· 轉移注意力，如看書	· 變得煩躁、易起衝突，難以相處
· 放鬆心情，如聽輕快的音樂	· 不願參與團體活動，如留在宿舍或坐在電腦前的時間突然增加
· 參與團隊活動，如唱歌、參與社團	

（三）以正向思考模式接納自己

低潮的時候，負向的非理性思考時常令人困擾，例如：上課回答不出問題，顯然我是個大笨蛋，永遠比人差；我發言時出醜，同學們會永遠記得我是個失敗者、沒能力的人。

大部分的大學生能夠在情緒低潮過後，發現這些非黑即白的非理性思考與現實生活有差異，從而修正結論，避免要求完美，於是在較能接納自己以後，感覺情緒也跟著改變；但是如果一直維持這樣的非理性思考模式，過去開朗的人也會漸漸變得內向、自責、憂鬱。

四、打開雷達，接受自殺的警訊

有自殺危機的人，其實會有意無意的，非常積極的警告身邊的人，顯露許多徵兆及警訊，暗示著生命的灰暗和他們的無助，只是常常沒人及時發現。

（一）語言暗示

對於有自殺危機的人來說，表達感覺、保持邏輯思考，或是尋求協助通常是有困難的，別怪他們不開口求助，他們的言語間可能已經透露出以下訊息：「我希望可以永遠不要醒來」、「反正世界上都沒有人關心我」、「如果沒有我的話也許會好點」、「以後都不會再這樣了」、「我知道我是個負擔」、「這世界好不公平」等。

（二）行為暗示

有時表現特定自殺關聯行為，的確是希望能引起他人的關心和注意，不過處於自殺危機的人，常是不自覺的以這些行為來減輕自己心裡的痛苦、轉移自

己對自殺的注意力，或避免思考不快樂的事。舉例如下：

自殺相關行為警訊

☐ 1. 如果曾經以自傷、自殺為因應心理危機方式，幾年內都有很高的可能性陷入同樣的心理危機、產生衝動，以同樣的因應方式減輕心靈的痛苦。

☐ 2. 不尋常的睡眠或飲食模式，斷食或暴食、失眠或嗜睡、突發性的慢性疾病等。

☐ 3. 學習表現突然變差，失去學習興趣，與老師對話態度改變，容易引發人際衝突。

☐ 4. 無法專心、無法思考、無法完整回答問題，長時間處於恍神狀態。

☐ 5. 試圖安排自己的物品、未完成的事，例如：將重要物品送給朋友、開始清理房間。

☐ 6. 從事危險行為，如飆車、深夜外出、過度激烈運動等，來實驗是否真的沒有人在乎他的生死；或是藉由增加性行為，減少被孤立、遺棄的痛苦感。很可惜這種行為通常只會讓事情更複雜、事後感受更痛苦。

☐ 7. 藥物或酒精濫用：誤以為它們能夠增加面對生命的勇氣以及適應社會的能力，事實上將會大幅度減低我們的表達、溝通、問題解決、思考和衝動控制能力。

☐ 8. 改變社交型態：突然變得積極熱衷團體活動、每天都需要同學陪伴；或是對別人異常關心；或是突然變得不想出門、銷聲匿跡，這些改變都是非常危險的。

☐ 9. 被自傷或自殺想法占據：還沒有確定是否要自殺時，通常會藉由與死亡或暴力相關的書籍、電影、音樂、遊戲等，幫助自己決定是否要採取行動。

☐ 10. 長時間的憂鬱後，突然變得有朝氣：長期憂鬱的人通常不可能在短時間內突然神奇的變開朗，有可能是因為終於找到最後的解決方式來結束一切痛苦。

 參、該如何幫助有自傷、自殺危機的人？

只要及早發現自殺警訊，一切都還來得及，以下方法能協助你的同學、親友渡過自傷危機，阻止自殺的衝動。

 **一、傾聽**

我們談過要接納自傷行為，到底什麼叫做接納呢？第一件重要的事，就是耐心的聽他們說話。意思是說**不要批判**他們的邏輯，**不要駁斥**他們不理性的想法，也**不要空泛的安慰**他們「過陣子就好了」。我們不需要贊同他們的行為，但是必須要接受他們現在情緒上的痛苦狀態，才不會讓他們覺得求助無效，不願意繼續表達。有的時候只需要簡單的複述他們的話，讓他們能夠繼續說下去，就是最好的陪伴和協助紓解壓力的方式。

二、表達情感上的支持

傾聽他們的同時，並不需要隱瞞自己的感受。我們可以真實的表達當下的感受，可能有驚訝、擔心，或是惶恐，只要真實的表達，用語言**清楚的說明**想提供協助的心意，就很有可能增加他們的人際支持系統；鼓勵他們找尋比自我傷害更合適的情緒管理方式，讓他們在產生自殺衝動時多停一秒。

三、澄清自傷或自殺意念

有的時候，我們無法確定情況到底有多危急，會擔心自己杞人憂天，或是害怕通報太晚一切都來不及，所以必須問清楚，才能決定下一步怎麼做比較合適。自傷嚴重程度的評估，可以從**自傷想法出現的頻率、自傷行為的危險程度**

來評估，也可以從**當事人對自傷行為的看法**來瞭解；若確實發生自傷行為，而當事人卻主觀認為這完全不危險、沒有不適宜，就較為嚴重，必須立即尋求專業協助。

而想要知道自殺危機的嚴重程度，可以詢問他們**是否有確切的計畫、是否能夠取得自殺工具、自殺意念出現的頻率**等。例如在適當的時機詢問：「不知道你有沒有想過要怎麼做？」

事實上必須要由受過訓練的專業人員，經由完整衡鑑來評估學生的危機程度，但是以上幾個問題可以初步評估危機，協助親友進行預防或尋求專業協助。

四、採取協助行動

1. **持續清楚的表達同理與支持**：持續耐心的傾聽、同理當事人的感受，真正成為當事人的支持系統之一。
2. **引進其他協助**：如果當事人同意，可以邀請或推薦其他同學、親友、心理專業人員一起提供支持與協助，避免自己承受太大的壓力。
3. **以實際的行動表達對當事人的支持**：例如：邀請當事人參加能夠協助自我復原、自我充電的活動，像是運動、參加團體活動、逛街、踏青等。
4. **示範正向思考策略**：與當事人討論情緒反應模式和策略時，要有耐心。嘗試以正向但不浮誇的態度回應當事人。也可以和當事人一同閱讀下一節──該如何幫助自己，或是參考相關書籍，討論如何自我協助。
5. **遠離危險工具**：與當事人討論過後，一同移除危險物品，不在危險場所停留，避免衝動時輕易取得自傷工具。

五、尋求專業協助

當父母、老師或同學發現，自己在面對當事人時，無法保持冷靜，就應該

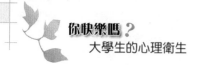

尋求協助，尋求其他較理智的親人或專業心理衛生人員、輔導老師協同處理。每個學校都有心理專業人員，例如：輔導教師、諮商中心心理師等，他們能夠最有效的評估危險程度，提供適當的協助，協助渡過心理危機。社區中也有社區心理衛生中心，能夠提供專業協助。

專業人員能夠協助每個人澄清自己在這個危機中扮演的角色，例如：同學能提供的協助與親人能夠提供的協助不同，不同角色的朋友能夠提供不同的支持。每個人的協助也有界線，專業人員能夠協助你瞭解你的限度，並且在這樣的限度下，討論該如何彈性地面對當事人的需要與問題。

最重要的是專業人員能夠針對當事人的需要，進行心理治療或輔導。如果親友們能夠成功地尋求協助、化解危機，不但對當事人做了情緒管理與問題解決的最佳示範，而且與專業人員共同提供強而有力的支持，也能改善當事人的情緒管理策略。

 肆、該如何幫助自己？

你在生活中，是否曾經感覺無助、無望，或是絕望？這些時候，你是如何幫助自己的呢？如果自己沒有足夠的自我復原策略、缺乏支持系統、習慣採取自我否定的情緒反應方式、容易因為非理性思考覺得自己的存在好像不重要、沒意義，甚至有的時候會出現自己是個負擔、活著真辛苦的心情，那麼你就需要警覺這個問題，想辦法幫助自己，或是尋求專業協助了。

每個人都有不同的情緒反應模式，不同的思考邏輯，沒有一個方法會適用於所有的人，如果暫時無法尋求專業協助，想要幫助自己，可以從下列幾個方式著手嘗試。

一、覺察自己的情緒

　　只要是人，就一定會有情緒。我們時常會以非理性思考限制自己，影響了我們的情緒、產生負面行為。時時提醒自己注意：「我現在的情緒是什麼？」例如：如果你覺察你已對朋友三番兩次的遲到感到生氣，你就可以對自己的生氣做更好的處理。如何做更好的處理呢？第一步是讓自己冷靜。

1. **正向自我陳述**：告訴自己：「我現在想要保持冷靜，如果我能夠保持冷靜，就能夠選擇比較合適的方式面對現在這個困境。我可以渡過的！」

2. **選擇讓自己冷靜的行為**：每個人讓自己冷靜的方法不同，有的人會選擇散步，有的人會聽音樂，重要的是避免從事讓自己的情緒更激動、更低落，或是更絕望的活動。

3. **腹式呼吸**：簡單的說就是以規律、緩慢的速度，想像以肚子呼吸。吸氣時如果胸腔上下起伏，空氣大多進入肺臟的上半部，這是胸式呼吸，在運動後、身體急需氧氣時比較有用。腹式呼吸的意思是，吸氣時感覺腹部凸起，吐氣時腹部自然放鬆，這種呼吸方式消耗較少的能量，同時能夠按摩內臟、抑制交感神經，藉由簡單的生理安頓技巧，協助自己放鬆。不過腹式呼吸是需要練習的，在平時緊張、憤怒、悲傷時練習，假以時日就能看出成效。

 二、適當的表達情緒

　　第二個步驟，就是選擇適當的方式，表達自己的情緒。適當的方式，包含尋找合適的人、合適的時間、合適的行為表達、分享自己的情緒。合適的表達，能夠協助自己建立支持的人際系統，找到可以陪伴自己、支持自己的人。

三、自我提醒、留退路

面對自傷與自殺的想法時，非常重要的是要提醒自己：「這些方法是會造成傷害的。」提醒自己不要傷害自己或別人，也許我們的能力沒有辦法解決所有的困境，但是我們可以尋求比較合適的方法來面對。

為了避免自己陷入低潮時，無法冷靜的思考，可以協助自己遠離危險的場所（如高處），移除環境中的危險物品（如刀片），避免衝動時輕易取得自傷工具，或直接利用高處或危險場所採取自殺行動。

可以試著完成下面這幾個問題，完成後抄在隨身的筆記或將紙條放在皮包裡，當感覺到自己很低潮、很無助的時候，拿出來閱讀它，提醒自己這些方法，也給自己再次注入能量：

我知道如果心情鬱悶，我有一些方法可以幫助自己止跌，甚至回升：

1. 我可以去讓我平靜的地方，例如：＿＿＿＿＿＿、＿＿＿＿＿＿或是＿＿＿＿＿＿。
2. 做一些讓我心情平靜的事，例如：＿＿＿＿＿＿、＿＿＿＿＿＿或是＿＿＿＿＿＿。
3. 和一些可以信任的人聊天，例如：＿＿＿＿＿＿、＿＿＿＿＿＿或是＿＿＿＿＿＿。

四、尋求專業協助

自傷或自殺危機事件是不尋常的，一般人無法用平常心面對，也不應該當作平常的事來處理，所以感覺到危機、困頓的時候，要學習利用身邊的資源。不要錯過學校學生輔導中心的資源，多數的輔導老師都是心理專業人員，甚至有許多領有碩士學位及國家執照的諮商心理師在校園服務，是老師及同學們不可錯過的珍貴資源。在那裡所有的談話都是保密的，心理師會遵守保密的責任。即使只是短暫的心理諮詢，也可以協助自己找到更健康、更有效的策略來面對

眼前的困境。

　　校園之外也有許多資源可以應用，這些資源一樣有**隱密**、**專業**的特性，可以詢問自己的問題、諮詢同學或親友的困境，不要害怕不確定是否真的需要協助，專業人員會協助我們瞭解自己的狀況。

　　面對自己的困境束手無策時，千萬別忘了，為自己找出路：

1. 緊急搶救生命：電話直撥 119。
2. 自傷自殺免費諮詢專線：
   (1)生命線 24 小時專線：電話直撥 1995。
   (2)張老師 24 小時專線：電話直撥 1980。
   (3)衛生署 24 小時安心專線：0800-788-995（請幫幫、救救我）。
3. 心理諮商與治療機構（以下僅部分摘錄說明，詳見本書附錄「心理輔導資源與機構」）：
   (1)社區心理衛生中心（例如：台北市衛生局所屬各行政區健康服務中心，都提供心理諮商掛號諮商服務；亦有民間機構，如彰化師大社區心理衛生中心提供心理諮商服務）。
   (2)各地合格心理諮商所、心理治療所（請洽各地區諮商心理師、臨床心理師公會，例如：臺北市諮商心理師公會網頁列有台北市合格資源；許多全國性民間機構，例如：董氏基金會網頁亦列有全省各地可用資源）。
   (3)各地醫院精神科、身心科、心理科等。

 **伍、結語**

　　偶有自殺的想法，在青少年的正常發展中並不奇怪，每個人在成長的過程中都會思考生存、存在、生命價值或是其他的人生哲學議題；問卷調查也顯示，超過半數的青少年曾經有過自殺的想法，這個結果強烈的指示我們，生與死是

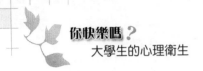
需要被提出來討論的重要人生議題。

　　但是當我們把自傷、自殺列為可行的、甚至是唯一的方法或出路，這樣的意念就是不適當的，因為如此一來，自傷或自殺的危險性就會大幅提高。本章初步討論自傷與自殺的因應之道，但是在面對這樣的問題時，最重要的就是尋求更多的資源幫助自己和別人，不論是親戚、朋友、師長、同學、專業人員，或是坊間自我幫助的相關書籍，都能夠提供進一步資訊及更個人化的協助，陪伴我們一起渡過這個困境。

中文部分

教育部電子報小組（2005）。數字看教育。**教育部電子報，116**。取自 http://140.111.34.116/old/116/number.htm

英文部分

Whitlock, J., Eckenrode, J., & Silverman, D. (2006). Self injurious behaviors in a college population. *Pediatrics, 117*(6), 1939-1948.

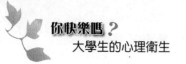

CHAPTER 21

飄蕩的心何處去──

校內外心理衛生資源的整合運用

張瑋琪

【故事一：經濟困窘的建國】

家境不佳的建國（化名）是家中長子，目前是大三的學生，平時常常因為要照顧長期臥病在床的媽媽，以致很少有時間跟同學相處。上個月因為爸爸心肌梗塞突然過世，家裡經濟頓失依靠，唯一遮風避雨的房子，又因為叫窮的嬸嬸說：那是祖父留給他們兄弟們的房子，希望建國能拿出錢來買，或是搬家以解決分產的問題。面對喪父之痛、經濟無助，情緒低落的建國，既想解決房子的法律問題，更想解決經濟窘境並繼續完成學業。如果您是鬱鬱寡歡的建國，您是否知道有哪些資源可協助您？

【故事二：失戀自殘的三井】

三井（化名）因為女友移情和自己的好朋友談戀愛而感到心碎、鬱悶，忍耐、壓抑憤怒情緒很多天的他，終於受不了而在住處拿玻璃杯和碗丟牆壁、摔東西，弄得房間到處是玻璃碎片，還用拳頭揮牆壁弄得自己傷痕斑斑！身為同學和室友的您能怎麼幫助他呢？

【故事三：未婚懷孕的怡君】

　　平時沉溺於愛情溫柔鄉的室友怡君（化名），最近突然變得不修邊幅、悶悶不樂，常常翹課、窩在房間都不想出門，也不想說話，沒食慾、睡不好，在您的追問之下才知道，因為她不小心懷孕，又想生下愛的結晶，但抽到金馬獎到外島當兵的男友，卻以他在當兵養不起、退伍後還想繼續升學，以及怡君才就讀大學一年級為理由，不想那麼早結婚，因而要她把孩子拿掉！面對聲淚俱下、不知所措的怡君，您能怎麼幫助她？您可知有哪些協助她的資源與管道呢？

壹、誰是無助之海的那根浮木──校內資源之整合運用

　　對於生活多樣、豐富化的大學生而言，除了要修學業、社團、人際關係、愛情等四大學分之外，往往還需要學習面對家庭問題、經濟獨立，以及內在我趨向獨力自主過程中所遇到的種種困擾與衝突。在面臨多方壓力與未知的茫然之下，您可知在學校有哪些人、哪些資源，可以陪伴您翻越這困擾的山丘？

一、誰解心愁──校內協助資源知多少

　　找人說說話、抽根菸、喝杯小酒、唱唱歌以發洩心中鬱悶，是許多人在解除心情煩悶時會考慮採取的方式；然而在歡聚之後，困擾是否仍會在夜深孤寂之時悄悄浮上心頭？煩惱是否會因為這些暫時忘憂的方法或轉移情緒，就解決了呢？

　　在學校您也可以找個朋友聊一聊以解悶，倘若這個人除解悶之外，還可以

協助您找到實質解決困擾的具體方法，那不是更棒的事！但是這個人會是誰？
在校園裡又有哪些較有效的途徑或管道，給與您實質的幫助，以降低內心的壓
力與憂愁？以下是同學們在學校可資應用的資源與管道。

（一）校內心理衛生專業資源——學生輔導中心（或稱諮商中心、諮商組）

學生輔導中心是協助同學走出迷惘與困惑的絕佳專業管道。故事二的主角
三井，因為面臨女友移情別戀和好友的背叛，不知如何處理這份心碎與憤怒，
以致做出自我傷害的事情。身為室友的您，除了陪伴以確保他不再自傷和通報
舍監與校安中心做進一步人身安全的處理之外，接受心理輔導與諮商是陪伴他
走出傷心酒店的極佳途徑。學生輔導中心的功能將於本章後面段落加以介紹。

（二）其他有助於學生心理衛生的一、二級防治資源

1. 好同學、好朋友，或社團夥伴會是情緒紓發和支持的好伙伴，有時候在這
   些好朋友的陪伴之下，您會找到解決的方式，卻不見得每次都能幫助您找
   到適合的解決之道；此時，另覓協助管道是需要的。

2. 學校網頁或生活輔導組可以找到提供經濟資助的資訊，例如：獎學金、助
   學金、急難救助等資訊或工讀資源。雖然這些是提供您解決現實生活困境
   的管道，然而對於降低您內心的壓力與擔憂，則有實質的減緩功能。

3. 導師、任課老師、教職員、系教官，以及校安中心人員，也常常是同學嘗
   試尋求解決困擾的管道。還有部分學校設有系諮商師（或系輔導老師），
   也是很棒的資源，他們豐富的人生經驗與事件處理的專業素養，往往是陪
   伴學子在大學生活尋寶或走出困惑森林的衛星導航。

4. 專案小組的協助：學校為因應特殊事件而設立專案小組，例如：危機事件
   處理小組、性侵害／性騷擾事件調查小組、學生懷孕事件處理小組等。此
   為學生面臨重大事件時，學校提供具體解決策略與減緩壓力的協助管道。

二、它抓得住我？——學生輔導中心能為我們做些什麼？

在大專校院的主要心理衛生資源是學生輔導中心（或稱為諮商中心、諮商組），有些學校將之設置於學生事務處之下。該單位主要是聘請專業的助人工作者（例如：心理輔導相關科系之碩士或具有國家心理師執照者），藉由專業知能與素養以發揮助人之功能，簡介如下。

（一）諮商是「瞎米」（台語）？

什麼是諮商？諮商並不是找個專業人士聊一聊心事、哭一哭發洩情緒而已，所謂諮商係藉由專業知能與方法，在以當事人最大利益為考量的情況下（包含保密協定），透過規律且面對面晤談或其他溝通媒介，以達到下列目的（周文欽等人，2000）：

1. 協助個人瞭解自己，進而促進自我成長。
2. 協助個人解決問題，克服困難而過著有意義與更滿意的生活。
3. 協助個人改變行為及態度，使其更能適應環境。
4. 協助個人滿足需求，而達到自我實現的最高境界。

意即藉由諮商的進行，使當事人達到下列目標（引自周文欽等人，2000）：

1. 協助當事人將諮商過程中，所習得的轉用到諮商之外的情境。
2. 使當事人瞭解和接納衝突中的自我。
3. 消除當事人特殊的症狀。
4. 增強當事人的自我功能。
5. 當事人能逐漸認清自己內在的潛力與資源。
6. 使當事人因應並掌握周圍環境。
7. 使當事人化解內在負向或衝突的思考與情感。

（二）學生輔導中心的服務方式

學生輔導中心（諮商中心）藉由個別諮商、心理測驗、成長團體與工作坊、諮詢、演講、影片賞析、書籍借閱，以及舉辦其他心理衛生教育推廣活動等方式，協助同學減緩或解除煩惱、困惑，達到心理衛生三級防治之目的（初級——預防勝於治療；次級——早期發現、早期治療；三級——治療、復健、預防復發）。

有些學校之資源教室（輔導身心障礙同學）、性別平等，以及導師管理等窗口亦設在學生輔導中心，因此各校學生輔導中心之確實功能與活動，可進入學校網站或親至學生輔導中心進行查詢與確認。

（三）我需要找學生輔導中心協助嗎？

您快樂嗎？也許您會擔心：「雖然我的問題常常讓我不快樂、心情低落，但是又不是什麼大不了的問題，為了小事就要找學生輔導中心幫忙，他們會不會認為我小題大作而被取笑或看不起我？別人又會用什麼眼光看我呢？」

別擔心！學生輔導中心並非只為問題學生或是發生重大事件的學生服務，許多學生在他們心中有困惑、生活感到不適應，或是希望自我探索，使生活更充實、更快樂，邁向自我實現時（例如：兩性交往、生涯興趣、生涯規劃之探討等議題），常常會主動到學生輔導中心尋求協助，所以您也可以大方的利用這項服務與資源喔！倘若您不知道自己的狀態是否需要協助，您可填寫下列問卷，當您有勾選任何「是」的情況時，表示您可嘗試向學生輔導中心的心理師或老師進行諮詢。

我需要學生輔導中心協助嗎？

　　當您有下列情況時，也許是您來學生輔導中心尋求協助的時候喔！（以下內容僅供參考，未列入下列內容之情況，仍歡迎同學至學生輔導中心諮詢）

是　否

- ☐ ☐ 1. 最近身體有不舒服的感覺，或身體功能出現異常，檢查卻一切正常。
- ☐ ☐ 2. 最近常常會莫名的感到焦慮、恐懼或驚慌。
- ☐ ☐ 3. 最近兩個星期心情低落，睡眠品質也不好，吃喝不正常，什麼都不想做，生活變得散漫卻說不出原因。
- ☐ ☐ 4. 最近注意力沒辦法集中，記憶力退化，常常感到疲憊，對什麼事都提不起勁。
- ☐ ☐ 5. 感到無望，對自己失去信心，對未來感到茫然，對生活感到悲觀無助。
- ☐ ☐ 6. 似乎有幻聽、幻覺、妄想，不想和人接觸等現象。
- ☐ ☐ 7. 孤僻、不想和人群接觸、心情鬱鬱寡歡。
- ☐ ☐ 8. 最近家中或親戚、朋友發生變故，自己精神感到恍惚。
- ☐ ☐ 9. 情緒低落或是感到茫然，常翹課，學習情緒和效果差。
- ☐ ☐ 10. 成績大幅滑落卻不知原因。
- ☐ ☐ 11. 一旦離開電腦，就不斷產生想用電腦的慾望，腦海也忍不住反覆想到用電腦時的種種情況，好像沒用電腦就活不下去。
- ☐ ☐ 12. 發生意外事件之後，生活作息變得混亂，出現心情低落、恐懼、易怒、睡不好、做惡夢，或不易專心等現象，甚至生理伴隨出現異常卻檢查不出原因（例如：呼吸加速、心跳加快、噁心、盜汗等）。

三、他們真的幫得了我嗎？——資源整合與轉介的重要

　　以佛家的立場，六千萬人有六千萬個開悟的管道，每個人成佛的方式不見得一樣，重要的是要找到適合自己的環境與方法。被幫助的人與助人者之間也是如此，各有其適配性，當助人者的個性、人格特質、協助方式與資源，讓被幫助的人感到格格不入或不適應時，此時則需要尋求更多資源整合或更換協助管道。

（一）校內資源整合

　　術業有專攻，人不是神，是故每個助人者的能力與資源都有其能力不及的情況，這是正常的，也因此更需要資源的整合應用。

　　故事一的建國所需要的協助，不僅是同學和老師們的關懷和情緒支持，也需要諮商輔導以協助他面對喪父之痛和生活壓力，更需要改善經濟的困境和專業的法律協助，所以建國需要同學、導師、學生輔導中心（諮商中心）、校安中心和生活輔導組等資源之整合協助，這就是整合校內資源以助人之實例。

（二）轉介的重要

　　當遇到助人者的知識、資源或能力對他人不再能夠有效協助，或是其本身也正處於狀況不佳而不適合協助他人時，就是考慮轉介的時機。譬如：當您發現同學有濃厚的憂鬱情緒或自殺意念時，您除了通報導師以尋求協助之外，亦可建議該同學或陪他到學生輔導中心尋求協助；又如，當您或導師覺察到自己心情低落、沒有精力而不適合協助同學處理內心衝突和情緒困擾時，或是找不到協助同學處理問題的方式時，則可將同學轉介到學生輔導中心或是其他可資協助的單位，這就是一種轉介的行為。

　　轉介不僅考量到被幫助者的利益，也是在保護助人者。當轉介的時機來臨卻未轉介，可能造成兩敗俱傷，所以對能力界限的自我覺察是相當重要的。以本章開頭故事二的三井為例，假設三井在爆發情緒和自傷時，在您的勸阻之下，三井控制住他的情緒宣洩的行為，也為自己唐突而嚇到您的行為向您道歉，並且要求身為好友的您幫他保密，他保證不會再做出這樣亂丟東西、傷害自己的不理智行為；而您也認為他已經平靜下來、應該沒事了，相信自己已經勸退三井的衝動情緒，而沒有通報舍監、校安中心，認為已沒必要請求導師和同學的協助；萬一當室友或同學都不在他身邊時，三井睹物思情、愈想愈氣，以致憤

怒情緒高漲，憤而攜械找背叛他的好友談判，在控制不住激動情緒的情況下持刀刺傷對方！發生這樣的事件，相信您難免會自責和感慨。所以轉介時機的覺察和呼求其他人或相關單位加入協助行列，是非常重要的判斷。

 ## 貳、路是無限的寬廣──校內、外資源之整合運用

當校內資源無法順利協助學生解決困擾或問題時，連結校外資源，或是轉介到校外可資協助的單位，則不失為另一個解決問題的良方。

 ## 一、校內、外資源整合與轉介之時機

學校是以教育為主的小型社會，其機能、人力與資源有限，許多時候須借助社會資源以協助學校的學生和職員解決問題。

　　小萱（化名）週末跟同學逛西門町的時候，突然發現自己被人用針扎了一下，原本不以為意，但是同學開玩笑說她是被愛滋變態者刺到了！小萱的心開始感到焦慮、不安……

類似像小萱這樣的事件，雖然學生輔導中心可以協助她減緩焦慮和擔心，但是大部分的學校並沒有能力為小萱進行愛滋病的篩檢，所以須轉介小萱到各地衛生所、疾病管制局所指定的 30 家愛滋病防治醫院，或是 20 家愛滋病匿名篩選指定醫院進行愛滋檢驗（疾病管制局，2008）。

倘若學生輔導中心沒有安排精神科醫師值班，遇到疑似精神疾患的同學，也必須轉介到醫院門診，以整合醫院診斷與用藥等校外資源。又如，當遇到學生自殺意志強烈，為確保該生的人身安全，與家長聯繫和採取強制住院的策略是必要的措施。因此，當校內資源不足以協助學生解決問題時，整合校外資源

和轉介則是保護學生的重要防護罩,是故認識校外資源網是不容忽視的。

二、資源百寶箱——校外資源簡介

社會資源與福利機構琳瑯滿目,在本書附錄中詳細整理了相關心理輔導資源與機構,包括:全國性免費心理諮商/諮商專線、全國各縣市心理諮商/諮詢機構、台北市衛生局合格心理諮商機構,及衛生署指定各縣市精神醫療責任醫院名單等,供你參考運用。你也可以自行進入社區心理衛生中心或社會福利機構之網站,例如:台北市心理衛生中心保健網、社會輔導機構網頁(如彰化師範大學諮商中心),查詢相關網路資源連結,即可看到許多相關社會資源。行政院衛生署網站亦提供「台灣地區社區心理衛生中心設置一覽表」、「96 年度指定辦理精神疾病嚴重病人強制住院醫療機構名單」,以及「緊急送醫指定責任醫院名單」(各縣市社區精神病患緊急送醫 24 小時聯絡窗口)可資參考。

參、校內、校外資源整合之實例

本段將以故事三為例,提供校內、外資源整合應用之參考。故事女主角怡君因為希望能生下愛的結晶而與男友鬧得不愉快。當在校生懷孕時,學校須依據「學生懷孕事件輔導與處理要點」、「學校輔導及處理學生懷孕事件注意事項」提供協助。該要點及注意事項對於懷孕者之權利、義務和校內、外資源整合,有幾項規定值得關注:

1. 由性別平等教育委員會負責學生懷孕事件之處理。
2. 針對懷孕、曾懷孕(墮胎、流產或出養)與育有子女之學生,學校應主動積極協助。
3. 未成年學生發生懷孕事件時,學校應即成立處理小組,由校長擔任召集

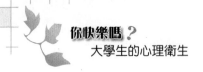

人，並指派學生輔導專責單位設立單一處理窗口。成年學生或已婚學生因懷孕而有協助需求者，學校得比照前項規定辦理（懷孕時成年與否之判斷以受孕日起算）。

4. 學校不得以學生懷孕或育有子女為由，做出不當之處分，或以明示或暗示之方式，要求學生休學、轉學、退學或請長假。遭受學校歧視或不當處分之學生，得依《性別平等教育法》或其他相關法規規定，提出申訴或救濟。

5. 明定學生懷孕期間依學籍、成績考查或評量等相關規定採取彈性措施，因為學生在懷孕期間轉學或接受適性教育，將會面臨學籍、課程、成績考核等在不同學制之間如何轉換的問題；且在待產與生產期間的請假時數，必定超過事假或病假之規定時數，因此需予以彈性處理。

6. 學校應整合校內、外資源，諸如教育、社政、戶政、勞工、衛生醫療、警政等單位之資源，提供懷孕或育有子女之學生輔導、轉介、安置、保健、就業、家庭支持、經濟安全、法律協助及多元適性教育（應包含補救教學、因懷孕所產生之需求：如孕程及產後照護、非預期性懷孕知能、家庭親職教育等，以及生涯規劃）。

7. 各級主管教育行政機關應督導考核所屬學校，於處理懷孕學生事件時，應建立完整個案輔導紀錄，並遵守專業倫理，尊重懷孕或育有子女學生之隱私權。

8. 學校知悉學生有懷孕之情事時，其內容如屬於《兒童及少年福利法》、《兒童及少年性交易防制條例》、《性侵害犯罪防治法》、《家庭暴力防治法》或其他相關法規中規定應辦理通報者，應依規定確實辦理。

9. 處理小組之行政人員應整合校內資源支援，譬如：規劃合乎需要之教室安排、課桌椅調整、停車設施、如廁地點等；醫務室設備器材之增購；提供母乳哺（集）之相關設施，如集奶室、冰箱、哺餵室等。

就學生懷孕事件之處理來看，校方不僅需整合校內輔導資源和行政資源，甚至需整合校外教育、社政、戶政、勞工、衛生醫療、警政等單位之資源，並需配合相關法規進行辦理。

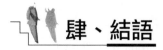

肆、結語

人生旅程猶如神鬼奇航，充滿未知的不安、困難的波濤，以及豐富的寶藏。自高中生活轉換到大學生活的階段，原本就需要面對許多環境轉變與適應的問題，以及內在成長所面臨的壓力、衝突與矛盾。倘若在這充滿荊棘坎坷的成長旅程中，獲得陪伴與協助的資源，將大幅提昇大學生活適應的能力，使學習生活更加輕鬆與自在。

瞭解校內與校外心理衛生資源與管道是必要的，也許有一天您會在人生的轉彎處，需要陪伴與協助而應用到這些資源；或許您不需要，但是您仍可提供相關資訊給需要的同學，他們將因為您這位貴人提供的訊息，在獲得助力之後，順利翻山越嶺，看見山後的那片藍天與寬廣的世界。別忘了，每當看見和覺察到自己能力與資源的限制時，「轉介」將為您與被幫助者開啟另一扇通往解決之道的大門。

周文欽等（2000）。**諮商理論**。台北縣：國立空中大學。

疾病管制局（2008）。**文章檢索**（愛滋病指定醫院）。2008 年 3 月 24 日，取自
　　http://www.cdc.gov.tw

第五篇

生涯成長篇

CHAPTER 22

我的人生彩虹圖——

生涯規劃的意義與內涵

陳玉芳

什麼是「生涯」？在變幻莫測的一生中，生涯是可以規劃的嗎？或許我們對生涯這個名詞的內涵感到模糊不解，但轉換不同的語言來問自己：「我想過什麼樣的生活？」「對我的生活或我這一生而言，哪些是重要的？」「我是一個怎麼樣的人？」這些或許一時也不容易回答，但都是貼近生涯議題的重要問題。

生涯其實是一個生命意義實踐的歷程，在其中會有連續不斷、動態的探索、選擇、轉折、變化與實踐；簡言之，那是瞭解自我，既而實現自我的過程，相信也是每個人都期待的，因為過自己想要的生活、貼近內在需求和目標，是每個人的基本需要。

而大學生正處在依賴邁向獨立、青少年漸入成人初期的關鍵階段，身心發展更趨成熟，對未來擁有更多的掌握權，有必要進一步瞭解生涯規劃的概念，認識所處的生涯發展階段及任務，並思索切身的生涯議題，以為大學四年及未來生涯做準備，並進行有效的規劃與選擇。

壹、生涯規劃的基本概念

「生涯規劃」是個聽起來熟悉、想起來模糊、現代人常掛在嘴邊的名詞，但它究竟是什麼意思，卻又難以具體描述。有人質疑：「計畫永遠趕不上變化，

還需要做生涯規劃嗎？」但我們總是希望在變動的環境中仍清楚內在的方向，一步步朝目標和理想靠近，讓自己的人生不後悔。因此，瞭解生涯規劃的意義與方法，整合生涯資訊，進而視情況調整規劃的內容，成了現代人須具備的能力。

而大學生在就學期間不僅要致力於專業的學習，也面臨各種社團、課外活動的選擇，及未來繼續進修或進入職場的決定，如何從中找出適合自己的方向，亦是不得不面對的生涯課題。

一、「生涯規劃」的意涵

在中國人的觀念中，「生」是生命氣息的意思，「涯」是邊際的意思；「生涯」指的是一個人的有生之年。在西方國家，生涯「career」一詞源自羅馬字「via carraria」及拉丁字「carrus」，兩者均意指古代的戰車；希臘文「career」則引申有瘋狂競賽的精神。因此在西方人的概念中，「生涯」一詞隱含有未知、冒險、犯難的意思（金樹人，1997）。

目前大多數西方學者認為，所謂「生涯」是指我們一輩子中所扮演的各種角色的總和，這當中舉凡我們所扮演的角色、選擇的職業，以及想要過的生活方式等，皆是生涯的一部分。在每個人從出生到死亡的生命歷程中，兒童成長為青少年，接著在國、高中，乃至大學階段漸漸學會獨立、自主，對於自己的能力、興趣等也愈來愈瞭解，是生涯發展從模糊到清晰的重要階段。

進一步來瞭解何謂「生涯規劃」？「生涯規劃」是指一個人對自己未來的生涯做有目的、有計畫及有系統的安排。它不是要我們訂下計畫，一成不變去實踐，而是有彈性的，考量到個人的性格、能力、興趣、價值觀、信念等（知己），然後參酌外在環境所提供的資源，以及帶來的限制（知彼），仔細評估後，為自己生涯前進的路途找到方向，做出適切的抉擇（行動）。《禮記・中

庸》中說：「凡事豫則立，不豫則廢。」在面對個人生涯時，如果能事先縝密
思考、評估、規劃、準備，然後執行與應變，將有助於自己做出適合自己的選
擇，進而達到實現自我。

 二、「生涯」的特性

以下介紹生涯的特性，從中我們將更瞭解生涯的意涵。

（一）內在的特質和目標會成為生涯方向的指引

在成長的過程中，一個人受到內在特質，包含：性格、能力、興趣的影響，
或者受到價值觀、信念的引導，抑或基於某個需求或理想等，心中會不斷為自
己設定目標或努力的方向，而這些內在的力量會成為個人生涯方向的指引，影
響每一個生涯決定。舉例來說：

> 宇彤（化名）在高中時期就讀自然組，但她對美術和設計的領域
> 一直深感興趣，因此甄選入學時毅然決然以工業設計系為志願且順利
> 錄取了。大學畢業後儘管經過多次工作的轉換，但每一份工作都和她
> 最熱愛的設計專長有關。由此看來，興趣始終是她做生涯選擇時的內
> 在指引。

（二）成長歷程與生涯發展是密不可分的

生涯發展是連續不斷的過程，與個人的過去、現在及未來互相關連著。走
過小學、中學，到現在成為一個大學生，回顧不同時期的自己：

「我是一個怎麼樣的人？」

「成長過程中曾經歷哪些重要事件？這些經驗怎麼影響著自己？」

「從小到大，哪些人對你而言是重要的？他們如何造就了現在的你？」

「當初你選擇校系的考量是什麼？和從前的經驗有任何關係嗎？」

「你對未來有什麼期待？這和過去的經歷有任何關連嗎？」

當仔細回想時，我們會發現「現在」的一切受到「過去」的影響，同時也為「未來」的發展預做伏筆。而所謂「過去」可能包含了身心發展狀態、童年經驗、父母的教養方式、重要他人、特別有意義的事件等。當我們回頭看、向前瞻，並關照當下的自己時，會發現生涯發展彷彿一條綿密的生命線，從過去串連到現在，且朝未來延伸而去（張德聰等，2007）。以個人「志願」的發展為例：

> 小時候還分不清現實與想像時，會幻想將來要當美麗的「白雪公主」，或是無人能敵的「機器人」；稍長一些時，開始明白童話或卡通裡的人物並不存在於真實生活裡，於是有了些微的修正。再大一點，也許夢想有一天會成為光鮮亮麗的「影視明星」，或是神乎其技的「魔術師」；後來瞭解到那些電視影像裡出現的人物，其實距離我們的生活遙不可及，於是不得不正視眼前的現實，將「我的志願」設定在生活中自己曾經接觸過，而且還算崇拜的人物，可能是老師，也可能是醫師或警察，或者是被父母、親友公認的「好職業」。（改編自吳芝儀，2000）

「我的志願」隨著身心的成長，與人及環境的互動而形成、改變、再形成，不斷地修正與轉變，乃至成為日後生涯抉擇的基礎。

（三）每個人的生涯發展都是獨特的

人與人之間可能有相似的興趣、同性質的職業選擇，但所展現出來的生涯

風貌卻是獨一無二的，因為每個人所扮演的角色、處事的風格、喜歡的生活方式皆各有差異，生涯發展的脈絡自然也不同於他人。舉例來說：

> 志雄（化名）和大偉（化名）同樣來自南部，皆就讀師範大學，有著相似的背景，兩人畢業後也都選擇教職，成為老師。志雄喜歡這份工作主要是基於老師可以教導他人、成長自我，不斷進修與學習；而大偉是看上了老師的工作是鐵飯碗，有穩定的收入。兩人選擇職業的理由不同，展現在工作上的思維、態度與行動也大相逕庭。

（四）職業角色是生涯的主軸，輔以其他生活角色

林幸台（1987）提出，「生涯」是個人一生中所從事工作和擔任的職務、角色，同時也涉及其他非工作／職業的活動。而 Super（1983）認為，在各種生涯的角色中，因職業角色（例如：保險公司經理）而來的生活經驗是最主要的，當然其他有關的生活角色（例如：學生、家長、子女、公民、休閒者等），也都是生涯中重要的部分；而一個人會如何安排這些生活角色，與其內在的特質和目標息息相關。以「大學生」的生涯來看，主要角色當然是學生，其他相關角色尚有子女、室友、工讀生、同學、社團成員、志工或情侶等。

貳、生涯發展階段與任務

Super 曾提出「生活廣度理論」（Life-Span Theory），認為一個人的喜好、興趣、能力、價值觀、信念、自我概念等均會隨著時間、身心變化，以及經驗而改變；其生涯的發展，包含生活角色的比重與安排、重要決定的選擇等也在這過程中有所轉換，這裡所謂的過程就是指不同的生命階段。以下針對各階段的任務，以及生活角色的內涵加以說明。

一、發展階段與任務

一個人的生涯發展跨越了成長期、探索期、建立期、維持期與衰退期等五個階段,每一個階段彼此連續,前一個階段是後一個階段的基礎,將整個人的生命歷程串連起來,且各有其發展的任務與特色。

(一)成長期(約出生至14歲)

成長期跨越了一個人兒童至青春期的階段,是個人在能力、興趣的培養,以及態度與需求發展的啟蒙階段。在這個時期,回答「喜歡什麼」常比回答「擅長做什麼」來得容易,然而對自己能力的評估情形,也會直接的影響到各方面的表現。透過觀察、模仿以及遊戲的角色扮演中逐漸對工作世界形成概念。

(二)探索期(約15至25歲)

探索期約從青春期跨越到成人初期,大學生即在這個過程中。一個人在15、16歲面臨生涯決定時,或許尚無法全然釐清個人的能力、興趣或價值觀究竟為何,但通常已經瞭解到這些是做抉擇時的重要考量。而透過學校課程、社團活動,或工讀的經驗,開始對職業有更具體的認識,瞭解個人對職業的偏好,生涯方向在這個時期形成更清晰的輪廓了,甚至開始步入職場。相對的,倘若探索經驗受挫或不足,長久下來形成被動、退縮的情形,也將阻礙生涯職業認知的成熟發展。

(三)建立期(約25至45歲)

建立期可說是成人初期進入中年階段的黃金時期,是人一生中投入工作角色最多的時光。在這時期,通常人們會選擇一份自己屬意的工作並投入其中,藉由在職或教育訓練增進專業技能,鞏固自己在該領域中的能力,並在工作中

尋求升遷；或在不同工作中轉換跑道，累積工作經驗，或視需要再度進修、充電，開創事業的第二春。

（四）維持期（約 45 至 65 歲）

維持期主要在一個人的中年階段。通常在此時期已於工作領域中取得某一職等，少有升遷，重心在於如何維持既有的成就；而為了維持個人在職場中的地位，持續接受新資訊、學習新事物等仍是必要的，否則有可能提早進入停滯與衰退的現象。此外，維持期的生涯狀態也會因個人的健康情形、財務狀況、社會福利政策等而有所變動。

（五）衰退期（約 65 歲以後）

衰退期主要在一個人的老年階段。通常在此時期個人受限於健康、體能等生理因素，往往發現自己無法像以前投注那麼多的時間在工作上，記憶力也不比當年，因此有必要開始做退休的規劃，發展新的生活角色，尋求不同的方式來滿足內在需要。大部分的人會在這時候再度投入較多的時間於家庭，休閒者角色也會變得較多，享受數十年來工作的成果。

二、生活角色及角色的規劃

如前所述，生涯是以職業角色為主軸，輔以其他生活角色。Super 認為，人的一生所扮演的角色，從兒童、學生、休閒者、社會公民、上班族，直到為人父母，角色的轉換與多種角色的扮演，就像天上的彩虹般（如圖 22-1），色彩豐富而迷人。而各個角色的概念說明如下：

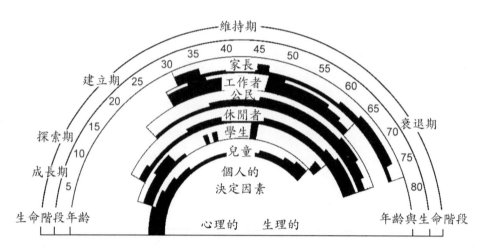

➤ 圖 22-1　生涯彩虹圖

資料來源：Super (1983)

（一）兒童

　　兒童是指被照顧的角色。個人自出生後到逐漸成長、獨立，擁有更多的能力之後，兒童的角色將隨著身心發展而消退；直到步入老年期，受限於生理狀況，被照顧的角色又有所增長。

（二）學生

　　學生是指學習者的角色，不受限於在學校學習課程，而是包含整個生命歷程中參與各種學習活動時所扮演的角色。一般人通常在成人初期之前會有較密集、較多的時間是學生，步入職場後可能因工作或專業所需，轉換為利用部分時間進修、充電，持續這個角色。

（三）休閒者

在橫跨整個生涯的歷程中，休閒者的角色是自然且重要的。尤其在兒童及青少年階段，常需透過遊戲或休閒活動的經驗來進行生涯探索，從中更瞭解自己的興趣、偏好，對職業形成初步的認識。而進入老年階段後，個人選擇從工作崗位上退下來，休閒者的角色通常也會有所增長。

（四）公民

在進入青少年階段後，社會公民的角色會逐漸突顯，然後延續整個生涯歷程。當同一時期個人同時扮演不同的生活角色時，公民的角色便容易被忽略。有時公民的角色不那麼費力，因為當一個人在日常生活中自然而然的實踐社會公民應有的道德行為或態度時，該角色便已自然的融入在生活裡。

（五）工作者

工作者的角色是許多人生涯歷程中的主軸，它可能開始於青少年時期的工讀經驗，然後於建立期投入最多的時間和心力在這個角色上。有些人身兼數職，同時承擔數個工作者的角色；也有人一次只選擇一份工作，專注投入其中。

（六）家長

在生涯歷程中，是否扮演家長的角色？何時扮演家長的角色？皆是因人而異的。有些人選擇單身，或在婚姻中因某些考量而未生養子女，都可能與此角色擦身而過。然而家長也意味著照顧家庭的角色，若由此定義來看，有些人在兒童或青少年時期，即開始承擔起家庭責任，需藉由打工或照顧弟妹等方式來協助維持家庭，那麼家長的照顧者角色便提早開跑，甚至影響之後的生涯規劃。

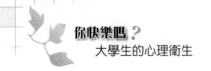
就生涯彩虹的內容來看，它除了包含各種生活角色之外，每一角色中陰影的部分代表的是個人選擇對每個角色的投入程度，顏色愈厚表示這角色所需投入的心力與時間愈多，而同一時期要扮演哪些角色、如何安排比重，即是個人很重要的生涯規劃與選擇。

參、大學生的生涯規劃

在本書第二章中，提及大學生正處在青少年與成人初期的過渡期，若從Erikson 的觀點來看，大學階段正處在橫跨「自我統合 vs.角色混淆」與「親密 vs.孤立」兩個時期的分水嶺上，尤其是大多數的大學低年級學生較易呈現自我統合不確定的狀態，同時又對親密關係擁有著憧憬與嚮往，這當中的衝突會明顯的呈現在生活適應的各個層面。因此身為大學生，如何規劃一個適合自己的大學生涯，是同學們不得不面對的重要課題。以下從「知己」、「知彼」以及「行動」的層面來探討這個切身的議題。

一、知己——大學生的自我探索

生涯是一個「生命意義實踐的歷程」，意思是說這將是一個連續不斷、充滿動態性的探索、抉擇、轉折、變化與實踐的過程。簡而言之，生涯就是你想要怎樣「過」你一輩子的「活」。現在將時間的光譜縮小至大學四年，試問自己：「我想要擁有怎麼樣的大學生活呢？」隨著這個問題繼續探問下去便得先回答：「我是誰？」「我的興趣、能力是什麼？」「我重視的價值觀何在？」「我向來秉持什麼信念或態度在面對生活？」等。這些問題的澄清是持續不斷的，同時也需要透過一系列、多元的課程學習、活動參與、人際互動，以及經驗累積等加以探索，從中使興趣、能力、價值觀等抽象特質變得具體，讓模糊的決定變得清晰，自己會更知道心裡真正要的是什麼。

　　因此在大學四年之中，宜多方面參與校內或校外課程、社團活動等，增加經驗的廣度；多與師長、同儕互動，從中獲得他人回饋，增進自我瞭解；多省思與沉澱，釐清個人的需求和目標。這些對於大學四年的學習生活以及未來的生涯準備皆有極大助益。

 二、知彼——瞭解與善用外在資源

　　進行生涯規劃時，除了「知己」之外，「知彼」是另一個重要的層面，意即瞭解外在環境提供了哪些資源或限制，學習對各種生涯資訊做適切的評估。大家常說，進大學就像入寶山，有豐富的資源可以滿足大學生的需求，提供必要的協助。一般來說，這些資源包含以下幾項。

（一）人力資源

　　在大學生活中，師長、同儕、朋友、室友，或家人等，都可能是身邊寶貴的人力資源。當面臨心理困擾時，他們之中有些人可以是重要的聽眾或支持者；面對生涯選擇時，有些人則能提供適時的建議或諮詢，幫助自己釐清問題，做出適合自己的決定。

（二）學校行政系統

　　一般來說，學校行政系統包含學生事務處、教務處和總務處，分別負責學生事務、課程與教學，以及各項庶務工作等。在進入大學之後，需主動瞭解各處室所掌管的業務，例如：社團、獎學金等皆與學生事務處有關；成績、選課等與教務處密不可分；至於宿舍、各項修繕等則非總務處莫屬（鄔昆如等，1998）。

　　而學生輔導中心和健康中心則對大學生的身心健康提供各種資源，例如：

學生輔導中心安排了心理諮商、心理測驗、成長團體等機會，協助同學們探索自我。而大學生經常求助的問題包含了：自我瞭解、情緒管理、壓力調適、生活適應、兩性交往、人際關係、課業學習，當然還有生涯規劃等；由各校的輔導人員或諮商心理師直接提供服務，他們通常具備足夠的專業能力與態度，亦是寶貴的支持系統之一。此外，校園中尚有圖書館、所屬校系辦公室、系學會等亦提供不同性質的資源，皆值得大學生善加瞭解和運用。

（三）社會資源

大學生可善用的資源不僅侷限於校園內，還包含學校以外的部分，廣稱之社會資源。例如：行政院青輔會提供青年就業、創業、公共參與、志工服務等各項即時訊息；考選部統整歷年來各項高普考的應考資訊；各專業領域的工會（或公會）組織常有該職業範疇的活動或趨勢介紹；非營利性質的綜合輔導機構也為一般民眾提供心理輔導、諮商、協談的服務。其它如法律、勞工、精神醫療、社會救助等服務機構亦有各種相應的資源，亦是大學生可主動加以瞭解並運用的。

個人的生涯規劃並非獨立存在，它與外在環境常是相互牽連的，舉凡政治、經驗、社會政策，以及家庭、師長等層面皆有可能對自己的生涯產生重大的影響。它可能是生涯抉擇過程中的阻力或助力，需要主動加以掌握、評估及運用，以利於大學期間及未來的生涯發展。

三、行動──大學生的生涯實踐

充分探索自我，瞭解自己各項內在特質，並釐清自己和外在環境的關係之後，接下來須以行動來實踐，規劃出適合個人的生涯。我們可以從以下幾個面向來探討。

（一）適切的時間管理與角色安排

有人說生涯規劃彷彿是人生全程的時間管理，雖然此說法窄化了生涯規劃的概念，但以時間管理的真正意涵——「放下牆上的時間刻度，掌握心中的羅盤方位」來看，良好時間管理的背後其實是妥善的自我管理，是以自我瞭解為根基，以具體行動來實踐的，如此說來，其與生涯規劃似有貼近之處。

相較於高中，大學的學習環境顯得更為開放自主，課程、社團、活動、交友、工讀等各種機會變多，選擇增加，這時候如何區分輕重緩急、優先順序，並妥善予以規劃，著實考驗著每一位大學生。若以 Super 的生涯彩虹圖來看（如圖 22-2），在大學四年乃至未來十年，哪些生活角色是這階段的重心所在？同一時間自己可以同時扮演好哪些角色？這些角色各要付出的時間與心力又是如何呢？

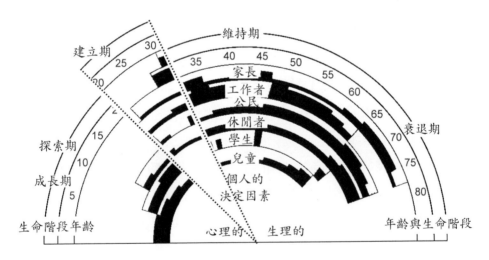

➤ 圖 22-2 大學四年至未來十年的生涯彩虹圖

資料來源：修改自 Supper (1983)

備註：虛線縱切出同一年齡階段所扮演的生活角色，藉此可思考自己能否同時承擔扮演這些角色所需付出的心力，以做為生涯規劃的參考。

以大三學生偉俊（化名）為例：

> 偉俊在高中畢業前即對大學生活滿懷憧憬，希望能充實的渡過這黃金四年，因此就學期間除了投入系上課程之外，也積極參加各項活動。他選擇了兩個社團，同時擔任某一社團負責人的職務；而為了賺取生活費，他還身兼家教及系上的工讀；近日系學會舉辦大型活動，希望全系總動員，偉俊挪不出時間參加，卻又不知如何推辭。這樣的生活看似豐富充實，但卻也讓他覺得頗有「蠟燭兩頭燒」的疲憊感受，如今期中考將近，他連準備功課的時間都沒有了，實在不知如何是好！

偉俊的情形其實是許多大學生可能面臨的狀況。因此瞭解自己的需求和目標，妥善規劃時間、安排角色，是做好大學生涯規劃的重要行動。

（二）培養生涯抉擇的能力

在人的一生中，會面臨各種不同的大小決定，人生可說是一連串選擇的結果。存在主義大師 Sartre（1905-1980）曾說：「我們的決定，決定了我們。」每一個決定之後，隨之而來的是該決定所帶來的一切，或許抉擇的當下難以窺其全貌，但須嘗試瞭解決定後所要付出的代價，並承擔責任。尤其是面臨重大的生涯決定時，更是如此。

培養生涯抉擇的能力強調的是知悉個人做生涯抉擇的習慣風格，例如：自己會理性分析與規劃，還是憑當下直覺來判斷，抑或以他人的期望和意見為依據呢？接著面臨生涯決定時能否善用內外在資源，運用決策技巧來幫助自己澄清各種選項的利弊得失呢？這個思量、考慮的過程是很重要的。生涯決定的目的不在於做出「對的」或「好的」決定，因為決定的對錯、好壞與否，往往不是當下即能判斷，它常是需要時間與經驗的驗證才能得知的；然而儘管如此，仍要著重決定過程的「品質」，評估這個決定是否較為貼近個人的需求或目標，

是否清楚決定之後所要承擔的風險、責任與代價，這才是生涯決定背後的精神
所在。

肆、結語

　　在認識生涯規劃的概念，瞭解人生各階段的生涯發展與任務，並探討大學
生的生涯規劃之後，相信您對大學生活及將來的規劃又有了一些想法和憧憬。
一個人的生涯是貫穿過去、現在以及未來的，並以自己為核心，不斷的改變與
發展。有人說：「人生唯一不變的就是變。」這話聽來弔詭，卻不無道理。因
此站在變幻莫測的浪頭上，持續探索自我，瞭解內在的方向，覺察自己所在的
生涯發展階段與任務，並善用內外在資源，嘗試將人生藍圖付諸實現，將是一
生中得不斷學習的課題。

中文部分

吳芝儀（2000）。生涯輔導與諮商——理論與實務。嘉義市：濤石。

林幸台（1987）。生計輔導理論與實施。台北市：天馬。

金樹人（1997）。生涯諮商與輔導。台北市：東華。

張德聰、林混雰、林慈玥、徐枝葦、陳玉芳、黃正旭、黃立欣、黃素菲
　　（2007）。生涯規劃。台北市：幼獅文化。

鄔昆如等（1998）。大學入門：開創成功的大學生涯。台北市：遠流。

英文部分

Super, D. E. (1983). The history and development of vocational psychology: A personal perspective. In W. B. Walsh & S. H. Osipow (Eds.), *Handbook of vocational psychology*. New Jersey: Lawrence Erlbaum Associates.

CHAPTER 23

大學生又怎麼樣——

大學生活的價值與真諦

賴佑華

哪種大學生活算充實？

大學教育到底想給你什麼？

要做到什麼地步才算是自我實現？

對你自己來說，學校生活有什麼意義？

念大學的你、高中的你，有什麼不一樣？

大學，是一個關於體驗、追尋的過程。

追尋自己：認識自己的優勢，覺察自己的風格，

練習和自己和平相處。

追尋生活：體驗、找尋你想要的生活型態，

享受更多學習和生活的快樂。

追尋未來：為未知的諸多選擇做準備，

在經驗中成長，成為主動學習者。

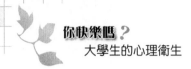

壹、大學的意義

 一、現在的你怎麼想？

> 在大學生活了一段時間，現在的你對於學習、生活或是自己，有什麼看法呢？
>
> Q1：不論如何，得到好成績比學到的知識重要？
>
> Q2：對於老師說的話，我通常不需要質疑，可以全盤接受？
>
> Q3：驅使我學習的因素是希望符合別人期待、避免二一等外在原因？
>
> Q4：目前的大學課程與未來生活之間，根本沒什麼關聯？
>
> Q5：我必須對目前的主修或輔修校系感到認同，並且要找相關的工作才算成功？
>
> Q6：如果大學生活不能夠達到我自己「理想的樣子」，就顯得很失敗？
>
> Q7：文憑最重要，只要能夠拿到畢業證書就夠了？
>
> Q8：那些忙社團、談戀愛的人，都比較少念書，以後會找不到工作？
>
> Q9：談戀愛太麻煩，又浪費時間金錢，畢業以後再說就好？
>
> Q10：只要有漂亮的外表和學歷，自然會有美女（帥哥）愛上我？

　　如果有些題目讓你無法認同或感到猶豫，請與左右的同學或朋友組成小組討論，因為這些問題都是關於大學的迷思。與人討論，能夠協助我們澄清自己的想法和價值觀，瞭解別人是如何看待大學生活，更瞭解其實沒有所謂的「標準大學生活」，我們每個人都在這些「不確定」裡，積極的活出自己的樣貌。

　　專業學習是大學的重要目標，卻不是唯一目標；研究學術、培育人才、提昇文化、服務社會，都是《大學法》闡釋大學學習的宗旨。現代的社會更講究

「全人的發展」，鼓勵青年拓展視野，培養自己的國際觀、學習互重的人際關係、尊重的愛情觀，進一步確定人生的願景，追求自己的人生價值。

在這麼多拗口的理想背後，其實代表著有些目標和願景，是在專業課程中學不到的，也沒有人能告訴你大學意義的正確答案，這只能從生活中的實踐來體驗、追尋，沒有人的經驗會和你完全一樣。

當我們做選擇時，價值觀會展現在兩個考慮：「我喜歡什麼？」「怎麼做才對？」大學生常常懷疑自己是否有為自己決定的能力，其實只是反應了我們對自己決定的信心不足，或是不相信我們有做自己的權利。如果過去你大多受到外在的影響而做決定，這並不是你的錯，只是代表著也許你必須要開始為自己做決定了。大學生活的意義，可能就是在不停的體驗中，找到自己的路，找到你定義自己大學生活的方式。

二、找到自己的路

「找到自己的路」這個目標說來簡單，到底從何找起呢？環顧四周，許多同學都嘗試在生活中拓展更多經驗、塞進更多活動，在多采多姿的社團活動、專業課程中追求自我實現、成就感和價值感的同時，卻還是有些茫然；有些同學選擇鑽研專業、安靜的和自己在一起；也有些人被親友指稱是沉迷電玩或是虛度光陰。其實**每一種生活型態，都有他的價值，都是一種選擇，都可能是在找尋自己的路**，例如：被認為沉迷網路遊戲的朋友，說不定正在培養自己與網友溝通協調、綜觀各種複雜遊戲資訊、擬定策略和長期目標的能力，企業界將這種玩家視為「Ｖ型人才」，他們玩遊戲的過程和體驗，與真正沉迷網路的玩家是完全不一樣的。

最有效能夠澄清我們是否「知道自己在做什麼」的方式，就是每天留幾分鐘與自己相處的時間，時常留短短的幾分鐘給自己思考、回顧生活，也許在公

車上、在宿舍、在電視廣告之間，就能夠協助我們澄清自己短期的生活目標，探索期待實現自己的方式，**想像你想成為什麼樣的人**。沒有這樣思考的過程，就可能會落入忙、盲、茫的圈套，或是虛度光陰、渾渾噩噩卻又後悔不已的迴圈中；把你的想像在腦海中變成畫面，對於幫助你找到往它前進的路，肯定有意想不到的效果。

貳、成為專業人才

一、成為「專業」──生涯志業

大學所學與你的生涯志業相關嗎？不論在哪個學院、校系，事實上畢業以後不論就業或進修，運用到的大學課程內容大約都在 40%以下。大學開設各式各樣的課程，就是為了協助大家多方探索，瞭解自己的各種選擇，找尋自己的志趣，而不是以熱門學程、熱門職業做為選擇的標的，盲從社會主流價值。

例如：以語文應用學門來說，有許多人會為未來出路擔心，但事實上相關的學問和專業不勝枚舉，社會上自然有人才需求，Career 就業情報主編臧聲遠（2006）調查指出，**找工作遠比想像容易的榜首是文學院畢業生**。不論校系是否熱門，未來進修或就職的出路，都只與「是否有充分準備自己」有關。

圖 23-1 是參考大考中心學系交通網繪製的，事實上還有更多的可能性限於篇幅沒有辦法全部列舉，不過由此已經可以瞭解，所有的學門間並沒有明確的界線。充分的探索和觀察能夠讓我們對學門之間的關連處更有體認。

在基礎、衍生、整合的各種學問裡充分探索，漸漸找到做為自己願景的志業、積極規劃探索生涯，這個過程能夠協助我們找到終身志業。不過太早做決定、對自己要求太嚴厲或是缺乏彈性，都可能反而使我們停滯不前；記得給自己空間、保持開放的彈性，瞭解學門間絕不是無關的，所有的選擇都是能夠轉

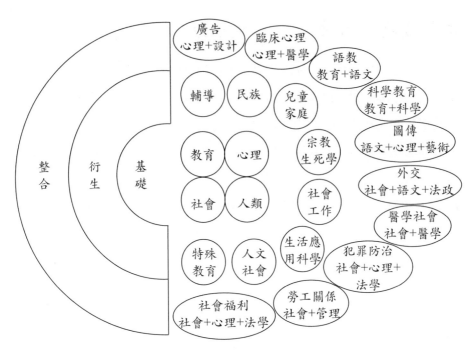

➤ 圖 23-1　學系交通網概念圖──以社會人群為例

彎的;不會有白走的路,所有的經驗和學習都能讓我們更有準備。

　　找尋生涯志業真的不容易,但是**不要期待任何人比你自己更關心自己的志業**。除了鼓勵自己**接觸新事物**、修習或旁聽**多種課程**以外,平日的**工讀**、志工服務、學校的**就業介紹活動**、**諮商中心**的探索課程或諮詢,都可以幫助我們澄清自己的目標。更深入的探索以後,我們自然有機會**與專業領域中的人談話**,不論是校內或是校外的都能夠給我們許多啟發,也幫助我們找到課程與專業領域職業間的連結。

　　找尋終身的志業這個過程,能夠讓我們對目前的學習產生更多興趣,得到更多樂趣;更重要的是,「志業」也讓處於追尋自我價值階段的我們,與這個世界更有關連、生命更有價值。

二、成為「人才」──競爭力

大家一起從高中畢業、從大學畢業，你和其他人的競爭力有什麼不同？對專業課程的瞭解、對自己志業的願景，可以讓我們成為「專業」，但是哪些特質能夠讓我們成為有競爭力的「人才」？有人說是態度，有人說是生活習慣，也有人提出閱讀是競爭力關鍵，其實這些都是重要指標，並且有許多是需要長期培養、無法一蹴可幾的。舉例如下：

1. **自我瞭解**：愈瞭解自己的人，愈能夠應用自己的優勢，找出適合自己發展的方式，學習加強自己較不擅長的地方。

2. **情緒管理**：每個人都有情緒，情緒沒有所謂的對錯或好壞，只是能夠認識、覺察自己情緒的人，通常較能做出合適的決定，例如：避免因為誤會而情緒低落、避免在情緒激動時做出重大決定。情緒管理，不是為了消滅情緒，而是為了避免行為和想法被情緒所控制。

3. **學習能力**：沒有老師或企業主管會期待學生或員工瞭解所有事情，但是他們期待你們能夠學習，能夠自己思考。這包含閱讀的耐心、嘗試的勇氣、思考的能力，也包含向有經驗的人請益的智慧，以及表達自己創新想法的協調能力。

4. **和世界接軌**：不論學門、專業，在這個邁向全球化的時代，必須要有使用寬頻、科技運用的能力，如此一來，學習和工作方能更有效率，也更有能力接受新的想法、資訊，以及忍受現實世界的模糊，在不確定中積極規劃。但是大學生們要特別注意，在做研究、寫報告時請不要盜用網路資料，這就和考試作弊的結果是一樣的，被欺騙得最澈底的人將是自己。

5. **語文能力**：語文能力不單指外語能力，外語能力固然重要，但是在課堂上我們發現許多同學面臨使用華語溝通、書寫闡述都有障礙的困境，喪失了基礎的競爭力，遑論進階的外語能力。想要提昇語文應用能力別無他法，

就是練習。不論母語或外語，習慣使用這個語言描述你的邏輯、練習選擇正確的字詞表達你的看法，也能夠協助我們在溝通時更精確的瞭解別人表達的意思。避免在需要時只能使用「真囧」、「很無言」、「我講不出來」等方式表達自己，或是忽略了我們表達時應使用「對方能理解的速度和順序」，而非自己想說的次序。

6. **良好的態度**：對別人、對專業保持尊重、誠懇的態度，遵守工作場域的規範和禮儀。我們必須瞭解，專業不只是一種技術，也是一種態度。不論是在課堂或在職場，態度都對個人發展有重要影響，因為這直接影響場域氣氛和溝通模式，間接就會影響成效。

7. **團隊合作能力**：企業重視團隊合作能力，已經變成一種常識。團隊合作要求個人有表達力、協調能力、情緒管理能力、企劃力、挫折忍受能力，而這些能力是整體學習的表現。在大學的社團經驗、打工實習經驗，往往是增加基礎能力最好的場域。

　　有許多能力，從大一開始就可以培養，不是建議各位去補習、去交錢上課，反而要提醒各位，在生活中、在校園裡就有許多能應用的資源，能夠培養競爭力。重要的是找到自己的優勢、充分發展，列出校園資源、學習應用，培養自己成為有「專業」自信的「人才」。

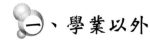

參、充實玩四年

一、學業以外

　　常有人說「大學三學分」是課業、社團和愛情，該如何分配、如何抉擇呢？你的所有選擇，都與你的**價值觀**有關。如果我們對自己的生活有期望、有計畫，不論選擇做什麼事情都不會是浪費時間。選擇沒有所謂的「對」或「錯」，只

是適不適合現在這個時間、在這個場域生活的你而已。

　　學業以外的世界，讓我們體驗了與人相處的挫折與樂趣、親密的友誼和愛情的酸甜、也會有實際操作企劃、執行的經驗，從中更瞭解自己、能夠面對更多事情，這都是無價的學習。充分利用大學能夠提供的時間、空間、環境，絕對是你不會後悔的選擇。

 ## 二、各種角色和生活型態

> 　　小文和阿青（均為化名）是好朋友，他們對大學都有憧憬和期待，也都希望能夠培養自己的競爭力。
>
> 　　小文希望自己能在學業上充分學習，花較多時間在課業和討論，同時也注重健康、安排固定時間運動，課餘喜歡閱讀、上網，也刻意撥時間與家人相處。
>
> 　　阿青重視和朋友的相處，也爭取工讀機會努力工作，更期待自己能在社團中展現自己，安排許多企劃、執行的機會和責任，雖有想過當義工但是沒有時間；回家後就攤在沙發上看電視、玩遊戲。
>
> 　　小文和阿青選擇重視自己生活不同的部分和角色，那你又扮演哪些角色呢？

　　在同一個階段，我們可能擁有許多不同的角色；大學階段的我們是學生，也可能是社員、幹部、子女、手足、工作者、休閒者。其實每個角色都不會消失，例如：我們永遠都是子女、朋友、學習者，也是休閒者和社會公民，只是每個階段我們做不同的選擇，重視自己不同的角色。

　　對不同角色重視的程度，跟我們的價值觀和需求有關，角色間的組合會隨著時空不同有所改變，也形成了我們每個人獨特的生活型態。

　　想一想在你的生活中有哪些角色是想要的、重要的、次要的、不喜歡的、不能逃避的，這些角色在你的生活中可能會有優先順序，因而分配的時間、投入的程度可能都不同。把你的角色、分配的時間和投入的程度（1～100%）畫出來，就可以看到你自己的生活型態和目前自我實現的過程（如圖 23-2）：

1. 哪個角色是你覺得喜歡、扮演的最好的？

2. 哪個角色是你最投入的？那個又是花最多時間的？

3. 哪個角色是你覺得最困難的？為什麼？

4. 如果可以，你還想要扮演哪種現在沒有的角色？

5. 如果目前的角色和時間分配，與你的期待或願景不同，該如何調整？

　　理想的生活型態，就像理想的大學生活、想要的幸福、個人自我實現的定義一樣，絕對沒有標準的答案，也不會有人的生活經驗和你一樣，每個人在不同的階段對於生活角色的重要性也會有不同的看法，沒有所謂的對或錯，只有**充分瞭解自己的選擇、充分的體驗生活**，才能夠協助你建構出你理想的、獨特的生活型態。

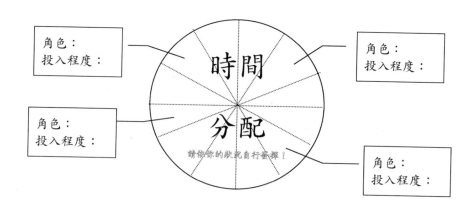

➤ 圖 23-2 時間分配檢視表

肆、利用學校創造優質生活

　　經驗告訴我們，那些能夠在大學校園生活愉快的人，都是對校園體系瞭解的人。當我們對要面對的事情有所瞭解，也認識自己能夠使用的各項資源時，面對生活或學習會較少有挫折感，自然能夠學習更多、體驗更多。就像我們規劃旅遊時，閱讀旅遊指南、詢問過去有旅遊經驗的人，都能夠讓我們的旅程更順利，更少挫折。

一、你該知道什麼？

　　日常生活中能夠瞭解校園的方法實在太多，**學長姐、老師、公告欄、BBS討論區**甚至**校園刊物**都是我們認識校園的方法。舉例來說，經驗豐富的學生會想要知道下列這些在所有大學都適用的知識。

大學生該知道的知識

以下題目用來檢核大學生該知道的知識，如果你已經知道了請打「✓」：

☐ 1. 我的學分數、必選修要怎麼安排才合適？

☐ 2. 我可以在哪裡詢問老師的風格，選修較適合我學習風格的老師？

☐ 3. 選課期間，我瞭解行政程序，能夠盡量選到所有我想修的課程。

☐ 4. 當我請假時，我知道能夠請教某位同學上課進度或作業。

☐ 5. 我知道學校何處有學習顧問提供課業諮詢（可能在學習資源中心／圖書館等）。

☐ 6. 在學校的諮商中心，我能獲得免費的心理諮商，幫助我自己成長。

☐ 7. 諮商中心也能協助我進行各項職業或興趣測驗，協助我澄清夢想。

☐ 8. 學校可能有各種助學工讀機會、貸款方案能夠幫助我。

☐ 9. 我知道學校有各種性質的社團、各種節日活動、各種運動休閒方案。

還有其他更多你應該知道的知識，是在課堂上不會教的，你必須主動才能瞭解這些事。有些同學覺得念大學，只是為了文憑而不得已的必要過程，當你只想走最短的捷徑時，對於路上的風景可能不會太有興趣；如果文憑真的是你唯一的目標，通過這門必修課真的只是你的義務，那找個方法**享受達成目標的過程可能較有趣**；專注在你能改變的事情，也會比強調那些你不能改變的事令你快樂（Coery, Coery, & Coery, 1998）。

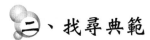

二、找尋典範

你對大學老師的看法

以下題目用來檢核你對於大學老師的看法，如果你同意請打「✓」：

- [ ] 1. 適合給我指引的老師，不一定是職位最高、學養最精深的。
- [ ] 2. 請求老師協助時，第二次絕對比第一次自在。
- [ ] 3. 我知道優秀的老師或助教都非常樂意與我討論各種程度的問題。
- [ ] 4. 老師通常會盡量，但並不永遠能夠配合我所有學習的需求。
- [ ] 5. 事實上老師的職責非常多，不過並不包含必須讓學生輕鬆快樂。
- [ ] 6. 我瞭解不是所有老師都是教學有趣，教學風格適合我的。
- [ ] 7. 我的確應該參考其他人對老師的評價，但是不能做為課程選擇的唯一依據。
- [ ] 8. 大部分的老師都希望學生能充分運用他們對學生開放的辦公室諮詢時間。
- [ ] 9. 通常我必須去上課，才能避免成績低落。
- [ ] 10. 優秀的老師不會覺得我的疑問很笨，除非我落後的原因是翹課。

（一）修課時選擇適合的教師

大學生們容易落入**黑或白**的陷阱，例如：覺得若不能成功就乾脆不要做，如果不能完成就是失敗，如果回到原點就是浪費時間。這種無法忍受模糊、看

見過程的思考脈絡，很容易讓自己進入死胡同，全盤放棄或是挫折不已。有些人認為自己永遠做不到，因為錯誤的評估而提前投降放棄；也有人給自己錯誤的信念，而且著手證明自己是對的，例如：長期進度落後、翹課，卻期待期末去跟老師認錯求情就會及格。

有些行為是大學生誤以為平常，事實上卻非常容易激怒任課老師的，例如：上課遲到卻一點也不低調；態度不尊重，如上課打呵欠、趴著睡、不停傳紙條；違反教室倫理，如一直聊天、無故早退，甚至是告訴老師自己因為翹課所以沒有講義、忘記交作業、沒有分組、錯過重要章節等，都容易讓你的老師惱怒，對你相當反感。

當然你的老師也有可能的確非常嚴厲、沒有彈性空間，或是不適合你的學習風格，想要避免這樣的情形，建議你在**選課前**多探問學長姐的經驗，詢問其他人修課的經驗和建議，記得只能做為參考，你可能會聽到正面、負面的不同看法，因為每個人的喜好、風格都不同。

優秀的老師通常都熱愛他們的專業，樂於教學；對學生有一定的要求和期待，鼓勵學生追求學識，不把學生的錯誤視為失敗；常促進學生和老師的互動，並且關心學生的學習情形。在**第一堂課**最好注意聽老師的原則和風格，如果你必須選一門聽起來不適合你的課，就必須有心理準備，找尋其他方式協助自己，例如：與其他同學組讀書會、找其他老師協助你，請有經驗的人給你如何在這門課獲得學習的建議。如果許多方法都無法讓這堂課更有價值，也可以試著與班代或系學會討論，或找尋系主任的協助。

（二）找尋你的導師

一個願意在課業甚至是生涯方面與你討論、協助你探索的導師，將會成為你成功的重要因素之一。在求學階段，良師是我們最有價值的無形資產。但是大學感覺如此疏離，要如何找到適合你的導師呢？

在台灣，每個大學生都會有自己被指派的導師，有固定時間的導師課或聚會方式，提供學生協助。但是成為你良師益友的這個人，不一定是學校指派的導師，可能是你的其他任課老師、諮商中心的輔導人員、助教或是圖書館顧問；他們在學校體系的時間很長，能瞭解學生需要的協助資源，所以能給你豐富的建議和支援：

1. 良師益友般的支持、討論和建議。

2. 做為你的楷模。

3. 協助你理解學校體系，更能應用各種資源。

4. 協助你瞭解選課規劃，討論在某種或任何課程成功的策略。

經驗告訴我們，最困難的就是要求學生跨出應用資源的第一步。接觸權威或不熟悉的人時，感到不確定或害怕是正常的現象，但是如果能跨出這一步，要應用學校所有資源就都變得很簡易、不再如此害怕。

使第一步變得容易的方法，就是**找尋感覺起來開明、親切的教職員**，這些人通常也會有吸引你的特質，讓你願意向他請教。如果他們能夠提供的幫助有限，透過他們的介紹也能夠讓你輾轉找到下一位願意協助你的人。

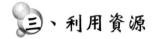

三、利用資源

你對大學資源的看法

以下題目用來檢核你對大學資源的看法，如果你同意請打「✓」：

- [ ] 1. 與其讓學校的官僚讓我窒息，不如學習如何讓他為我服務。
- [ ] 2. 我對學校行政體系有失望的經驗，不代表他們永遠不能、不想幫助我。
- [ ] 3. 我認為大學生有可能遵守大部分校規、也維護個人品德。
- [ ] 4. 如果我沒有提出需求，主動接受各項資源的協助，不會有人知道我的需求。
- [ ] 5. 我願意盡量接觸那些能幫助我的人，讓大學生活更有趣。
- [ ] 6. 我知道在新環境生活或學習遇到問題是正常的。
- [ ] 7. 我知道總圖、系圖如何借書、老師的辦公室時間、諮商中心如何預約時間、學習資源中心在哪裡，哪裡適合我自習。
- [ ] 8. 我知道學校的書店、郵局、計算機中心、教務處、健身房、乘車處等。
- [ ] 9. 我知道校內和附近最好吃的餐飲店、風景最好的地方、最能放鬆的地方。
- [ ] 10. 我瀏覽過學校的首頁，知道學校能提供的服務有哪些。

　　剛到新環境時，很容易遇到問題，容易心生不滿，抱怨官僚體系並不全為學生設想。不過設計行政體系的人本來就不是學生，他們服務的對象也不只是學生，如果你不能認清這個事實，主動應用校內各項資源，在學校的挫折可能比你想像要多更多。

　　事實上沒有人能夠完美的完成每件事，如果你期待自己學業、社團、愛情、工作或親情都感到滿意，短時間其實可能行得通，但是長期下來便會心力交瘁。這麼淺顯的道理卻很難做到的原因，就是因為大學生常常認為自己毫無選擇，認為自己必須做好每件事否則就很糟糕，而忘記其實**我們永遠有選擇**，而且**每個人都有極限**。要如何選擇自己極限內最能充分學習、體驗生活的方法呢？充分利用學校的資源，就是幫助你自己最好的方法。

　　別期望會有人主動來認識你、幫助你、猜中你的需求，請主動向你的導師、學長姐或是其他師長尋求協助，**有時候他們會給你意想不到的建議。**

　　除了自己探索以外，與同學或學長姐分享、閱讀校內海報都是重要管道。諸如：交換學生、獎學金、工讀機會、運動方案、免費學習顧問這些資訊，大學生們最常得到的消息來源就是**同學彼此分享**；諮商中心的活動、社團課程的訊息、節慶或主題週的消息則多半是在**校園公告欄**得知；而學校的無線網路、列印服務、電子信箱、圖書館目錄、個人網頁、免費資料庫等資源，就得靠你自己瀏覽學校首頁、使用校內電腦才能得知，有效率、**專業的圖書館員**通常也能提供你相關簡介。

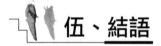

伍、結語

　　校系和社團為了協助新生適應，都會有許多迎新活動，介紹學長姐、介紹師長，公告一些可用的資源；但是過了這個時間，你就必須靠自己。

　　如果能夠跨出第一步，你會發現學校有許多人期待能夠幫助你，儘管也許跟你期待的協助不同，但是他們會指引你使用其他資源，這些資源能夠協助你在課業、社團、愛情或友情得到個人的成長，更充分的體驗大學生活，找到最適合你、最快樂的生活型態；給自己目標、試著定義自己的大學生活，幫助自己更愉快的生活、成長與學習。

中文部分

臧聲遠（2006）。成功高中產業結構與大學校系選擇演講稿。未出版。

英文部分

Coery, G., Coery, C., & Coery, H. (1998). *Living and learning.* Belmont, CA: Wadsworth.

CHAPTER 24

追尋自我——

大學生的身心健康與自我成長

張瑋琪

大學是一個充滿迷惘的階段，是一個從懵懂走向自我覺識，從基本知識轉向專業知識，從家庭依賴趨向成熟獨立的階段，在這個過程中，大學生往往會面對許多外在世界與內心的衝突。

【故事一：孤單寂寞的小星】

我是小星（化名），是大一新鮮人。剛開始會覺得害怕和焦慮，還會偷偷的躲在被窩裡哭；因為感情好的高中同學都和我不同校，離鄉背井來到陌生的地方，早上沒有人叫我起床、沒有制服、要自己決定穿什麼、要自己洗衣服，也要自己決定三餐吃什麼；有問題要自己想辦法解決、打電話回家也只是短短的說一些話、要自己管理生活費、自己安排時間，連要怎麼讀書或讀不讀都看自己！同學裡什麼樣的怪人都有，他們常常都一小群、一小群的在一起，我除了找室友，也沒什麼一起讀書、吃飯的朋友，有時感覺到我和室友的興趣不一樣，話不投機，只能聽他們說，卻也不敢離開他們，否則我會變成沒有朋友的獨行俠！可是這樣下去又會感到落寞、不是真正的快樂！好懷念高中的同學和單純的生活！

【故事二：念不出興趣的小古】

我叫小古（化名），記得剛上大一時，對於分發到這所大學和會計系雖不滿意，但是仍充滿了興奮和期待，心想：「我終於出頭天了（台語），不用每天考、考、考，補習、補習、補習，面對那種日子，我簡直快瘋了！我要做我喜歡做的事。」隨著升上年級，我逐漸失望了！因為我發現專業科目的老師當得很兇，老是要應付那些生疏的專業名詞和法令、算不平衡的報表、搞不懂的財務管理……，學這些到底要做什麼，常常懷疑：「難道我真的要跟這些東西混一輩子？可是大二就快要結束了，現在才想到要轉學、轉科系，來得及嗎？就算要轉，我要轉到什麼科系？我根本不知道自己想要什麼？能做什麼？我的前途何去何從？」加上談戀愛這碼事簡直快把我搞瘋了，好像愛，又好像沒那麼愛，到底什麼才是我要的？

【故事三：追求獨立的毛毛】

同學都叫我毛毛（化名），上了大學覺得自己應該算是「大人」了，爸媽常說：「都大學生了，自己要會想。」教授也常常教我們要有獨立思考的能力，說歸說，可是「到底要怎樣才算是獨立的思考？大學之前的課又沒教過，突然就要我變成懂事、成熟、獨立的大人！」更讓人生氣的是，每當我的想法或做法和爸媽想法不一樣時，他們就會嫌我幼稚和不放心，不然就暗示性的用「錢」來控制我，真的很生氣！為了擺脫他們的控制、表示我有能力，我拚命工讀，希望能經濟獨立。可是錢好像沒那麼好賺。工讀太多又會沒時間寫報告和準備考試，金錢和時間都ㄍㄚ得好緊，真的好累、好煩！

您或是您的同學是否和故事中的主角有類似的心聲？也和他們一樣，要面對從依賴邁向生活獨立、學習獨立、思考獨立、精神獨立和經濟獨立的壓力與困境？在這個階段要如何面對內心衝突、追尋自我，並邁向自我實現之路？

壹、夢幻與迷思——大學生常見的身心問題

Erikson 的心理社會發展理論認為，青年階段的危機與目標是經歷自我認同混淆的統整過程以達成自我認同，因此大學正是一個人定型、定向的關鍵階段。然而台灣大學生的生活到底呈現哪些樣貌？通常會面對的生活重點與課題有哪些？簡介如下。

一、陌生的大一生活：新生定向與適應

1. 淡淡的離愁：與家人和家鄉的分離經驗。

2. 多元化且自主的學習樣貌，自我表現與自我行銷的學習。

3. 多樣貌且豐富的社團選擇。

4. 多變化且獨立的人際關係：面對空間的多變、人際關係的重建，以及來自不同科系及社團的夥伴。

5. 多誘惑且盪漾的感情生活：可能面對異性戀、同性戀的議題，在兩性關係中，不但可增進自我瞭解，也可檢視性別刻板印象對自己的影響。

6. 多面向的資訊來源：諸如新生手冊、學校網頁、BBS 的留言、學長姊經驗傳承、系版的互動、社團博覽會、圖書電子資訊和校內其他各種資訊管道等。

7. 環境迫使新生必須學習處理困擾情緒，思考與自我成長有關的需求與抉擇。

8. 學習興趣與性向的探索，有時涉及轉學或轉系之考量。

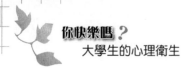

二、熟悉自如的大二生活：中堅份子

1. 面臨同學選課差異大，人際夥伴的轉換與遊離。
2. 專業認同與班級凝聚力的建立。
3. 兩性交往。
4. 興趣的培養及社團（含系學會）的投入。大二的學生往往是幹部培訓及社團活動的主力。
5. 轉學生或復學生活的適應。

三、展現才華的大三生活：施比受更有福

1. 專業知識與能力的養成、實習。
2. 面臨檢視具備能力或專長的需求。
   →畢業學分的釐清與選課的調整。
   →專題或實驗報告的投入與產出。
   →證照考試的準備與檢定。
3. 對未來的迷惘、生涯與職涯規劃的定向抉擇與投入。
4. 擔任系學會、社團幹部或主要領導者。
5. 兩性交往。

四、準備展翅高飛的大四生活：分離焦慮

1. 畢業專題或實驗報告的完成。
2. 社團或活動經驗的傳承。
3. 為未來生涯的釐清與規劃，為踏入社會做準備與衝刺。
4. 校園徵才的參與。

5. 面對人際離別情緒。

另外，大學生可概略分為下列幾種類型：

1. **認真充實型**：許多大學生認真生活，保持高中成績優異的學習狀態，有志於繼續升學或出國深造，生活重心在上課、讀書、做報告和補習班之間；另外一種充實型的大學生，常常汲汲營營的穿梭於社團、交友、課外學習、志工或實習、打工之間，生活充實而緊湊。然而這類同學，有的因為有長期規劃、走在自我實現的人生旅程中而感到活力充沛，有的則會因為沒有自我價值和人生意義的支持，致使看似繁忙、充實的生活，卻遮不住內心「忙、盲、茫」的迷思（繁忙、瞎忙、心茫茫）。

2. **補償型**：熬過多年的課業壓力和努力拚搏的歲月，終於進入大學，升學壓力解放，許多大學生都活在想把過去失去的快樂童年彌補回來的夢幻中。這些學生熱衷於上網聊天、看動畫、玩遊戲、談戀愛、夜衝（騎車夜遊），熬夜對許多大學生來說是很平常的事，致使早上常常發生爬不起來而翹課、上課遲到、睡覺，考試臨時抱佛腳、作業抄襲等現象是常有的事，生活作息的混亂逐漸影響到身體健康和生活適應。台南科技大學曾對該校學生進行問卷統計結果顯示（陳家倫，2006），大學生十大惡習分別是：上網不睡覺、遲到又睡覺、吞雲吐霧、垃圾到處丟、髒話不離口、上課吃東西、三餐不正常、超速又蛇行、考試愛作弊，以及摟摟又抱抱。

3. **隨波逐流型**：也有許多學子在剛上大學時，興致勃勃的立下認真讀書、準備轉學、轉系、把英文學好等志願，但是多元面貌的大學生活與人際活動，消弭了最初的夢想，光陰便在指尖流逝，待畢業在即才大夢初醒，壓力與焦慮伴隨而來。

4. **遊蕩型**：這類學生生活沒有重心、學習沒有目標，對很多事情感到可有可無，內心常有「無聊」和「無意義」的感受，常懷抱「到時候再說」、「船到橋頭自然直」的生存態度。看似輕鬆的態度下，內心卻在夜深人靜

時會浮現煩悶、不知道自己在幹嘛的厭倦感或空虛感。

朱錦鳳曾對東吳大學全體大一新生進行身心適應調查表普查（朱錦鳳，2002），有效問卷 1,941 份的結果，十項困擾的排序為：(1)時間管理困擾；(2)學習困擾；(3)情緒困擾；(4)生涯困擾；(5)生活困擾；(6)人際困擾；(7)感情困擾；(8)生理困擾；(9)精神困擾；(10)家庭困擾。

台灣學子未來要面對的競爭世界不僅是歐、美和日本，金磚四國（BRICs；指巴西、俄羅斯、印度、中國）的崛起對台灣競爭的衝擊亦相當大。在此以中國大陸為例，中國大陸已經從過去所稱的「世界工廠」變成「世界市場」，他們的人才從落後的科技急起直追。因此，台灣學子與即將面對的競爭對手有何差異？筆者整理兩岸大學生的比較如下表 24-1。

表 24-1　兩岸大學生比較表

類別	台灣	大陸
生涯規劃與社會責任	有些學生在為自己負責和尊嚴的價值觀下，會認真面對自己的生命、進行前程規劃；但是仍有許多學生養尊處優、好逸惡勞，無視於對家人、對自己之責任，對未來缺少深思熟慮與規劃，過著當一天和尚敲一天鐘的生活，畢業在即，才開始急救章或無奈的做抉擇。	大陸少子化，家人希望自鄉下遷移至都市的期望皆寄託在學子身上，加上僧多粥少的工作機會和經濟壓力，致使大部分學生都比較早熟，很早就開始承擔社會責任，對生涯與生活比較有全盤性的思考與規劃。
危機意識感	台灣由豐衣足食、經濟繁榮之境轉為經濟衰退、就業市場萎縮的局面，許多大學生缺乏獨立自主之成熟度，危機意識感偏低。	大陸自經濟落後邁向經濟起飛、消費力增強的局勢，競爭激烈的環境使學生危機意識高，懷抱積極充實、把握人生的生活態度。
學習動機與熱忱	許多學子對未來感到茫然，缺乏上進心與使命感，危機意識薄弱，致使學習動機虛無。	將安身立命與自我實現之基礎建立在學習上，加上光宗耀祖和為國爭光之榮譽心，致使大部分學生積極且熱衷學習和自我實現。

表 24-1　兩岸大學生比較表（續）

類別	台灣	大陸
時間規劃與應用	大部分學生課後忙於打工、參加活動、上網、交友聊天、娛樂。	課後把握時間、認真自習的學生居多。
對人的尊重與胸懷	大學生上課遲到、吃東西、聊天、睡覺等不尊重自己與他人的行為是常有的事，呈現比較自我、社會興趣低弱的窄小視野與胸懷。	即使上了大學，大陸教育仍強調倫理與常規，重視榮譽感與尊嚴，學生視野不僅關注小我，亦在乎大我，有放眼天下之胸懷者居多。
人際親密與疏離	自大二開始，選課、上課教室與社團的不同，加上打工和宿舍搬遷等因素，同班同學能長期相處的穩定度低。	由於志同道合、認真向學者居多，所以同學共同研討和學習的相處機會較多。

　　上述之大學生活重點、課題、類型，以及與競爭者的比較僅供參考，並非絕對的分際，尤其每個人因個性、喜惡和目標差異，各有其選擇與生活步調。但您是否曾思考過：

1. 「我這個大學生」的樣貌為何？（在自己和別人眼裡，我是一個什麼樣的大學生？）
2. 您的大學生活面臨過哪些重要議題？
3. 您有哪些困擾？通常您是如何面對和處理您的困擾？
4. 您目前是屬於哪一類型的學生？如果願意調整，您會期望成為哪一類型？
5. 如果要面對未來世界的競爭者，您有哪些特質？您的競爭力為何？

貳、我會是人海中閃亮的一顆星嗎？

　　沒有完美的人。台灣師範大學的蔡順良老師常常與學生分享「貴人哲學」，認為一個人的成就往往來自於貴人相助，所以要常懷感恩之心、感謝這些貴人。

我認為這些貴人並不是刻意要成為「貴人」，他們僅是就個人的獨特性和能力幫助了別人，也許只是一個舉止、一句簡單的話，不經意就成為別人的貴人。當您把握給出自己的機會，活出您的天賦與潛能，您也會是別人的貴人喔！

筆者一直懷著「拼圖哲學」看待整個存在與存在價值，係指整個存在猶如一個大拼圖，每個人都是拼圖中的一片，各依其個性、特質、能力存活在這個世界上，發揮其功能，以創造出對社會的不同貢獻，彼此優缺長短互補，而拼成整個社會和整個存在的樣貌。例如：這個社會需要高學歷的醫師、律師、老師……等人才，但是試想，倘若這社會沒有較不重視學歷的工廠作業員、蓋房子的建築工人，以及清潔或垃圾清運等基層人員，您能想像您的生活環境將會變成什麼樣子？倘若每個人都去當科技新貴、研發工程師，或是大家都當總統，就像每個人都是圓形的，拼出來的拼圖將會出現許多空白，猶如有總統卻無被統御的屬下與人民，反而不完整、也不完美。所以您也是獨一無二的閃亮星星，你的存在就決定了你的價值，缺少了您，這個拼圖就不完整了！您很重要！

一、傾聽內在的聲音

也許，在您的成長過程中，您還沒有感覺到自己存在的價值；也許，您在物質無缺、充滿照顧與愛的環境下長大，您會感到自己是一個接受者，不知自己能給出什麼？存在的意義為何？也許，您成長於一個大人都自顧不暇、疏於照顧您的環境，您可能認為「自己除了被管、被罵之外，我的存在到底有什麼意義與價值？」其實有的，只是您沒有覺察到罷了。

給自己一個寧靜和客觀的心，細細觀察周圍與自己的互動，您會發現您的價值就存在於行為舉止之間，佛家說：「剎那即永恆。」曾經有一個人，當他在風景區，腦中充滿「沒有人在乎他、乾脆自殺」的悲情之際，遇見一個請他喝咖啡、陪他聊聊的人，推廣咖啡的人無心之間讓這個人放下了輕生的念頭。

有一個對婚姻充滿失望想離婚的人，在他離家暫住在旅館時，在與老闆家人的閒聊和互動中，讓他覺察到自己真正要的是什麼，感覺到自己存在的意義與價值，於是激發他不離婚且用心經營家庭的動力，使孩子擁有一個完整和快樂的成長經驗。其實，身為學生的您，倘若認真學習，或是能給教書感到很洩氣的老師或導師一些關懷，您會發現因為您的存在，給了老師繼續為學生付出的支持力。尤其是大學生，很多同學遇到困擾根本不想跟「大人」（家人或師長）說，而是願意對同儕朋友傾訴；因此，您的傾聽與關懷，也許給了沮喪的同學勇於面對問題或繼續奮鬥的力量。

傾聽您和周遭者內在的聲音吧！您會發現您不孤單，因為存在就有價值。

傾聽您內在的聲音吧！您會聽到您內在的渴望，它渴望追求什麼？它渴望過什麼樣的生活？它期待活出一個什麼樣的自我？姑且不論這些願望能否實現，先把它清清楚楚的寫下來吧！因為，自我實現也是活出存在意義與價值的方法。

二、尋找自我實現的心智圖

傾聽內在的渴望之後，您能否自我實現呢？請想像，如果老天賜給您實現願望並幫您排除障礙的精靈，問問自己下列問題並將答案寫出來：

1. 您會希望精靈讓您成為一個什麼樣貌的人？
2. 您會希望精靈幫您活出什麼樣的人生？
3. 實現夢想的您會帶給自己什麼感受？
4. 這樣的您對哪些人會有影響或是有貢獻？
5. 這樣的您對社會有哪些貢獻（具體化說明）。
6. 如果您的夢想實現，這樣的生活延續下去，所衍生的存在意義和生活狀態是您要的嗎？
7. 如果您只剩下一個月的時間，您最希望跟誰在一起？最想利用這僅剩的一

個月做些什麼或完成什麼？（指您內心最重視的人、事、物）

8. 再把第 6 項和第 7 項的回答進行比對，這兩個問題的回答是否有相關？是否有不一致的地方？如果有不一致，原因為何？您是否考慮回到第 1 項調整內容，然後再自第 2 項依序重新進行思考。

　　上列問題主要是協助各位探討為何無法夢想成真的陷阱。人有心想事成的力量，您往好的想，它會成功；相對的，您想不好的，它也會心想事成。但是當您想要的不是您內心真正要的，即使您得到了，您將感到失望或是失去它。另外，當您潛意識的想法、感受與期待出現矛盾時，心想事成的力量將猶如五馬分屍，力量不但分散，其內在也將因為矛盾與衝突而撕裂。所以美夢成真、心想事成的祕訣，就是要釐清自己真正要的是什麼。倘若您感到人生無意義或對未來感到茫然，試試看思考上述的問題，您會感受到不一樣的自己。

三、探勘心中的絆腳石

　　思考前段所提到的問題之後，也許您會感到充滿幹勁，想積極向前衝！衝！衝！也許，您會感到「不可能會實現啦！」或者是扯自己後腿的對自己說：「無聊」、「我辦不到」、「幹嘛有這些夢想」、「好懶喔！幹嘛要幫自己找麻煩！」等類似的想法。您會看到這些存在內心的絆腳石，正在將您拉回過去，說服自己「不要改變」。這時候您最好跟您的想法和情緒好好的相處，追查它們存在的目的和來源，否則它們常常會在您想要進步或改善人生時冒出來阻礙您踩出下一步，使您處於自責與懊悔中。

　　當發現這些絆腳石時，我能為自己做些什麼？進行的方式是問問自己以下問題。

（一）釐清目的

1. 我的絆腳石想法是什麼？

2. 這個想法帶給我的感受或情緒是什麼？

3. 情緒的部分請採用下單元「與情緒談心」的內容處理之。

4. 想法（信念）的部分，則問問自己：「如果這個想法是一個藉口，它讓我不用面對什麼擔心或害怕？」或是自問：「如果我真的開始去實現我的理想，我擔心會發生什麼事？我害怕會面對什麼問題或困擾？」

（二）探討來源

1. 我在什麼時候也曾有過類似的想法與擔心？

2. 當時發生了什麼事情？

3. 當時有誰在身邊？他們說了什麼？他們做了什麼反應？表情為何？

4. 您當時的心情如何？（情緒的部分請採用下單元「與情緒談心」的內容處理之。）

5. 當時的您做了哪些決定，以避免讓自己再次面對這樣的不愉快或傷害？

（三）改寫台詞

1. 試想，如果現在的您（已經長大的您）再次面對過去的事件或情境，您的處理方式和過去的您會有哪些不同？

2. 您當時做的決定是否真的保護了您？它們是否帶給您快樂？

3. 這些決定是否限制了您或窄化了您的人生體驗與視框？

4. 您還要持續受這些決定控制嗎？如果不要，請改寫台詞吧！重新設計和修改您的想法與信念。

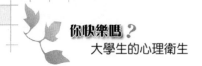

會計系的小古（故事二的主角）其實早在剛進大學聽學長、姊分享上課和學習經驗時，就開始懷疑「這是我想學的技能嗎？」上專業科目時，他腦中也曾閃過「難道我真的要這樣老死在會計工作裡？」但是他沒有好好傾聽內心的聲音，一再拖延面對，或許直到看到這本書他才開始認真傾聽內在的渴望，並回答前述的問題。

他內心期望從事銷售的工作，因為死薪水存錢少且太慢，不能滿足他五子登科和給父母過好日子的夢想；他認為只要認真銷售、業績做得好，就有績效獎金或高百分比的酬佣，而且他喜歡和人相處，不喜歡整天坐在辦公室忙行政事務。小古覺得自己似乎應該轉到與行銷相關的科系。

想著，想著，小古突然浮現「算了，都快大三了，這時候才準備轉系，一定會被人家笑我頭殼壞掉！」「別人本科系都已經讀了二年，就算考上，到時候我一定會跟不上。」小古意識到自己腦中出現負面思考的絆腳石，決定好好探究這些想法存在的目的和來源，免得持續現在的生活而虛度歲月。

（一）小古釐清目的

覺察到的絆腳石	擔心發生的事情	感受與情緒
一定會被人家笑我頭殼壞掉。	沒考上很沒面子，會丟臉。	被同學笑的羞恥感、害怕失敗。
別人本科系都已經讀了二年，就算我考上，到時候我一定會跟不上。	當時是爸媽認為讀會計系好找工作，現在多浪費一年，到時候萬一我又後悔，他們一定會說：「不聽老人言，吃虧在眼前。」	對未知的不安、被控制的生氣感、害怕失敗、被看不起和不被信任的感覺。

覺察到的絆腳石	擔心發生的事情	感受與情緒
超級銷售員都是一些剝削者，不然就是要看有錢人的臉色，我幹嘛要當銷售員。	所以不值得投入轉系準備，幹嘛要同流合污。	1. 厭惡感：討厭有錢人。 2. 討厭被剝削的感覺。 3. 害怕失敗。 4. 不用投入的放鬆感。

（二）探討來源

小古回想起：

過往類似的 想法與感受	事件	周遭人的反應	當時做了什麼決定
被同學取笑的羞恥感、害怕失敗。	小學時參加演講比賽，上台忘詞，瞎掰結果說得無厘頭而被同學取笑。	被同學取笑，且聽到同學說：「不會還上台！老師沒眼光、選錯人。」	1. 不要再做會被取笑的事。 2. 沒把握就不要做。
被爸媽挖苦和指責	高中選組時，原本選理工組，高三時發現讀不來才又轉到文組，有跟不上的辛苦感，結果大學也沒考好。	你就是當初不聽話，才會後悔。我走過的橋比你走過的路還多。	1. 沒把握就不要做。 2. 聽爸媽的話，萬一沒做好，至少不用被罵或被唸。
對有錢人的厭惡感、被剝削感	爸爸是銷售員，親眼看到購買的人一直殺價，還一付客戶高高在上，要求不合理的服務。	客人表現出賞爸爸一口飯的傲慢態度和言語。	1. 有錢人有什麼了不起！ 2. 爸爸不是超級業務員，是因為他沒有剝削客戶。

（三）改寫台詞

　　小古內心覺得自己常常是一個逃避、退縮的人，認為沒辦法活出自我都是因為他人，所以有鬱悶、不得志的感受。經思考後，覺得再這樣擔心下去自己不會快樂，決定改變，所以改變心中的台詞，例如：「不要再做會被取笑的事，沒把握就不要做。」改成：「第一次上台會焦慮失常是正常的，不要自責，不

要怕被笑；凡事只要盡力、對得起良心，勝過不戰而敗。」

參、與情緒談心

　　衛生署統計（朱立群，2008），自殺是國內青少年第二大死因，而董氏基金會最新調查指出，至 2007 年年底，每 4 位大學生及每 5 位國、高中生，就有 1 人有憂鬱情緒困擾，估計近 33 萬大學生及 34 萬中學生感到憂鬱，需要專業醫師或諮商專家輔導。三軍總醫院精神科主任葉啟斌指出（朱立群，2008），有輕微憂鬱傾向的學生會尋求發洩，例如：吸菸、喝酒、飆車等，這些有憂鬱情緒問題的學生，常被教育體系誤認為是「問題青少年」。

　　情緒是很棒的敲門磚，和自己的情緒談心，可以發現冰山潛藏的一角。提供以下兩種參考方式。

一、情緒日誌

　　情緒日誌的書寫有助於瞭解自己情緒變化的情形與因素，之後可進行分析並改變想法而影響情緒。其中，事件紀要以簡潔的方式表達重點，情緒與想法盡量清楚且具體的表達，且用詞以「我」的立場來表達。以下是情緒日誌的參考格式：

日期	天氣	時間	事件紀要	引發的情緒	引發的想法	省思	想法可以做何改變
4/25 (五)	晴	10:00	普通物理學，期中考成績不及格	我很生氣、無力感	老師教得那麼爛，講義的字寫得潦草，連助教都看不懂，真無言！	發現我因為老師差勁就不想讀這科。	我的未來為什麼要被老師影響，我可以自己念別的講義或參考書籍來學習啊！

二、情緒昇華與轉換

　　情緒源自於您的想法、信念和價值觀。覺察情緒成為情緒管理的第一步，而情緒日誌可以協助您覺察事件所引發的情緒，也能分析誘發情緒的想法為何。有時候您會發現，即使想法改變了，情緒不見得會消失；另外有些人注意到，自己常常處於某類的情緒下，例如：長期感到情緒低落，有憂鬱傾向。那是因為我們的身體產生了特定的需求以平衡這個習性，神經網絡已經建立習慣性架構，因此我們會從眾多訊息中，自動過濾出能滿足產生身體所需要的信念或想法。此時您也許可以嘗試下列方式與情緒談心，並進行昇華與轉換。

1. 覺察到情緒時，不轉移、不逃避，也不抗拒，而是帶著接納的態度，專注的體驗這份情緒，甚至可以將情緒擴大開來經驗它。例如：感到自卑、羞恥、被人看不起，就全然的、深刻的經驗被羞辱的感覺。

2. 感覺這份情緒潛藏在您身體的哪個部位，體驗那份痛楚，直到它減緩或消失。

3. 發現情緒存在潛藏的動力：等到情緒經驗到一個程度，它會自動減緩至可以理性思考的狀況。此時問自己：這情緒的存在對我有什麼好處？因為它，使我可以做什麼？可以不做什麼？因為它的存在，證明我是怎樣的一個人？您會發現這些情緒或情結的存在是在幫助您，雖然這份助益不見得是成熟的處理方式。

4. 改變劇本和台詞：感謝這份情緒的存在幫助了您，告訴自己我已經不需要這樣的情緒或情結存在，宣告放下這份情緒。

　　至於其他情緒管理可參考《大學導師輔導工作實務》（黃政昌主編，2007）第 18 章；壓力管理則請參考本書第 4 章。

肆、結語

曾看到一篇文章描述老鷹為了要給自己新生的生命品質，它在 40 歲時必須做出用喙擊打岩石，直到完全脫落，然後靜待新喙長成，再用新喙把指甲一根根的拔出來以長新的指甲，再將羽毛一根根的拔掉；五個月以後，新的羽毛長出來，老鷹重新得力開始飛翔，繼續渡過 30 年的歲月！大學生猶如從童年積習新生，準備踏入社會、展翅高飛的老鷹，有時候我們必須把舊的習慣、思想、信念和價值觀拋棄，使我們可以學習新的技能，發揮我們的潛能，以達創造嶄新的未來和自我實現之境。

在這個階段，首先，傾聽內在的聲音，找出自己到底要什麼？以及一條屬於自己的道路；其次，透過情緒當敲門磚、探索想法與改變視框，以放下積習。最後，別忘了，您是獨一無二的，您永遠是一顆有獨特存在意義與價值的明星。

參考文獻

朱立群（2008）。憂鬱情緒 困擾學子。時報資訊。2008 年 4 月 17 日，取自 http://tw.news.yahoo.com/article/url/d/a/080409/57/wxzt.html

朱錦鳳（2002）。大學生身心適應調查表。台北市：心理。

陳家倫（2006）。中正 e 報：青青子衿 悠悠我心——大學生惡習　甘有影阿捏？中正大學傳播系。2006 年 11 月 5 日，取自 http://enews.ccu.edu.tw/modules/news/article.php?storyid=3495

黃政昌（主編）（2007）。大學導師輔導工作實務。台北市：心理。

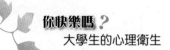

CHAPTER 25

與時間達人共舞——

時間管理與學習效率

張瑋琪

　　您是否常常對自己說：「完了，時間不夠用！」、「糟了！報告會寫不完」、「慘了！考試看不完」，或是感到閒得發慌、不知道要做什麼？蘇格拉底認為：「沒有檢視的人生不值得活。」管理大師彼得‧杜拉克則認為：「時間是世界上最短缺的資源，除非善加管理，否則一事無成。」時間是有限的，時間管理能力的優劣，問題不在於時間本身，而在於我們和時間的關係如何？

【故事一：忙過頭的雯蕊】

　　雯蕊（化名）是一個人緣好、認真生活的新鮮人，自從上大學之後，她快樂的穿梭在上課、社團、系學會和新生杯之間。最近她常常感到煩悶、焦慮，因為再過 10 天就要期中考了，雯蕊知道自己如果再不用功準備考試，鐵定會被當，那就糟了！可是活動排得那麼滿，好不容易擠出來的時間，又往往會因為同學找她訴說心事或幫忙而耗費掉！眼看時間一天、一天的過去了，焦慮的心情愈來愈沉重。

【故事二：作息混亂的小皓】

　　外號「流川楓」的小皓（化名）喜歡打籃球，更是同學心目中「魔獸三國」等網路遊戲的「神人」。他常常打完籃球或打工結束回到宿舍後，就一直坐在電腦前面玩遊戲、聊天、看動畫，如果沒有什麼急

迫的事情,或是同學找他而打斷,他是不會捨得離開。也因為這樣,他常常玩到三更半夜,所以早上爬不起來上課而遲到是常有的事情,為了趕報告而走堂缺席的情況也愈來愈常發生,甚至人到了課堂上卻在看其他要考試的科目,以致無法認真學習上課所教的內容。他今天來找導師,因為敷衍了事的報告,已經救不了岌岌可危的成績,眼看期末考若再沒考好,他恐怕要被二一了!他向老師請求幫助。

雯蕊和小皓的現象是否也發生在您和同學之間?是否想過,時間對您的意義到底是什麼?它如何影響著您和您的生活?「時間管理」對您的益處有哪些?如果想做時間管理又該如何進行呢?

壹、您控制了時間?還是時間控制了您?

生命是由分分秒秒的時間累積而成,如果您時時刻刻活得精采,您的生活也將因此而多彩多姿。也就是說,您的人生是彩色的或是黑白的,取決於您如何讓生命的時間活得最有價值。

上述的二個故事主角都是缺乏時間管理:生活充實的雯蕊,因為沒有做事件管理和時間計畫,以致生活步調被急迫的事件所打亂,或是被外在世界追著跑,心情因重要且急迫的未竟事宜而變得低落;隨性而為的小皓,缺乏學習計畫和時間規劃,以致課業學習成效不彰,使自己面臨休學或退學的危機,因而成了光陰的荒廢者。由此可知,時間管理不當將影響我們的生活步調和生命品質。

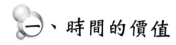 一、時間的價值

時間的運用與支配影響著我們的生活品質，然而您是否懂得珍惜和善用時間？網路上曾經流傳著一篇關於時間的文章，明白的點出時間的可貴，鼓勵我們珍惜手中所擁有的時間資源！

> 你想知道一年的時間有多重要嗎？你可以問問重考的人；
>
> 你想知道一個月的重要嗎？你可以問問早產的人；
>
> 你想知道一週的重要嗎？你可以問問週報的編輯；
>
> 你想知道一小時的重要嗎？你可以問問等待見面的情侶；
>
> 你想知道一分鐘的重要嗎？你可以問問錯過火車的人；
>
> 你想知道一秒鐘的重要嗎？你可以問問閃過一場車禍的人；
>
> 你想知道十分之一秒的重要嗎？你可以問問奧運短跑選手。

二、時間管理的核心議題——瞭解自己的核心價值和生涯期望

「時間管理的要義是滿足核心價值和符合生涯導向」（不詳，2003）。您的核心價值為何？是否瞭解自己的生涯期望？根據量子物理學的理論，人、事、物的發展有無限的可能，重要的是，您所相信的是什麼？信念為何？事件將依據您的信念和您所選擇相信的情況發展，意即外在的世界是您內心的投射。也就是說，當您明白了自己的核心價值和人生期望之後，許多干擾以及與目標無關卻會偷取您時間能量的事務，將會因為您清楚自己要的是什麼而被排除，您的整個磁場能量將因為您「相信」的力量而吸引成就您的人、事、物，這是「吸引定律」，也是心想事成的祕密。所以在落實時間管理成為您自我實現的工具之前，最好先釐清自己的核心價值和人生期望，並下定決心與承諾改變，朝著

403

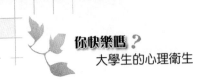

實現自我的目標邁進。

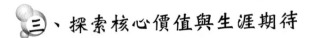
三、探索核心價值與生涯期待

　　如果您還不清楚自己的核心價值和生涯期待，您可以試著依序回答下列問題。記著，要用白紙黑字寫下來，並且盡量讓答案以直覺跳出來，不用管合理或不合理，因為無論答案是否合乎邏輯或符合世人的評價，直覺跳出來的答案對您都有其意義。

1. 您在乎什麼？
2. 什麼是您最珍視和最重要的？
3. 您最重視的人際關係是什麼？
4. 您一生最希望成為什麼？
5. 您一生最希望完成什麼？
6. 如果「使命是一切的基礎」（張美惠、陳絜吾譯，2004），您一生中最希望有什麼貢獻或使命？
7. 根據上列問題的回答，現階段的您希望成為什麼？
8. 根據上列問題的回答，現階段的您希望完成什麼？

　　如果上列問題因為您不曾想過而一時回答不出來，另一個問自己的方式是：

1. 如果我只剩下一個月，我還會想做些什麼或完成什麼？
2. 如果我只剩下三天的時間，我會想做些什麼或完成什麼？

　　這些答案就是您珍視的人、事、物。

四、實際估算您能用來完成您人生期待或使命的時間有多長

　　請根據下列步驟估算您實際可資利用的時間年數：

1. 如果您生命的長短能由您決定的話，您認為，您還有幾年可以用來完成您的人生期待和使命？猜猜看！並寫下來。

2. 在下列圖表中：

   (1) 請塗掉您現在已經活掉的年紀。

   (2) 請塗掉您計畫活到幾歲？

   (3) 請塗掉您希望幾歲退休停止工作。

   (4) 請塗掉您每日必定要做的事情所需耗費的時間，例如：梳洗、更衣、吃飯、洗澡、睡覺等時間。

   (5) 請塗掉您休閒、娛樂和交友的平均時間（例如：每天平均 3 小時）。

   (6) 圖表中剩下的空白處，即是您可資利用實現自我的時間（例如：只剩下約 17.5 年），如果再扣掉您尚未完成學業或服役的年數，您還剩下幾年可以用來自我實現？

3. 請將上項所估算出的時間和第 1 項您主觀認為還有多久的時間長短進行對照和比較。二者是否一致？主觀認定的年數是高估或低估？現在的您有什麼想法？您將如何規劃這些實際可運用的歲月？

4. 實例：小陳是大二的學生，目前 20 歲，他希望自己能活到 80 歲，但是工作到 65 歲就開始過著愉快的退休生活；他約略估算自己每天花在睡覺、梳洗、吃飯、休閒、娛樂和朋友聊聊的時間大約 14 到 15 個小時左右（占每天 62.5%），若再扣掉二年半讀大學和當兵一年的時間，這樣算算，他只剩下大約 15.6 年的歲月能自我實現〔（65−20−3.5）×37.5% ＝ 15.6〕。小陳仔細合算一下，要完成他 65 歲退休的人生期待，65 到 80 歲期間，如果每個月的生活費 2 萬元，加上休閒、出國旅遊的費用，他退休前至少需要存 400 萬元，加上買車、在職進修、交女朋友、結婚、養家和休閒娛樂的期望，他思索著要如何規劃自己的人生歲月……。

年齡 %	0歲	10歲	20歲	30歲	40歲	50歲	60歲	70歲	80歲	90歲	100歲
25%											
25%									只活到80歲		
25%			梳理、吃飯、洗澡、睡覺、 休閒、娛樂＆交友								
25%											

五、承諾改變

　　人對時間的主觀感覺是影響時間管理的關鍵因素之一（思牧，2006）。大部分會蹉跎光陰的人，主要是因為對時間的主觀認定寬鬆，覺得未來的日子還很長、時間很多，便隨性而為，流失了歲月。當您意識到時間其實不如想像得長或是感到不夠用，您的主觀感受因而改變，積極度因應而生，所以為了增加時間運用的效益，通常會設定完成期限。

　　另外，有些人喜歡停留在習慣的「舒適區」，或是對改變沒有信心，害怕失敗，於是選擇繼續蹉跎光陰。如果您認真看看現在的自己，再試想：持續十年維持現在的生活態度和生活方式，十年後的您會是什麼樣貌？那樣的您真的是您所期望的生活方式和想成為的人嗎？如果不是，那就盡快做出改變的承諾與決心吧！

　　您可以先為自己設定執行成果的獎勵方式，接著在每天睡前或早晨起床前進行下列觀想：

1. 想像自己很順利的根據時間計畫完成每一件事，相信所有的人、事、物都會來成就我達成目標。
2. 想像自己完成今天時間計畫的內容，正優雅、愉悅的享受著給自己的獎賞。

平時您也可以常常與自己對話，告訴自己：「每一天的我都在改變，整個存在都是來成就我的。」您將會擁有改變的勇氣與自信。

「時間如金錢」，每一分、每一秒都有其價值。正如金錢，您可以選擇讓金錢成為您的工具，否則，您將成為金錢的奴隸。也就是說，如果您沒有控制您的時間，您將會被時間所控制。也因為時間運用的效益高，將有助於任務的達成和夢想的實現，所以時間管理是自我管理和自我實現的核心工具之一。

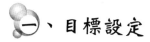

貳、時間管理＝事件管理

Smith（1994）指出：「管理您的人生表示管理您的時間，管理您的時間表示管理您生活中的所有事件」（引自李麗君譯，2007）。與其說「時間管理」，不如說是「事件管理」。彼得‧杜拉克認為：「要當一個高效能的經營者所要做的第一件事，便是瞭解自己的時間配置」（引自思牧，2006）。所以要進行時間管理之前，最好先分析、檢討事件如何占據了您的時間配置，該如何改進才能提昇學習效率及增進人生目標達成的機率。以下是時間管理的前置作業。

一、目標設定

美國著名的時間管理學家 David Allen 認為：「時間管理的要訣是選擇策略性目標，只做能有助向目標邁進的事項，……，關鍵是你必須清晰界定，希望獲得什麼成果，以及何時需要完成工作」（引自季晶晶譯，2002）。所以首先要設定時間管理所要達成的目標：「寫下你想透過時間管理改變或達到的狀態，明確具體，不要太好高騖遠、訂定太高的目標」（周詩綺，2005），然後逐一完成。

二、事件管理的方式

（一）時間日誌

印度國父甘地認為「行動展現優先順序」（引自陳建勳、蘇秉豐譯，2006），至少逐筆記下一週關於您每天的行動時間，以便根據事實、客觀的檢視您對事件的重視程度，分析並檢討時間運用的適當性。參考的記錄格式如下：

時 間 日 誌

主要目標：　　　　　　　　　　　　　　　日期：

時間 （依時間順序）	活動內容 （記下當天所做的大小事情）	完成	未完成	重要	不重要	急迫	不急迫	耽擱或拖延的原因

說明：1. 常發生的活動內容和拖延的原因可採用符號或縮寫。

2. 重要性、急迫性、拖延時間與否之判斷純屬個人主觀認定。

3. 分析耽擱或拖延的原因，並檢討自己的忙是否出於：

⑴想「把事情做對」（例如符合他人期待）卻不堅持「做對的事情」。

⑵您的拖延是為錯誤的理由做對的事，還是為對的理由做錯誤的事？

（例如：不敢拒絕同學出遊邀約而犧牲了自己讀書的時間，因為害怕同學會因為自己的拒絕而討厭自己。）

⑶當您拖延而浪費自己時間的同時，是否也同時浪費了別人時間？

4. 找出生理最佳時間以提高時間效能：根據時間日誌，找出自己最有生產力或最適合執行目標事件（例如研讀課本）的時間，並瞭解自己無生產力的時段，以避免在此時段做無效率的事情。

5. 檢視事件進行所需花費的時間，例如：看一頁原文課本平均需要花費幾分鐘，讀一節的微積分大約需要多久。此分析有助於讓時間規劃符合現實需求。

6. 製作時間餡餅：係根據一週的時間日誌，以圓形比例圖的方式呈現時間運用的情形，以進行分析與比較。步驟如下：

   (1)主觀認定：先畫一個大圓形圖，畫下您認為這週各類事務所花費時間的百分比（無須根據時間日誌，而是以您的主觀感受畫畫看）。

   (2)客觀事實：先畫一個大圓形圖，然後根據一週時間日誌的實際時間支配情況，畫出各類事務費時所占的百分比。

   (3)將上列二個圓形圖進行比較，即可知主觀認定與客觀事實的差距。

以下是某位同學上週時間日誌所分析的主觀及客觀圓形圖，其中「聊天或上網」和「讀書＋寫報告」的時間差距較大。

主觀認定

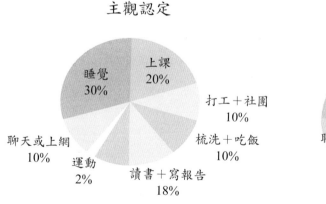

客觀認定

（二）事件與時間備忘錄

　　將達成目標所需完成的事件（待辦事項）用白紙黑字羅列下來，時間管理便是要針對這些待辦事項進行時間的規劃與實施。如果我們只著眼每日和每週的待辦事項，往往僅會關心事情急不急迫，而將時間資源花在不重要和一些可有可無的事情上；倘若放眼較長的目標，例如：每月、每學期或年度，將能以較寬廣的視野進行事件管理，如此可避免因為忽略、遺忘或拖延，導致原本不急迫的重要事件演變成急迫的情況，以致生活步調老是被「救急」所牽絆住。

　　您可以準備一本有日期的記事本做為備忘錄，將它當作您的「蓄思盆」，每想到待辦事項就立刻記在預計完成的日期或月份那一頁，這樣就不用擔心被忽略或遺忘。

（三）列出優先順序

　　將待辦事項分出優先順序，目的「就是要找出對你最重要的事物，全力付出，……，每個關節都不能忽略，並將人生的圓滿建立在『重要性』的觀念架構上」（張美惠、陳絜吾譯，2004）。分類的方式如下：

1. **優先順序之分類**：自問：「如果根本不做這些事情，會怎麼樣？」事情的重要性自然呈現。事件依重要性分為五類，在每一分類中，再排出該類的優先順序，例如：A-1，A-2，A-3……。（A：最重要；B：次要；C：不是很重要；D：可交給其他人辦理→支配別人的時間；E：可有可無→取消）。

事件優先順序表

事件	A	B	C	D	E

2. **重要性與緊急性之區辨**：依照事件的重要性（重要、不重要）和緊急性
   （緊急、不緊急），排列出優先順序，如圖 25-1 中的四個象限，如此可以
   更清楚的看出事情的輕重緩急；再以第 IV 象限的事件為時間支配的重點，
   以達到預防勝於救急之效能。理想的時間支配情況是第 IV 象限的比例占
   最大，第 III 象限的比例最小。

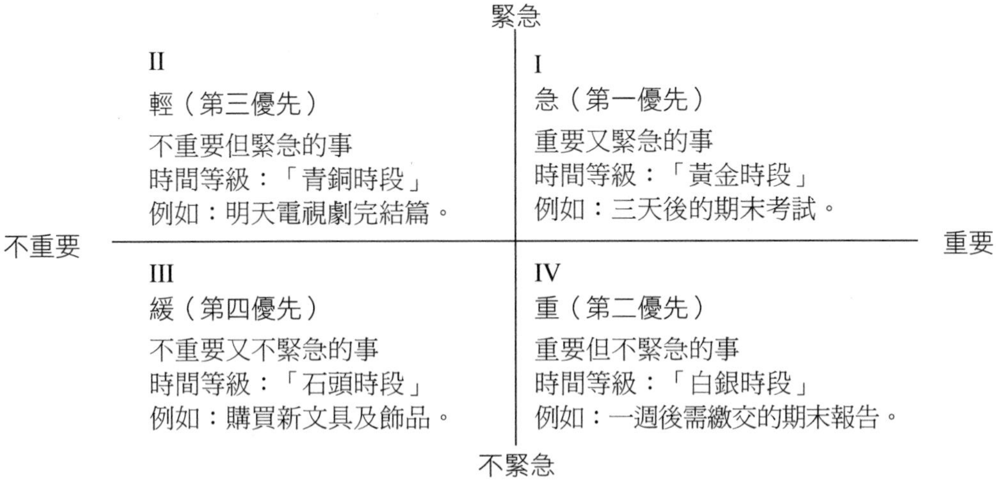

緊急

II
輕（第三優先）
不重要但緊急的事
時間等級：「青銅時段」
例如：明天電視劇完結篇。

I
急（第一優先）
重要又緊急的事
時間等級：「黃金時段」
例如：三天後的期末考試。

不重要 —————————————————————————— 重要

III
緩（第四優先）
不重要又不緊急的事
時間等級：「石頭時段」
例如：購買新文具及飾品。

IV
重（第二優先）
重要但不緊急的事
時間等級：「白銀時段」
例如：一週後需繳交的期末報告。

不緊急

➤ 圖 25-1　**輕重緩急四象限**

411

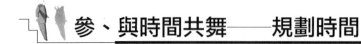

參、與時間共舞──規劃時間

您認為理財家通常是以「消費者」或是「投資者」的立場運用金錢？答案是「投資者」。一位優秀的時間管理者，往往是用投資的眼光抉擇如何應用時間，所以他會瞭解時間、節省和統整時間、利用時間，並排除與目標無關的浪費性應用，以提高時間成本的生產效率與效益。商業週刊（郭奕伶，2008）提到：「不管帳，月薪三萬和三十萬，下場都一樣，……洛克斐勒家族、墨西等電信大亨都從一本帳開始致富。」時間管理也是如此，您需要有一本管理時間的「帳本」（時間手冊），以便進行時間規劃和運用的控管。這本手冊若分為日計畫、週計畫、年度的月計畫表尤佳，若有需要，還可運用到年計畫表。時間規劃步驟如下：

1. **計算所需時間、設定完成期限**：彼得‧杜拉克表示，有效的主管永遠都會控制自己的時間管理，不但會連續記錄日誌、定期分析，還會為重要活動設定完成的最後期限，以瞭解時間是否在掌控範圍內。請將事件依輕重緩急，計算完成該事項所需的時間，並設定完成期限，然後填入月計畫表中。

2. **釐清可應用的時間**：在週計畫表上，以半小時或一小時為單位，先填入固定的活動行程（例如：上課、打工、社團活動等，猶如課表般，把要上課的格子填入上課名稱）。

3. **檢討並找出較完整的時段**：因為做重要且有長期影響的事情，往往需要較長和較不被干擾的完整時段。

4. **80/20 法則**：「80/20 法則」（The Pareto Principle）是指在你的工作中，有 20%的部分會影響 80%的成果；有 20%的工作將需要你投入 80%的時間。哪些是影響你 80%成果的工作呢？找出它們吧！優先將這類事件排入可資應用的時間空格內。

5. 將尚未排入的事件填入剩餘的空白處。

6. 設定獎懲以增強行動誘因。

每日／每週計畫表

時間 ＼ 星期	週一	週二	週三	週四	週五	週六	週日
7：00～ 8：00							
8：00～ 9：00							
9：00～10：00							
10：00～11：00							
11：00～12：00							
12：00～13：00							
……	（版面有限，請依需求自行製表）						

備註：時間的區間並非固定以 1 小時為單位，可依個人活動時間的適用性進行
　　　調整。

時間規劃的十個武功秘笈：

1. **120 法則給與彈性空間：**「120 法則是建議你在評估自己將以多少時間完成
此一工作時，加上 20 ％的彈性時間」（不詳，2003）。「你必須經常高
估工作的時間，這樣比較安全」（陳建勳、蘇秉豐譯，2006）。

2. 考慮事件的執行與時間、精力和場所的關係。例如：讀書環境是否有干
擾？是否感到沒有體力或精力？另外，選取不同科目交替研讀，以顧及左
右腦平衡使用，可提昇學習效率。

3. **焦點法則：**一次處理一件事（不詳，2003）。

4. **尋求團隊合作以增加時間運用的效率：**例如大家分工整理原文書的重點。

5. 別讓不急的事情變成急迫。

6. **安排休閒時間：**「休假是放鬆控管和壓力調適課程的一部分」（陳建勳、

蘇秉豐譯，2006）。

7. 減少對目標沒有幫助的活動與應酬。

8. 檢視選擇的事件和訂定的計畫是「把事情做對」還是「做對的事情」。

9. 量力而為。

10. 克服拖延——時間的殺手：「拖延是人的天性，它來自於懼怕和缺乏自信」（陳建勳、蘇秉豐譯，2006）。每當想拖延時，立即反省想拖延的原因並處理之。Ferrai、Johnson 和 McCown（1995）認為，大學生的拖延可分為兩大類：第一類是缺乏警覺心；第二類是逃避，主要是因為害怕失敗和焦慮（引自李麗君譯，2007）。以下是找出逃避的自我練習表格。

「逃避」自我分析表

日期	需要做的事	我用什麼方法逃避？	為什麼我想逃避？	用什麼策略讓自己不再逃避

 肆、結語

「當我們有高度自尊時，我們更願意冒險，並把自己放在贏的機會位置上」（陳建勳、蘇秉豐譯，2006），所以尊重自己的時間、核心價值與生涯期待。

掌握時間＝掌握生活＝掌握生命。管理大師彼得・杜拉克認為，想要有效管理時間，可透過四步驟達成：記錄和分析自己每天的時間支配情形、找出浪費時間的元兇，並集中時間做最重要的事；透過時間管理策略，您每週只需花

費 30 分鐘，就能得到數倍的效果（張美惠、陳絜吾譯，2004）。立刻許下改變的承諾，創造您時間與生命的價值吧！

不詳（2003，1月30日）。時間管理。愛德華日誌。2007年10月7日，取自
　　http://nettrace.blogspirit.com/archive/2005/03/24/

李麗君（譯）（2007）。M. H. Dembo 著。**做個成功學習的大學生**（Motivation
　　and learning strategies for college success: A self-management approach）。台
　　北市：心理。

周詩綺（2005）。**心靈雞湯：時間管理**。國立台灣師範大學學生輔導中心。2008
　　年3月27日，取自 http://140.122.86.222/?q=zh-hant/node/94

季晶晶（譯）（2002）。D. Allen 著。**搞定！2分鐘輕鬆管理工作與生活**（Gett-
　　ing things done: The art of stress-free productivity）。台北市：商智

思牧（2006）。**管理清談：時間管理還是時間管你？**2007年10月7日，取自
　　http://www.epochtimes.com/b5/6/1/30/n1207384.htm

張美惠、陳絜吾（譯）（2004）。S. R. Covey, A. R. Merill & R. R. Merill 著。**與
　　時間有約：全方位資源管理**（First things first: To live, to love, to learn, to leave
　　a legacy）。台北市：天下。

郭奕伶（2008）。一本帳的威力。**商業周刊，1061**，108-116。

陳建勳、蘇秉豐（譯）（2006）。T. A. Limoncelli 著。**時間管理——給系統管理
　　者**（Time management for system administrators）。台北市：歐萊禮。

CHAPTER 26

我的未來不是夢——

大學生的生涯發展與選擇

古芸妮

　　「你是不是像我在太陽下低頭，流著汗水默默辛苦的工作……我知道我的未來不是夢，我認真的過每一分鐘，我的未來不是夢……」這是 1988 年當紅歌手張雨生紅透半邊天的時尚歌曲，吶喊出在經濟起飛的年代中各行各業的心聲；更喚起更多青年學子夢想起飛的雄心，對理想的執著，對未來的熱情。時而至今，在多元發展的二十一世紀中，時代的急流淹沒了許多青年學子對自己生涯的前景，在人生路上多了徬徨、困惑；因此，期待藉由本章幫助大專青少年學子對自己未來的生涯有更多思考，在「興趣、能力、現實環境」平衡狀態下充分發展。

 ## 壹、大學生常見的生涯議題

　　常在大學校園中聽到無奈的抱怨：

　　學生：老師，我真不知道我念這些東西要幹嘛？

　　諮商師：那你當初怎麼會填這科系呢？

　　學生：是我爸爸、媽媽幫我選的啊，他們說選這科系有執照，以後出路才比較有保障，可是我對現在學的東西完全沒有興趣，每次只要翻開課本，我就頭昏想睡，好煩啊；我喜歡畫畫，但家人都大力反對，說畫畫沒出路，以後會餓死……

　　這是在生涯諮商中常見的抱怨，父母的期待決定了孩子的選擇，社會傳統價值取代了孩子的興趣，生涯諮商其中一個重要目標就是協助當事人在現實和理想中取得一個平衡點，譬如說，在醫院臨床中發現，大部分外科醫師都有畫畫的美術天份，而且小時候也大都有學習畫畫的經驗，可是他們後來並沒有在真實人生中繼續選擇畫畫的道路。因此，青少年學子在做生涯規劃時，如何在「興趣、能力、現實環境」中取得一個平衡點，是一個很重要的思考。

　　在生涯決定中，「興趣」、「能力」、「現實環境」是缺一不可的組合：

1. **興趣**：「興趣」可以讓人在工作時樂在其中，當成人生志業，但沒有能力、單有興趣也無法勝任職場的挑戰。

2. **能力**：具備「能力」表示個人可以克服困難把工作做好，但對工作不見得有興趣和熱情，容易讓人只成了賺錢的工具，卻沒有任何樂趣和熱情在工作中。

3. **現實環境**：在具備「興趣」和「能力」之後，若目前就業市場上沒有需求，也依然無法找到適合工作，發揮所長，只能喟然而嘆、懷才不遇。

　　因此，在做生涯決策時，若追著市場流動走，就容易出現不確定的盲流，唯有依本心而為，才是比較踏實的生涯決策；所謂依「本心」而走，即是先瞭解自己的興趣、能力所在，再進一步評估自己未來想要過什麼樣的生活願景。以下以一個真實的小故事來帶領大家思考，透過他人的生命歷程，來反思自我的生涯決策。

小故事，大啟示：李恕權的真實故事

　　1976 年的冬天，當時我 19 歲，在休士頓太空總署的太空梭實驗室裡工作，同時也在總署旁邊的休士頓大學主修電腦。縱然忙於學校、睡眠與工作之間，幾乎占據了我一天 24 小時的全部時間，但只要有多餘的一分鐘，我總是會把所有的精力放在我的音樂創作上。

　　我知道寫歌詞不是我的專長，所以在這段日子裡，我處處尋找一位善寫歌詞的搭檔，與我一起合作創作。我認識了一位朋友，她的名字叫 Valerie Johnson。

　　自從二十多年前離開德州後，就再也沒聽過她的消息，但是她卻在我事業的起步時，給了我最大的鼓勵。

　　僅 19 歲的 Valerie 在德州的詩詞比賽中，不知得過多少獎牌。她的寫作總是讓我愛不釋手，當時我們的確合寫了許多很好的作品，一直到今天，我仍然認為這些作品充滿了特色與創意。

　　一個星期六的週末，Valerie 又熱情地邀請我到她家的牧場烤肉。她的家族是德州有名的石油大亨，擁有龐大的牧場。她的家庭雖然極為富有，但她的穿著、所開的車，與她謙卑誠懇待人的態度，更讓我加倍地打從心底佩服她。

　　Valerie 知道我對音樂的執著。然而，面對那遙遠的音樂界及整個美國陌生的唱片市場，我們一點管道都沒有。此時，我們兩個人坐在德州的鄉下，我們哪知道下一步該如何走。突然間，她冒出了一句話：Visualize what you are doing in 5 years？

　　我愣了一下。她轉過身來，手指著我說：「嘿！告訴我，你心目中『最希望』五年後的你在做什麼，你那個時候的生活是一個什麼樣子？」

　　我還來不及回答，她又搶著說：「別急，你先仔細想想，完全想好，確定後再說出來。」

　　我沉思了幾分鐘，開始告訴她：「第一：五年後我希望能有一張很受歡迎的唱片在市場上發行，可以得到許多人的肯定；第二：我要

住在一個有很多很多音樂的地方，能天天與一些世界一流的樂師一起工作。」

　　Valerie 說：「你確定了嗎？」我慢慢穩穩地回答，而且拉了一個很長的 Yessssss！Valerie 接著說：「好，既然你確定了，我們就把這個目標倒算回來。」

　　「如果第五年，你要有一張唱片在市場上發行，那麼你的第四年，一定是要跟一家唱片公司簽合約。」

　　「那麼你的第三年，一定是要有一個完整的作品，可以拿給很多很多的唱片公司聽，對不對？」

　　「那麼你的第二年，一定要有很棒的作品開始錄音了。」

　　「那麼你的第一年，就一定要把你所有要準備錄音的作品全部編曲，排練就位準備好。」

　　「那麼你的第六個月，就是要把那些沒有完成的作品修飾好，然後讓你自己可以逐一篩選。」

　　「那麼你的第一個月，就是要把目前這幾首曲子完工。」

　　「那麼你的第一個禮拜，就是要先列出一整個清單，排出哪些曲子需要修改，哪些需要完工。」

　　「好了，我們現在不就已經知道你下個星期一要做什麼了嗎？」Valerie 笑笑地說。

　　「喔，對了。你還說你五年後，要生活在一個有很多音樂的地方，然後與許多一流樂師一起忙、創作，對嗎？」她急忙地補充說。

　　「如果，你的第五年已經在與這些人一起工作，那麼你的第四年，照道理應該有你自己的一個工作室或錄音室。那麼你的第三年，可能

是先跟這個圈子裡的人在一起工作。那麼你的第二年，應該不是住在德州，而是已經住在紐約或是洛杉磯了。」

次年（1977），我辭掉了令許多人羨慕的太空總署的工作，離開了休士頓，搬到洛杉磯。

說也奇怪：不敢說是恰好五年，但大約可說是第六年。1983年，我的唱片在亞洲開始暢銷起來，我一天24小時幾乎全都忙著與一些頂尖的音樂高手，日出日落地一起工作。

每當我在最困惑的時候，我會靜下來問我自己：「恕權，五年後你『最希望』看到你自己在做什麼？」

如果，你自己都不知道這個答案的話，你又知何要求別人或上帝為你做選擇或開路呢？

別忘了！在生命中，上帝已經把所有「選擇」的權力交在我們的手上了。

如果，你對你的生命經常在問「為什麼會這樣？」「為什麼會那樣？」……的時候，你不妨試著問一下自己，你曾否很「清清楚楚」地知道你自己要的是什麼？

人常常想的很多，做的很少，你的五年後是怎樣的生活？你的家人五年後又是怎樣的生活？

選擇改變，你的人生從此不同！

資料來源：轉載自網路文章，不知出處，若有侵犯著作權，敬請來函告知，當即修正。

看完以上小故事之後，讓你想到的有哪些呢？李恕權可以在太空總署工作，能力是被肯定的，有能力卻沒有興趣，讓工作少了樂趣，李恕權最後選擇了依

本心而為，從事音樂工作，最終在音樂領域中得到自我實現。現在的你，念的科系是你的興趣嗎？如果是，那在本科系中的專業你充分具備了嗎？若現在念的科系不是你喜歡的，開始想想你的興趣是什麼？如果還在困惑、徬徨中，可以多方蒐集資訊、尋求諮商師及心理測驗工具的協助，幫助你找到自己的志趣所在。

貳、大學生如何為職場工作鋪路

談到此，很多青年學子常會問說：「那我要怎麼知道我的興趣在哪裡？我有什麼能力呢？」

要發掘興趣絕不是光憑空想像，需要身體力行去體驗行動，建議可以於在學期間透過打工實習嘗試，因為當你實際到機構、企業裡面去工作，或者是擔任實習的角色，這時候更能夠清楚看到每個人擔任職務的內容是什麼？成就動機來自什麼？實際體驗實習更有機會，透過觀察、接觸或聊天，瞭解同事們的動機來源是什麼？我適不適合像他們一樣做這樣的職務選擇和發展規劃。

另外，要怎樣找到自己的方向也可以透過心理測驗幫忙，當你要選擇下一個專業領域時，最好能夠先做一個性向測驗評估，透過一些量化指標來做為決策參考。

大多數在事業上成功的人，其共通的成功特點就是——對工作充滿興趣，並樂在其中；也就是說，一個人除非是做他喜歡的工作，不然很難會有成就。當你從事你喜歡做的工作，你才能夠投入你的熱忱；當你知道你的目標，你知道怎麼樣把事情做好，投入較好的精神及工作態度才能使你脫穎而出。根據美國一項研究調查，各領域的頂尖成功人士中有 94 ％的人是因為做自己喜歡的事情，才會表現的比別人更好，獲得較高的薪資報酬。而是否可以把工作做好是可以預測的，能不能把工作做好是看你的職能，而「職能」是個人有卓越工作

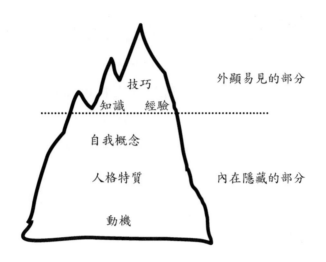

表現的個人特質，是工作績效的直接預測因子。Spencer 和 Spencer（1993）依 Freud 的冰山模型區分出職能的兩個層面：

1. **外顯特質**：技巧、專業知識、工作經驗、社團經驗等，都是可以量化的。
2. **內隱特質**：自我概念、人格特質、動機等，是一種狀態或傾向。

　　是否能把工作做好，根據統計認為九分之八是因為內隱特質，只有九分之一是因為外顯特質。很多人太過看重技巧知識卻忽略了內隱特質才是把工作做好的重要因子。Stewart Emery 是一位暢銷書作家，《成功長青》（*Success Built to Last*）的作者，該書在 2006 年被美國《商業週刊》選為當年生涯領導類最佳書籍，Emery 指出：「沒有熱情，是無法讓人專注，持續學習；這是全球化競爭下，最需要擁有的能耐。」Emery 觀察發現，大多數的企業雇用人是因為「他們可以做什麼」（What they can do?），但是開除他們卻是因為「發現他們是誰」（Who they are?）。其中的重要發現是，雇用對事情無法產生熱情的人，做事品質是不可能會好，由此可知，個人的態度和特質是影響一個人成功與否的重要關鍵。

參、個人多元能力、獨特性的培養

L. C. Thurow 說：「適應變化、創新技能、柔軟性格。」這是二十一世紀工作族的必要條件。2000 年，經建會發布未來 10 年科技人力供需預估報告，到 2010 年，台灣 24 歲以上人口中，將有 81.8%具有大學學歷，在十二項科技專業人士中，只有工業設計人才短缺，其他專才每年培育超過 10 萬位科技學士，但市場需求僅約 5 萬多人，亦即每年將過剩 5 萬人。台灣大學畢業生那麼多，但企業界能否相對提供足以發揮價值的工作機會？大學生會不會變成高學歷低成就？無論外在環境如何改變，企業和個人要脫穎而出，就應該具備「獨特的價值」，對國內企業來說，過去降低成本、提高效率可能是一種價值，但未來的價值應取決於「差異化」，創造個人無可取代的獨特性；另外，增加個人多元價值，讓個人邊際效用發揮極大化，更是效率時代中讓個人能脫穎而出的重要關鍵。

在 T. L. Friedman 寫的《世界是平的》（*The World is Flat*）一書中，描述推平世界的十個推土機，也就是全球在地化、在地全球化的趨勢。在國家、人才、資金的疆界都逐漸消弭之際，Friedman 認為，不論 SOHO 族或企業員工，最好讓自己做到以下四點中的至少一點：非常特殊、非常專業、非常深耕，或非常會調適（楊振富、潘勛譯，2005）。

1. **非常特殊：**創造個人獨特價值，把自己視為一個品牌來經營，努力創造最高的附加價值。
2. **非常專業：**建立個人核心職能，也就是找到自己無可取代的能力。
3. **非常深耕：**廣伸觸角，創意無國界，唯有深入不同的文化族群，大量接觸主流市場以外的創意思維，才有機會開創新局。
4. **非常會調適：**培養工作外的興趣，培養獨一無二的自我價值，也是迎向多元職場的重要利器，尤其未來職場流動率勢必居高不下，上班族可能面臨不斷「找工作」的新生活型態，培養工作外的興趣才能以不變應萬變。

　　過去，只要擁有一項專業知識，便足以在職場上無往不利。但隨著社會迅速變遷，所有事物快速的汰舊換新，連「專業」也加速折舊；只有一種專業，已不足以應付瞬息萬變的職場需求，多元化的專業能力，培養工作外的興趣，從中培養能力，已是現今潮流。所以要能在職場上如魚得水，除了要及早發現自己工作上的興趣，每個人至少要有三到四種專業，並進一步組合這些專業，以創造自我的知識利基，建立無可取代的個人品牌，邱吉爾曾說：「懂得將工作與快樂結合者，堪稱是命運的幸運兒。」在生涯路上，你準備好了嗎？

小故事，大啟示：培養多種專業、創造個人利基

　　政大外交系畢業後，張庭庭到中國生產力中心（CPC）開始人生第一份工作，先後輪調過七個部門，當過公關、講師、執行製作……，還曾被指派去上同步口譯班，以備外國人來台演講時，擔任口譯的工作。

　　因為輪調過許多部門，張庭庭能掌握的職務範圍也愈來愈有彈性，因此，其他部門只要有需要，就會找她「義務」幫忙，即使工作量已經多到不行，張庭庭仍「來者不拒」，每天都 9 點之後才下班，每個月只領 25,000 元的微薄薪水。

認真經營自我品牌

　　抱著「凡事不計較，只要認真把事情做好」的態度，她說，接受這些訓練「就是在經營一個品牌！」她從美國喬治華盛頓大學取得企管碩士學位回國後，CPC 以委外方式請她撰寫文案，這份工作一個月就帶來二十萬元的收入。

　　張庭庭認為，一個人兼具多種專長，當職場上忽然需要多種專業集一身的人才時，即使換組織，別人還是以你為第一選擇，進而創造「獨一無二，別無分號」的個人品牌，開創無人競爭的藍海。

　　時光倒退回 2000 年，張庭庭體驗到台灣的商業資源多被大企業壟

斷,便成立 SOHO 協會,以輔導更多的人利用創造專業組合的方式,開創事業。

張庭庭說:「專業組合可以是學歷、經歷、愛好的排列組合」。她以媒體爭相訪問的「剉冰女王」為例。「剉冰女王」的店位於冰店充斥的夜市,但整條街,就唯獨這間店經常人滿為患。

張庭庭好奇:「到底這間普通的冰店,有什麼熱賣的秘訣?」後來她發現,剉冰女王賣的冰,有造形、五顏六色的色彩點綴在碎冰上、每種冰還有一個美麗的名字。

原來,剉冰女王念的是設計,她結合設計「美」的元素,以及策略聯盟的商業概念,和隔壁店家一起提供下午茶的套餐服務。張庭庭說,剉冰女王「將藝術和商業技巧融會貫通,成獨家絕學」,在夜市的剉冰紅海中,開創了一片藍海。

剉冰女王的成功,張庭庭分析:「她將知識意涵在商品中」,設計的知識成為支撐剉冰女王商品生命的力量,她等於組合了設計師、夜市剉冰女王和創業導師,三種專業知識。

讓知識成為賺錢工具

前幾年,剉冰女王靠賣剉冰賺錢,償還債務。現在,她靠「教別人怎麼賣剉冰」賺錢,來自台灣、香港、澳洲等地的學生,期待獲得她的真傳,「知識,成為她的賺錢工具」張庭庭說。

「知識將會取代資本,組織大小不再是企業競爭勝負的關鍵,知識工作者才是決定企業存續的要角。」張庭庭引述管理大師杜拉克曾說的一段話。在瞬息萬變的社會中,讓自己成為擁有專業知識組合的知識工作者,才是建立競爭力的最佳利器。

資料來源:轉載自林婉翎(2007)(經濟日報同意轉載)

426

在看完這篇故事之後，身處在大學殿堂的你具備了哪些專業呢？如果一年後、兩年後就要投入就業市場，除了目前所修的專業科目之外，你還具備了什麼其它多元能力，讓自己成為無可取代的角色呢？如果還在生涯路上徬徨的你，需要開始思考未來 5 年後、10 年後要過什麼樣的生活？存在主義大師沙特曾說：「你的決定，決定了你自己。」此刻的你，想為自己選擇一個什麼樣的人生呢？

肆、培養專業之外的興趣

　　樂活（Lohas）成為現今一股流行風潮，樂活概念大眾化，到 2007 年後漸漸轉化成一種生活理念與價值觀，體驗經濟下一個階段為轉型經濟，即是在體驗後要昇華，個人追求心靈、知識與生命的成長，否則將感到空虛；在講求心靈成長的氛圍中，在台灣 2007 年的國民所得接近 17,000 美元的此時，各項社會條件也逐漸成熟下，職場中更醞釀擁有美學意識的跨界和複合式人才，美學意識漫延整個社會，從經濟發展的角度來看，國民所得 20,000 美元以上的先進國家，均會發展出自主的美學經濟，因此，工作的本質不只是為了賺錢，它已昇華為精神層次的內涵，回歸到原始自我需求去發展自我興趣。張忠謀先生說：「最好的生涯規劃，就是在每個崗位上永遠做自己有興趣的事情，且對公司產生貢獻，盡力去做。」因此，從培養專業之外的興趣將是未來生活的主流，身為大學生的你，在追尋專業薰陶的同時，你知道你的興趣是什麼了嗎？不論如何，在不同環境的挑戰下，培養自己多元性的專業，增加自己的優勢，你就會與眾不同。

我思故我在（我的未來生活）

　　小安和小君（均為化名）是高中死黨，大學分別考上北部和南部的大學，上大學後，在北部的小安常跟小君訴說著在台北資訊的多元與便利，趁著暑假小君上北部找小安玩，一到台北，小君就被擁擠的交通、快速的步伐弄得緊張不已，當初來玩耍的興緻全都沒了，來了兩天就急切地回南部去了；而在小君回南部後，還是覺得南台灣的生活比較有品質，並邀請小安來享受南台灣寧靜悠閒的田野生活，聽著小君的描述，小安迫不及待搭著高鐵南下，到南部的第一天晚上，小安聽著田間的青蛙叫聲，真是安靜的嚇人，不禁覺得無聊了起來，還是喜歡熱鬧多姿多彩的台北生活。

　　看完以上的小故事，想想以下兩個問題：

1. 都市和鄉下的型態代表不同的生活方式，未來的你喜歡過什麼的生活？想像十年後的你，會在哪裡呢？
2. 你的個性及興趣是什麼呢？什麼樣的工作、生活會是你期待的呢？

 伍、結語

　　尼采說：「人因夢想而偉大」，世界上每個角落的人心中都會懷抱崇高或遠大的夢想。在《小王子》一書中有個有趣的故事：「有個人在小時候，曾畫了一幅畫，大人們總認為他畫的是一頂帽子，事實上是一條巨大的蟒蛇正在消化著一頭大象，那高高隆起的正是巨蟒的肚子，那被大人誤認是帽緣的粗線條，是巨蟒的頭跟尾巴，因為大人們都看不懂，他又畫了一幅新的，把巨蟒肚子裡的情況也畫出來了，以便讓大人看得懂，然而在這簡單不過的圖畫，他認為絲毫沒有想像力，認為大人總是需要一些解釋才行。」在生涯抉擇中亦然，在愈來愈大的大人世界中，總把很多事都複雜化了，萬本歸宗，從自身本質去思考，跳脫繁瑣的框架，想想，我的興趣是什麼？我要成為一個什麼樣的人？十年後我要過一個什麼樣的生活？在目前我具備了什麼能力？不足的部分，我又如何去裝備自己呢？一一釐清困惑後，你將更清楚什麼才是你要的！

428

參考文獻

中文部分

林婉翎（2007，8 月 22 日）。培養多種專業創造個人利基。**經濟日報**。

楊振富、潘勛（譯）（2005）。T. L. Friedman 著。**世界是平的——把握這個趨勢，在 21 世紀才有競爭力**（The world is flat: A brief history of the twenty-first century）。台北市：雅言。

英文部分

Spencer, L. M. Jr., & Spencer, S. M. (1993). *Competence at work: Models for superior performance*. New York: John Wiley & Sons.

附 錄

心理輔導資源與機構

黃政昌

1 全國性免費心理諮商／諮詢專線

專線名稱	電話號碼
張老師（24 小時）	1980
生命線（24 小時）	1995（要救救我）
衛生署安心專線（24 小時）	0800-788995（請幫幫救救我）
台北市心衛中心　心理諮詢專線	(02)3393-7885（請幫幫我）
台北榮總　王大夫專線	(02)2871-9494
台北市聯合醫院　網路與藥物成癮專線	(02)2728-5791
婦幼保護專線（24 小時）	113
男性關懷專線	0800-013999
大溫暖福利關懷專線	1957

2 全國各縣市心理諮商／諮詢機構

序號	機構名稱	電話	地址	收費資訊
1.	台北張老師	(02)2716-6180 (02)2717-2990	台北市大安區敦化南路 131 號	免費
2.	台北市生命線協會	(02)2505-9595	台北市中山區松江路 65 號 11 樓	免費
3.	呂旭立基金會	(02)2363-9425	台北市大安區羅斯福路三段 245 號 8 樓之 2	付費
4.	宇宙光輔導中心	(02)2369-7933 (02)2369-2696	台北市大安區和平東路二段 24 號 8 樓	免費與付費二種
5.	觀新諮商中心	(02)2363-3590 (02)2363-4633	台北市大安區羅斯福路三段 125 號 3 樓之 5	付費
6.	馬偕協談中心	(02)2531-0505 (02)2571-8427	台北市中山區中山北路二段 92 號 9 樓	免費與付費二種
7.	觀音協談中心	(02)2768-7733 (02)2768-5256	台北市松山區南京東路五段 251 巷 46 弄 5 號 7 樓	免費與付費二種
8.	愛心會	(02)2759-3178	台北市信義區松德路 309 號 1 樓	電話服務免費
9.	松德院區 （心情專線）	(02)2346-6662	台北市信義區 110 松德路 309 號	電話服務免費
10.	台北榮民總醫院 （王大夫專線）	(02)2871-9494	台北市北投區石牌路 2 段 201 號	電話服務免費

11.	台灣向日葵全人關懷協會	(02)2592-1411	台北市大同區酒泉街 31 號六樓	免費與付費二種
12.	耕心協談中心	(02)2341-0999	台北市中正區南昌路一段 40 之 3 號 4 樓	付費
13.	台北市立醫院－信義區社區心理諮商門診	(02)8780-4152	台北市信義區信義路五段 15 號	掛號費 50 元
14.	台北市立醫院－文山區社區心理諮商門診	(02)8661-1653 (02)8661-1621	台北市文山區木柵路三段 220 號	掛號費 50 元
15.	台北市立醫院－中正區社區心理諮商門診	(02)2321-0168	台北市中正區牯嶺街 24 號	掛號費 50 元
16.	台北市立醫院－中山區社區心理諮商門診	(02)2501-3363	台北市中山區松江路 367 號	掛號費 50 元
17.	台北市立醫院－大安區社區心理諮商門診	(02)2739-0344	台北市大安區辛亥路三段 15 號	掛號費 50 元
18.	台北市立醫院－松山區社區心理諮商門診	(02)2765-3147	台北市松山區八德路四段 692 號	掛號費 50 元
19.	台北市立醫院－南港區社區心理諮商門診	(02)2786-8756	台北市南港區南港路一段 360 號	掛號費 50 元
20.	台北市立醫院－大同區社區心理諮商門診	(02)2594-8971	台北市大同區昌吉街 52 號	掛號費 50 元
21.	台北市立醫院－內湖區社區心理諮商門診	(02)2790-8387	台北市內湖區民權東路六段 99 號	掛號費 50 元
22.	台北市立醫院－士林區社區心理諮商門診	(02)2883-6268	台北市士林區中正路 439 號	掛號費 50 元
23.	台北市立醫院－萬華區社區心理諮商門診	(02)2339-5383	台北市萬華區東園街 152 號	掛號費 50 元
24.	台北市社區心理衛生中心	(02)3393-6779	台北市中正區金山南路一段 5 號	免費
25.	三重張老師	(02)2989-6180	台北縣三重市自強路一段 158 號	免費
26.	台北縣生命線協會	(02)8967-5599	台北縣板橋市四川路二段 245 巷 89 號 1 樓	免費
27.	台北縣家庭教育中心	(02)2256-9234	台北縣板橋市莊敬路 62 號	免費
28.	台北縣社區心理衛生中心	(02)2986-9775	台北縣三重市中山路 2 號	免費
29.	基隆市社區心理衛生中心	(02)2430-0195	基隆市中正區信一路 181 號	免費
30.	基隆市生命線協會	(02)2430-1595	基隆市信義區東信路 282 號 3 樓	免費
31.	基隆張老師	(02)2433-6180	基隆市仁愛區獅球路 8 號	免費
32.	基隆市家庭教育中心	(02)2427-1724	基隆市中正區信一路 181 號	免費

33.	桃園縣生命線協會	(03)301-1021	桃園市大興西路二段 61 號	免費
34.	桃園張老師	(03)331-6180	桃園市成功路二段 7 號 7 樓	免費
35.	桃園縣家庭教育中心	(03)336-6885	桃園市縣府路 1 號 14 樓	免費
36.	桃園縣社區心理衛生中心	(03)332-5880	桃園市縣府路 55 號	免費
37.	桃園縣家庭協談暨自殺防治協會	(03)336-9595	桃園市中山路 425 巷 20-4 號 5 樓	免費
38.	新竹張老師	(03)535-6180	新竹市府後街 58 號	免費
39.	新竹市生命線協會	(03)524-9596 (03)524-0995	新竹市集賢街 3 號	免費
40.	新竹市家庭教育服務中心	(03)532-5885	新竹市東大路二段 15 巷 1 號	免費
41.	新竹縣生命線協會	(03)596-9595	新竹縣竹東鎮東林路 72 號	免費
42.	新竹縣家庭教育服務中心	(03)658-3885	新竹縣竹北市竹仁村 61 之 2 號	免費
43.	宜蘭縣生命線協會	(03)935-8393	宜蘭市西門路七巷 22-4 號 5 樓	免費
44.	宜蘭社區心理衛生中心	(03)932-9595 (03)932-2634	宜蘭市聖後街 141 號	免費
45.	宜蘭張老師	(03)936-6180	宜蘭市中山路二段 462 號	免費
46.	苗栗縣生命線協會	(037)329-595	苗栗市莊敬街 26 號 3 樓	免費
47.	苗栗張老師	(037)322-134	苗栗市中正路 382 號	免費
48.	台中市生命線協會	(04)2222-9595	台中市北區雙十路一段 10 之 5 號 3 樓	免費
49.	台中張老師	(04)2222-9595	台中市北區進化北路 369 號 7 樓	免費
50.	愛心會	(04)2333-9622	台中市南區建國北路一段 110 號	免費
51.	中國醫藥大學附設醫院精神科社區心理諮詢中心	(04)2205-2121 #5854	台中市北區育德路 2 號	付費
52.	加利利成長協談中心（提供中、英文服務）	(04)2236-1901	台中市北區大義街 29 巷 16 號	免費
53.	中區老人諮詢服務中心	0800-22-8585	台中市北區漢口路四段 17 號	免費
54.	衛斯理關懷協談協會	(04)3500-8006	台中市北區大雅路 337 號 14F-3	付費
55.	台中市晚晴婦女協會（婦女服務為主）	(04)2229-0109	台中市西區法院前街 2 號	付費

56.	台中觀音線心理協談中心	(04)2233-9958 (04)2233-9971 (04)2234-9821	台中市北屯區柳陽東街 23 號	免費
57.	台中縣生命線協會	(04)2526-9595	台中縣豐原市圓環北路一段 355 號 3 樓	免費
58.	台中縣社區心理衛生中心	(04)2515-5148	台中縣豐原市中興路 136 號	免費
59.	台中縣家庭教育中心	(04)2528-3353 (04)2528-5885	台中縣豐原市圓環東路 782 號	免費
60.	南投社區心理衛生中心	(049)220-5885	南投縣復興路 6 號	免費
61.	南投縣生命線協會	(049)223-9595 (049)223-0530	南投市大同南街 1 號	免費
62.	南投縣家庭教育服務中心	(049)223-2885	南投市建國路 165 號	免費與付費二種
63.	社團法人花蓮縣生命線協會	(038)339-595 (038)836-2995	花蓮市林森路 236-23 號 6 樓	免費
64.	財團法人基督教門諾會花蓮善牧中心	(038)328-000	花蓮郵政 7-12 號信箱	健保給付
65.	彰化縣生命線協會	(04)724-9595 (04)725-9595	彰化市中華路 338 號	免費
66.	彰化縣家庭教育中心	(04)726-1885	彰化市中山路二段 678 號	免費
67.	靜元家園	(04)879-5911	彰化縣二水鄉山腳路三段 211 號	公費＋自費
68.	雲林縣生命線協會	(05)535-4616	雲林縣斗六市莊敬路 347 巷 30 弄 37 號 4 樓	免費
69.	雲林縣家庭教育中心	(05)533-5885	雲林縣斗六市南陽街 60 號 5 樓	自費
70.	雲林縣婦女保護會	(05)537-2676	雲林縣斗六市漢口路 202 號	免費
71.	嘉義市生命線協會	(05)232-4325	嘉義市德安路 6 號 B 棟 2F	免費與付費二種
72.	嘉義張老師	(05)277-0482	嘉義市忠孝路 307 號	免費
73.	嘉義縣社區心理衛生中心	(05)362-0603 (05)362-0600	嘉義市民權路 371 號	免費
74.	嘉義市家庭教育中心	0800-212-885	嘉義市山子頂 269-1 號	免費
75.	嘉義佛青觀音線協談中心	(05)229-0595	嘉義市垂楊路 45 號 7 樓	免費
76.	嘉義縣家庭教育中心	(05)379-8885	嘉義縣朴子市安福裏山通路 11 號	免費
77.	嘉義縣生命線	(05)226-7995	嘉義縣民雄鄉中樂村文化路 5-8 號	免費
78.	台南縣家庭教育中心	(06)6358885	台南縣新營市中正路 23 號 4 樓	免費

79.	台南縣生命線協會	(06)6329595	台南縣新營市民族路 112 號 3 樓-2	免費
80.	台南市家庭教育服務中心	(06)222-6885	台南市中西區公園路 127 號	免費
81.	基督教家庭協談中心	(06)237-6334 (06)235-2493	台南市東區光華街 227-3 號	免費
82.	台南市社區心理衛生中心	(06)260-8365	台南市東區林森路一段 418 號	免費
83.	高雄縣家庭教育服務中心（鳳山中心）	(07)7411042	高雄縣鳳山市光復路 132 號	免費與付費二種
84.	高雄縣家庭教育服務中心（岡山中心）	(07)6261185	高雄縣岡山鎮岡山南路 42 號	免費與付費二種
85.	高雄縣社區心理衛生中心	(07)7331038	高雄縣鳳山市經武路三十號	免費
86.	高雄基督教家庭協談中心	(07)281-0303	高雄市前金區中華三路 23 號 10F 之 8	免費
87.	高雄觀音線	(07)224-7181	高雄市苓雅區中正二路 58 號 9 樓	免費
88.	兒童與家庭諮商中心	(07)387-8970	高雄市三民區九如一路 775 號	免費
89.	高雄市家庭教育服務中心	(07)215-5885	高雄市前金區中正四路 209 號 4 樓	免費
90.	高雄市生命線協會	(07)231-9595	高雄市新興區大同一路 181 之 6 號（大同大廈 9F）	免費
91.	高雄市社區心理衛生中心	(07)387-4649 (07)387-4650	高雄市三民區大順二路 468 號 8 樓之 2	免費
92.	高雄市芯安心理諮商所	(07)554-1515	高雄市鼓山區裕誠路 1515 號	免費
93.	高雄張老師	(07)333-3221 (07)330-6180	高雄市苓雅區中山二路 412 號 3 樓	免費
94.	高雄縣安心會	(07)396-3468	高雄市三民區九如一路 61 號 6 樓之 3	免費與付費二種
95.	愛心會	(07)713-3825	高雄市苓雅區凱旋二路 130 號	免費
96.	屏東縣生命線協會	(08)736-9595	屏東市長春街 42 之 1 號	免費
97.	屏東縣家庭教育服務中心	(08)737-5885 (08)737-8885	屏東市華正路 80 號（和平國小內）	自費
98.	屏東縣家庭諮商中心	(08)735-2097	屏東市華正路 97 號社會福利館 3 樓	免費
99.	台東縣生命線協會	(089)339-595	台東市漢陽北路 408 巷 11 號	免費
100.	台東縣社區心理衛生中心	(089)336-576	台東市博愛路 336 號（台東縣衛生局）	免費
101.	台東縣家庭教育服務中心	(089)322-885	台東市南京路 25 號	免費

102.	勵馨基金會台東服務中心	(089)349-899	台東市博愛路 422 號 4 樓	免費
103.	澎湖縣社區心理衛生中心	(06)927-5392	澎湖縣馬公市中正路 115 號 2 樓	免費
104.	澎湖縣家庭教育服務中心	(06)926-2085	澎湖縣馬公市中華路 230 號	免費
105.	金門縣社區心理衛生中心	(082)337-885	金門縣金湖鎮中正路 1-1 號 2 樓	免費

3 台北市衛生局合格心理諮商機構

註：以下機構均為衛生局合法登記之心理諮商機構，聘用合格心理師進行心理諮商與治療服務，且相關業務執行均受心理師法相關規定監督。

資料來源：臺北市諮商心理師公會（http://tcpa.myweb.hinet.net/serv.htm）

(1)心理諮商所

序號	機構名稱	地址與聯絡電話
1	格瑞思心理諮商所（2004.09.21 立案）	台北市信義路四段 265 巷 21 弄 26 號 1 樓 電話：2325-4648　傳真：2701-5141
2	觀新心理成長諮商中心（2005.02.24 立案）	台北市羅斯福路三段 125 號 3 樓之 5 電話：2363-3590、2363-4633　傳真：2363-8412
3	聯合心理諮商所（2005.06.03 立案）	台北市忠孝東路一段 41 號 10 樓 電話：2395-9558　傳真：2395-9528
4	歸心心理諮商所（2005.12.21 立案）	台北市和平東路一段 198 號 4 樓 電話：3322-1698、2367-2435
5	天力亞太心理諮商所（2005.12.21 立案）	台北市復興南路二段 293-3 號 7 樓之 2 電話：2377-0993　傳真：2377-1687
6	拉第石心理諮商所（2006.08.14 立案）	台北市新生南路一段 103 巷 9 之 1 號 1 樓 電話：2752-7588　傳真：2752-8011
7	可言心理諮商所（2006.09.27 立案）	台北市忠孝西路一段 50 號 13 樓 電話：2388-7802
8	頭陀心理諮商所（2007.11.13 立案）	台北市八德路四段 650 號 13 樓之 12 電話：2742-3684
9	杏陵性心理諮商所（2007.11.28 立案）	台北市復興南路二段 82 號 5 樓之 1 電話：2754-1300　傳真：2754-2208

(2)財團法人

序號	機構名稱	地址與聯絡電話
10	呂旭立紀念文教基金會 （2005 立案）	台北市羅斯福路三段 245 號 8 樓之 2 電話：2363-9425、2363-5939　傳真：2363-9424
11	張老師基金會台北分事務所 （2005 立案）	台北市敦化北路 131 號 行政：2717-2990　輔導：2716-6180
12	台北市社區心理衛生中心 （2005 立案）	台北市金山南路一段 5 號 電話：3393-6779　傳真：3393-6588
13	華人心理治療研究發展基金會 （2005 立案）	台北市麗水街 28 號 6 樓 電話：3393-7108#29　傳真：2392-5908
14	勵馨社會福利事業基金會 （2006 立案）	台北市羅斯福路二段 75 號 8 樓 電話：2362-2400　傳真：2367-0395
15	懷仁全人發展中心 （2007 立案）	台北市中山北路一段 2 號 9 樓 950 室 電話：2311-7155、2311-7158　傳真：2331-1193
16	天使心家族社會福利基金會 （2007 立案）	台北市復興北路 313 巷 26 號 6 樓 電話：2718-1717　傳真：2546-0236
17	廣青文教基金會 （2007 立案）	台北市松江路 206 號 12 樓 1029 室 行政：2581-1954　輔導：2562-4282
18	吾心文教基金會 （2008 立案）	台北市忠孝東路一段 85 號 12 樓之 3 電話：2322-4333　傳真：2321-7265
19	任兆璋修女林美智老師教育基金會 （2008 立案）	台北市和平西路一段 26 號 8 樓 電話：2365-5609　傳真：2365-5614
20	加惠心理諮商文教基金會 （2008 立案）	台北市承德路一段 68 號 7 樓 電話：2558-2771　傳真：2558-2723

(3)醫療機構

序號	機構名稱	地址與聯絡電話
21	馬偕醫院協談中心 （2005 立案）	台北市中山北路二段 92 號 電話：2543-3535　傳真：2543-3642
22	中崙聯合診所心理諮商團隊 （2005 立案）	台北市八德路二段 303 號 電話：2771-1501　傳真：2721-9873
23	仁康醫院心理諮商中心 （2006 立案）	台北市基隆路二段 131-24 號 電話：2736-0226#6612
24	台北市立聯合醫院松德院區 （2005 立案）	台北市松德路 309 號 電話：2726-3141
25	台北市立聯合醫院婦幼院區 （2005 立案）	台北市福州街 12 號 電話：2391-6470

(4)社區健康服務中心

序號	機構名稱	地址與聯絡電話
26	台北市松山區健康服務中心 （2005 立案）	台北市八德路四段 692 號 松山健康服務中心 1 樓 電話：2765-3147
27	台北市大安區健康服務中心 （2005 立案）	台北市辛亥路三段 15 號 大安健康服務中心 1 樓 電話：2739-0344
28	台北市中山區健康服務中心 （2005 立案）	台北市松江路 367 號 中山健康服務中心 1 樓 電話：2501-3363
29	台北市中正區健康服務中心 （2005 立案）	台北市牯嶺街 24 號 中正健康服務中心 1 樓 電話：2321-0168
30	台北市信義區健康服務中心 （2005 立案）	台北市信義路五段 15 號 信義健康服務中心 1 樓 電話：8780-4152
31	台北市文山區健康服務中心 （2005 立案）	台北市木柵路三段 220 號 文山健康服務中心 1 樓 電話：8661-1653、8661-1621
32	台北市大同區健康服務中心 （2006 立案）	台北市昌吉街 52 號 大同健康服務中心 1 樓 電話：2594-8971
33	台北市內湖區健康服務中心 （2006 立案）	台北市民權東路六段 99 號 內湖健康服務中心 1 樓 電話：2790-8387
34	台北市南港區健康服務中心 （2006 立案）	台北市南港路一段 360 號 南港健康服務中心 1 樓 電話：2786-8756
35	台北市士林區健康服務中心 （2006 立案）	台北市中正路 439 號 士林健康服務中心 1 樓 電話：2883-6268
36	台北市萬華區健康服務中心 （2006 立案）	台北市萬華區東園街 152 號 萬華健康服務中心 1 樓 電話：2339-5384

4 衛生署指定各縣市精神醫療責任醫院名單

序號	縣市別	指定責任醫院		
		家數	醫院名稱	聯絡電話
1	宜蘭縣	1	羅東博愛醫院	(03)9543131 分機 112、113
2	基隆市	2	1.基隆醫院 2.基隆長庚醫院	1.(02)2429-2525 分機 1100 2.(02)24313131 分機 2267
3	台北市	2	1.市立聯合醫院松德院區 2.國軍北投醫院	1.(02)2726-3141 分機 1266 2.(02)28914540(日)　(02)28957633(夜)
4	台北縣	1	行政院衛生署八里療養院	(02)26101660 分機 2000
5	桃園縣	1	行政院衛生署桃園療養院	(03)369-8553 分機 3112
6	新竹縣	1	湖口仁慈醫院	(03)5993500 分機 2190、6327
7	新竹市	2	1.行政院衛生署新竹醫院 2.國軍新竹醫院	1.(035)326151 分機 4213 2.(035)348181 分機 181

序號	縣市別	指定責任醫院		
		家數	醫院名稱	聯絡電話
8	苗栗縣	2	1.財團法人為恭紀念醫院 2.行政院衛生署苗栗醫院	1.(037)685569 分機 500 2.(037)261920 分機 1104
9	台中市	1	台中榮總	(04)23592525 分機 3610
10	台中縣	1	國軍台中總醫院	(04)23934191 分機 525350
11	彰化縣	3	1.財團法人彰化基督教醫院 2.秀傳紀念醫院 3.彰化醫院	1.(04)7238595 分機 5191 2.(04)7256166 分機 81997 3.(04)8298686 分機 1210
12	南投縣	1	行政院衛生署草屯療養院	(049)2550800 分機 3911
13	雲林縣	1	台大醫院雲林分院	(05)5323911 分機 2312、2313
14	嘉義縣	1	慈濟醫院大林分院	(05)2648000 分機 5839
15	嘉義市	1	嘉義榮民醫院	(05)2359630 分機 5668
16	台南縣	1	行政院衛生署嘉南療養院	(06)2795019 分機 111、110
17	台南市	1	國立成功大學醫學院附設醫院	(06)2353535 分機 2220
18	高雄縣	1	高雄仁愛之家附設慈惠醫院	(07)7030315 分機 138、202
19	高雄市	1	高雄市立凱旋醫院	(07)7136959 (07)7513171 分機 2162、2188
20	屏東縣	1	屏安醫院	(08)7211777 分機 201
21	台東縣	2	1.行政院衛生署台東醫院 2.馬偕紀念醫院台東分院	1.(089)324112 分機 230 2.(089)310150 分機 333
22	花蓮縣	2	1.國軍花蓮總醫院 2.玉里榮民醫院	1.(03)8263151 分機 12 2.(03)8883141 分機 307
23	澎湖縣	1	行政院衛生署澎湖醫院	(06)9261151 分機 300
24	金門縣	1	行政院衛生署金門醫院	(082)332546 分機 1801
25	連江縣	1	連江縣立醫院	(0836)23991～8 分機 601

資料來源：教育部 96.5.18 台訓（三）字第 096076488 號函

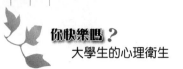
📁 筆記欄

筆記欄

國家圖書館出版品預行編目資料

你快樂嗎？大學生的心理衛生／黃政昌等合
著, -- 初版. -- 臺北市：心理, 2008. 09
面； 公分. -- （輔導諮商系列；21079）

ISBN 978-986-191-193-9（平裝）

1. 教育輔導　2. 心理衛生　3. 大學生

527.4　　　　　　　　　　　　　97016998

輔導諮商系列 21079

你快樂嗎？大學生的心理衛生

主　　　編：黃政昌
作　　　者：黃政昌、陳玉芳、古芸妮、賴佑華、許慧珊
　　　　　　景瓊茹、陳詩潔、羅子琦、張瑋琪
責任編輯：郭佳玲
總 編 輯：林敬堯
發 行 人：洪有義
出 版 者：心理出版社股份有限公司
地　　　址：台北市大安區和平東路一段 180 號 7 樓
電　　　話：(02) 23671490
傳　　　真：(02) 23671457
郵撥帳號：19293172　心理出版社股份有限公司
網　　　址：http://www.psy.com.tw
電子信箱：psychoco@ms15.hinet.net
駐美代表：Lisa Wu（Tel: 973 546-5845）
排 版 者：辰皓國際出版製作有限公司
印 刷 者：東縉彩色印刷有限公司
初版一刷：2008 年 9 月
初版三刷：2011 年 3 月
I S B N：978-986-191-193-9
定　　　價：新台幣 500 元